사단법인 한국티협회
'일본 녹차' 교육 지정 교재

Knowledge of Japanese tea

일본 녹차

일본 녹차를 즐기는 기초 지식

SHINPAN NIHONCHA NO ZUKAN
Copyright ©3seaon Co., LTD. 2017
Original Japanese edition published by Mynavi Publishing Corporation
Korean translation rights arranged with Mynavi Publishing Corporation through
The English Agency(Japan) Ltd. and Eric Yang Agency Inc.

사단법인 한국티협회
'일본 녹차' 교육 지정 교재

Knowledge of Japanese tea

일본 녹차

일본 녹차를 즐기는 기초 지식

감수:공익사단법인 일본차업중앙회
NPO법인 일본차인스트럭터협회
감수 : 정승호

한국티소믈리에연구원

프롤로그

오늘날에는 전 세계적으로 건강, 웰니스 트렌드의 열풍으로 인해 세계 티 시장이 성장하고 있습니다. 그런 가운데 일본 녹차(綠茶)는 '**슈퍼푸드**(Superfood)'라 불리는 '**맛차**(抹茶, Matcha)(말차)'를 중심으로, 전통적인 소비 시장인 미국, 유럽을 비롯해 최근에는 아랍에미리트(UAE), 사우디아라비아 등 고소득 신흥 소비 국가를 중심으로 수출 시장이 급속히 확대되고 있습니다.

최근 세계 차 산업의 동향을 조망하고 차 산업 회원국들의 의사결정에 관여하는 비영리 전문기관, 국제티위원회(ITC, International Tea Committee)의 발표에 따르면, **맛차**(抹茶, Matcha)(말차)가 Z세대에게 '**깨끗한 카페인**(Clean Caffeine)'으로서 커피의 대체재로 인식되면서 전 세계가 주목하는 '**웰니스의 아이콘**'으로 급부상하여 그 수요가 폭발적으로 증가하고 있다고 합니다.

그로 인해 **2025년 올해 일본에서는 교쿠로**(玉露, Kyokuro), **센차**(煎茶, Sencha), **반차**(番茶, Bancha), **호우지차**(焙じ茶, Hojicha)(호지차), **맛차**(抹茶, Matcha)(말차) 등 일본 녹차의 원료 차인 **아라차**(荒茶, Aracha)의 가격도 2~3배로 폭등하였으며, 특히 맛차(말차)의 원료인 **덴차**(碾茶, Tencha)는 ITC의 회원 기관인 일본차업중앙회(日本茶業中央會)의 교토지부에서 공식 발표한 바에 따르면, 교토산 덴차의 올해 가격이 전년도 대비 265%나 상승하였다고 합니다.

이처럼 '고속 유통 소비재(FMCG)'로 자리매김한 맛차(말차)를 선두로 일본 녹차는 일본 국내를 비롯해 전 세계적으로 수요가 급등하고 있는 가운데, 한국티소믈리에연구원에서는 일본 전국 차 산지의 녹차 118종과 일본 녹차를 즐기기 위한 기초 지식을 담은 『**일본 녹차**』를 출간합니다.

이 책에서는 교쿠로, 센차, 맛차(말차), 호우지차(호지차) 등 다양한 일본차의 종류는 물론, 118종에 달하는 각 상품 차의 역사에서부터 재배 방식, 제다 과정을 집중적으로 분석해 소개합니다.

또한 일본 산지별 유명 브랜드 녹차의 색(色), 향(香), 미(味)에 대한 지역별 특징과 우리는 방법을 차를 즐기는 초보자부터 숙련된 애호가까지, 모든 이들이 활용할 수 있도록 유용한 정보를 제공하며, 아름다운 사진과 함께 일본 녹차의 매력을 시각적으로도 느낄 수 있도록 구성하여 풍성한 볼거리를 제공합니다.

특히 일본 녹차의 다도 예절(매너), 다기의 종류 및 사용법, 유효 성분, 건강 효능, 보관 방법, 다과인 화과자(和菓子)의 선택 방법 등도 소개하여 일본 녹차의 다채로운 세계를 종합적으로 보여주고 있습니다.

이 책은 일본 녹차를 처음 접한 분들이거나 일본 전국 각지에서 생산되는 다양한 종류의 녹차와 각 산지별로 차별화되는 녹차의 독특한 풍미에 관해 깊은 관심을 가진 분들을 위한 훌륭한 길라잡이가 될 것으로 기대합니다.

정 승 호(鄭勝虎) **박사**

사단법인 한국티협회 회장
한국티소믈리에연구원 원장
외식경영학 박사

Contents

프롤로그   4
카탈로그 : 본문 보는 방법   10

🫖 PART 1 처음부터 배우는
일본차 (日本茶)의 기초

- **일본차 (日本茶)는 어떤 차인가?**   12
- **일본차 (日本茶)의 종류**   18
  - 일본인에게 가장 친숙한 차, **센차** (煎茶)   18
  - 선명한 수색과 부드러운 맛이 특징인 **후카무시 센차** (深蒸し煎茶)   19
  - 소량으로 즐기는 최상급의 일본차, **교쿠로** (玉露)   20
  - 센차의 떫은맛과 교쿠로의 우마미(감칠맛)를 동시에 지닌 **가부세차** (かぶせ茶)   21
  - 향이 독특하게 고소한 '덖은 향'이 매력적인 **가마이리차** (釜炒り茶)   22
  - 곡선 모양으로 구부러진 옥돌 모양의 차, **무시세이 다마료쿠차** (蒸し製玉綠茶)   23
  - 차선(茶筅)으로 찻물을 휘저어 거품을 내 마시는 **맛차** (抹茶)   24
  - 찻잎 줄기 부위만 모아서 만든 깔끔한 차, **쿠키차** (莖茶)   25
  - 짧은 시간에 우러내 마실 수 있는 **메차** (芽茶)   26
  - 덖은 향이 고소하고 자극성이 적은 차, **호우지차** (焙じ茶)   27
  - 차(茶)에 볶은 쌀을 블렌딩한 **겐마이차** (玄米茶)   28
  - 초밥집에서 흔히 볼 수 있는 차, **고나차** (粉茶)   29
  - 반차의 정의는 다양하다! **반차** (番茶)   30
- **일본 차나무의 품종**   31
- **첫물차, 두물차란?**   34
- **산지별 신차 출시 시기**   36
- **찻잎을 따는 부위에 따라 달라지는 품질**   37

🫖 PART 2 좋아하는 차를 찾아볼 수 있는
지역별 일본차 (日本茶) 도감

- **전국 일본차 MAP**   40
- **간토 (關東) 지방**   42
  - 도치기현 (栃木縣), **구로바네차** (黑羽茶)   44
  - 이바라키현 (茨城縣), **사시마차** (猿島茶)   45
  - 이바라키현 (茨城縣), **오쿠쿠지차** (奧久慈茶)   47
  - 사이타마현 (埼玉縣), **치치부차** (秩父茶)   48
  - 사이타마현 (埼玉縣), **사야마차** (狹山茶)   50
  - 도쿄 (東京), **도쿄사야마차** (東京狹山茶)   53
  - 가나가와현 (神奈川縣), **아시가라차** (足柄茶)   54
- **주부 (中部) 지방** (시즈오카현 제외)   56
  - 니가타현 (新潟縣), **무라카미차** (村上茶)   58
  - 야마나시현 (山梨縣), **난부차** (南部茶)   60

- 나가노현 (長野縣), 나가노·덴류차 (長野·天龍茶)   62
- 도야마현 (富山縣), 바타바타차 (バタバタ茶)   64
- 이시카와현 (石川縣), 가가보차 (加賀棒茶)   65
- 기후현 (岐阜縣), 시라카와차 (白川茶)   66
- 기후현 (岐阜縣), 이비차 (揖斐茶)   67
- 아이치현 (愛知縣), 니시오맛차 (西尾抹茶)   68
- 아이치현 (愛知縣), 신시로차 (新城茶)   71
- 미에현 (三重縣), 이세차 (伊勢茶)   72
- 미에현 (三重縣), 스이자와차 (水沢茶)   76
- 미에현 (三重縣), 와타라이차 (度會茶)   77

- **TEA BREAK**   63
  맛차 (抹茶)의 제철은 가을!

- **화과자 (和菓子) 미니 도감 ❶**   78
  상생과자 (上生菓子)의 세시풍속 (歲時風俗) 이야기

- **시즈오카 (靜岡) 지방**   80
  - 시즈오카차 (靜岡茶)   82
  - 가와네차 (川根茶)   85
  - 가케가와차 (掛川茶)   87
  - 덴류차 (天龍茶)   89
  - 모토야마차 (本山茶)   90
  - 시미즈오차 (清水のお茶)   91
  - 아사히나 교쿠로 (朝比奈玉露)   93
  - 엔슈모리차 (遠州森の茶)   94

- **긴키 (近畿) 지방**   96
  - 교토부 (京都府), 우지차 (宇治茶)   98
  - 교토부 (京都府), 교반차 (京番茶)   105
  - 시가현 (滋賀縣), 아사미야차 (朝宮茶)   106
  - 시가현 (滋賀縣), 쓰치야마차 (土山茶)   108
  - 나라현 (奈良縣), 쓰키가세차 (月ヶ瀨茶)   109
  - 나라현 (奈良縣), 야마토차 (大和茶)   110
  - 와카야마현 (和歌山縣), 가와조에차 (川添茶)   112
  - 효고현 (兵庫縣), 단바차 (丹波茶)   113
  - 효고현 (兵庫縣), 모시차 (母子茶)   114

- **TEA BREAK**   115
  우지차 (宇治茶)가 운송된 오차쓰보도주 (御茶壺道中) 경로!

- **화과자 (和菓子) 미니 도감 ❷**   116
  건과자 (乾菓子)의 세시풍속 (歲時風俗) 이야기

- **주코쿠 (中國)·시코쿠 (四國) 지방** 118
  - 오카야마현 (岡山縣), 가이타차 (海田茶) 120
  - 돗토리현 (鳥取縣), 다이센차 (大山茶) 122
  - 돗토리현 (鳥取縣), 모치가세차 (用瀬茶) 124
  - 시마네현 (島根縣), 이즈모차 (出雲茶) 125
  - 야마구치현 (山口縣), 오노차 (小野茶) 126
  - 도쿠시마현 (德島縣), 아와반차 (阿波番茶) 127
  - 도쿠시마현 (德島縣), 간차 (寒茶) 129
  - 가가와현 (香川縣), 다카세차 (高瀨茶) 131
  - 에히메현 (愛媛縣), 도미사토차 (富郷茶) 132
  - 에히메현 (愛媛縣), 신구차 (新宮茶) 133
  - 고치현 (高知縣), 도사차 (土佐茶) 135
  - 고치현 (高知縣), 고시차 (碁石茶) 140
- **TEA BREAK** 139
  찻물에 뿌옇게 떠 있는 것의 정체는?
- **규슈 (九州)·오키나와 (沖繩) 지방** 143
  - 후쿠오카현 (福岡縣), 야메차 (八女茶) 144
  - 후쿠오카현 (福岡縣), 호시노차 (星野の茶) 147
  - 사가현 (佐賀縣), 우레시노차 (嬉野茶) 151
  - 나가사키현 (長崎縣), 소노기차 (彼杵茶) 154
  - 나가사키현 (長崎縣), 세치바루차 (世知原茶) 155
  - 나가사키현 (長崎縣), 고토차 (五島茶) 156
  - 구마모토현 (熊本縣), 구마모토차 (熊本茶) 157
  - 구마모토현 (熊本縣), 야베차 (矢部茶) 158
  - 구마모토현 (熊本縣), 다케마차 (岳間茶) 159
  - 오이타현 (大分縣), 야바케이차 (耶馬溪茶) 160
  - 오이타현 (大分縣), 인비차 (因尾茶) 161
  - 미야자키현 (宮崎縣), 미야코노조차 (都城茶) 162
  - 미야자키현 (宮崎縣), 고카세 가마이리차 (五ヶ瀬釜炒り茶) 163
  - 가고시마현 (鹿兒島縣), 가고시마차 (鹿兒島茶) 164
  - 가고시마현 (鹿兒島縣), 지란차 (知覽茶) 168
  - 가고시마현 (鹿兒島縣), 에이차 (えい茶) 170
  - 오키나와현 (沖繩縣), 얀바루차 (やんばる茶) 171
- **차의 명인 (名人)이 추천하는 차** 172
  - 명인(名人)/차상(茶商) **다카우 마사미쓰 (高宇政光)/시게쓰원 (思月園)** 172
  - 명인(名人)/차사(茶師) **마에다 후미오 (前田文男)/마에다 고타로 상점 (前田幸太郎商店)** 174
  - 명인(名人)/차사(茶師) **야마구치 신야 (山口真也)/호시노 제다원 (星野製茶園)** 176
  - 명인(名人)/차사(茶師) **히루마 요시아키 (比留間嘉章)/차공방 히루마원 (茶工房比留間園)** 178
  - 명인(名人)/차장(茶匠) **야마시나 야스야 (山科康也)/제다소 야마시나 (製茶所山科)** 180

 PART 3 실제로 우려내 즐겨 보자!
일본차 (日本茶)를 즐기는 방법

- **일본차를 우리는 방법 – 사전 준비**
  - 일본차의 선택 방법 … 184
  - 다기의 기초 지식 … 188
  - 적정 온도의 물 준비하기 … 191
- **일본차를 우리는 방법 – 실전**
  - 차를 맛있게 우리는 핵심 포인트! … 194
  - 센차 (煎茶) … 196
  - 교쿠로 (玉露) … 198
  - 맛차 (抹茶) … 200
  - 호우지차 (焙じ茶) … 202
  - 가마이리차 (釜炒り茶) … 204
  - 고나차 (粉茶) … 205
  - 냉차 (冷茶) … 206
  - 티백 (Tea Bag) … 208
- **일본차의 보관 방법** … 209
- **일본식 티팟, 큐스 (急須)를 선택하는 방법** … 210
- **일본식 티팟, 큐스 (急須)의 관리** … 213
- **찻잔을 선택하는 방법** … 214
- **일본차 + 화과자, 차에 곁들이는 화과자의 선택 방법** … 216
- **TEA BREAK** … 218
  찻잎 찌꺼기의 활용법

 PART 4 차를 더욱 맛있게 즐기기 위하여!
일본차 (日本茶) 배우기

- **일본차의 성분과 효능** … 220
- **일본차의 역사** … 222
- **일본차의 예절** … 224
- **'맛차 (抹茶)' 마실 때의 예절** … 226
- **일본차의 제다 과정** … 228
- **아라차 (荒茶)를 최종 완성차로 만드는 제다 과정 : 센차 (煎茶)** … 230
- **센차 (煎茶) 이외의 제다 과정** … 231

 부록

- **일본차 (日本茶)의 이해를 위한 용어 해설집** … 232
- **차의 종류별 색인** … 236

카탈로그 _ 본문 보는 방법

산지 (도/도/부/현) 이름

산지 브랜드
'우지차(宇治茶)'나 '사야마차(狭山茶)'처럼 차 산지의 명칭. 일본차는 같은 현(縣) 내에서도 재배 지역에 따라서 환경이 달라 품질도 각기 다르므로 차 산지별로 분류되는 경우가 많다.

찻물의 특징을 5단계로 구분 표시

수색 (水色)
일본차를 우렸을 때 찻물의 색상. '녹색⇔황색'으로 표현했으며, 호우지차나 지방에서 생산된 반차는 '갈색⇔황색'으로 표시했다.

향 (香)
일본차는 덖는 과정을 거친다. 이때 생기는 구수하면서 독특한 향을 '배전향(焙煎香)', 신선한 어린잎에서 나는 향을 '약엽향(若葉香)'이라 표현하였다. 단, 가마이리차(釜炒り茶)에서 '부향(釜香)'과 같은 차종 고유의 향은 반영하지 않았다.

미 (味)
일본차에는 다양한 맛의 요소가 포함되어 있다. 그중에서도 우마미(旨味)(감칠맛)와 삽미(澁味)(떫은맛)를 기준으로 표현했다.

지역

찻잎 사진
지름 10.5cm 접시에 담아 촬영.

최적의 우리는 온도와 시간
상품 차를 우릴 때 제조사가 추천하는 물의 온도와 우리는 시간의 기준.

품종
일본의 차나무에는 다양한 품종이 있다(33쪽 참조). 일본차는 여러 품종의 찻잎을 블렌딩해 만드는 경우가 많다. 품종이 많은 경우에는 주요 품종을 명시.

가격
상품의 가격은 세금을 제외한 값을 기준으로 표시. 또한 가격, 패키지의 표시는 2017년 7월 기준.

문의처
전화번호 또는 팩스 번호(2017년 7월 기준).

수색 (水色) 사진
최적의 온도와 시간을 기준으로 우린 차의 수색이다. 맛차(抹茶)의 경우는 고차(濃茶)용과 우스차(薄茶)용의 차를 모두 농도를 연하게 만들어 찍었다.

상품명

차의 종류
일본차에는 다양한 종류가 있다.
이 책에서는 아래와 같이 분류해 표시한다.

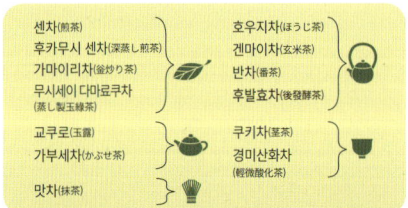

센차(煎茶)
후카무시 센차(深蒸し煎茶)
가마이리차(釜炒り茶)
무시세이다마료쿠차(蒸し製玉緑茶)
교쿠로(玉露)
가부세차(かぶせ茶)
맛차(抹茶)
호우지차(ほうじ茶)
겐마이차(玄米茶)
반차(番茶)
후발효차(後發酵茶)
쿠키차(莖茶)
경미산화차(輕微酸化茶)

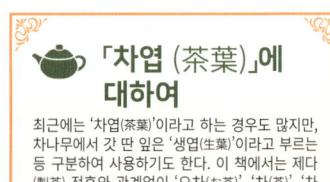

「차엽(茶葉)」에 대하여
최근에는 '차엽(茶葉)'이라고 하는 경우도 많지만, 차나무에서 갓 딴 잎은 '생엽(生葉)'이라고 부르는 등 구분하여 사용하기도 한다. 이 책에서는 제다(製茶) 전후와 관계없이 '오차(お茶)', '차(茶)', '차엽(茶葉)', '찻잎' 등으로 표기하였다.

※ 이 책에서 소개하는 차의 산지는 『2013년판 차 관계 자료(茶關係資料)』(공익사단법인 일본차업중앙회)의 「전국 차 산지와 차의 명칭(全國の茶産地と茶の呼称)」을 참고하여 선별해 소개하였다. 산지 브랜드의 명칭은 「전국 차 산지와 차의 명칭」 등을 참고하여 일반적으로 쓰이는 명칭을 사용하였다.

일본차의 정의와 종류

일본차 (日本茶)는 어떤 차인가?

'일본차'는 어떤 차를 의미하는가? 여기서는 일본차의 제다 방식이나 원료가 되는 '차나무'의 품종 등에 대하여 알아본다.

 찻잎을 따서 즉시 가열한 것이 '**녹차** (綠茶)'

일본차(日本茶)는 말 그대로 일본에서 생산된 차를 의미한다. **일본에서 생산된 홍차(紅茶) 등도 넓은 의미에서 일본차에 포함되지만, 일반적으로 '일본차'라고 하면 녹차(綠茶)를 가리키는 경우가 많다.**

그렇다면 녹차(綠茶)란 무엇인가? 녹차의 큰 특징은 색상뿐만 아니라 찻잎을 갓 따서 즉시 가열하는 그 제다 방식에 있다.

 찻잎은 차나무에서 딴 직후부터 산화가 일어나는데, 녹차는 찻잎을 따서 곧바로 가열하여 산화 반응을 중단시키기 때문에 '**비산화차**(非酸化茶)'라고 한다.

참고로 차에서 말하는 '**산화**'는 산화효소^{Oxidase}가 작용하여 찻잎의 성분에 변화가 일어나는 반응으로서 일본 된장인 '**미소**(味噌)'의 미생물 발효와는 전혀 다르다.

 비산화차 외에도 '산화차'와 '부분 산화차'로 불리는 차도 있다.

산화를 100% 진행시킨 것이 완전 산화차, 즉 '홍차(紅茶)'이다.

그리고 어느 정도 부분적으로 산화시킨 차도 있는데, 대표적인 것이 청차(靑茶)인 '**우롱차**(烏龍茶)'이다.

그 밖에도 '후발효차(後醱酵茶)'도 있는데, **녹차 등을 미생물로 발효시킨 차이다.** 흑차(黑茶)인 '**보이차**(普洱茶)'가 대표적이다.

☕ 녹차, 홍차, 우롱차, 보이차 등의 **모든 차는 같은 식물 종인 차나무에서 만들어진다.** 차나무는 **차나무과**$^{Tea\ Family}$ **동백나무속**^{Camellia}에 속하는 상록수로서 **카멜리아 시넨시스종**$^{Camellia\ Sinensis}$이다.

이 차나무에는 중국종인 시넨시스종$^{Camellia\ Sinensis\ var.\ sinensis}$과 아삼종인 아사미카종$^{Camellia\ Sinensis\ var.\ assamica}$의 두 변종이 있다.

☕ 이중 **중국종은 잎이 작고 추위에 강한 품종으로서 녹차의 생산에 적합하며,** 이에 반해 **아삼종은 잎이 크고 추위에 약하며 주로 홍차의 생산에 적합하다.** 현재 일본에서 재배되는 차나무는 대부분이 중국종이다.

두 종류의 차나무 (Camellia Sinensis)

	구분	특징	찻잎 모양	주요 재배지
녹차에 적합!	중국종 (시넨시스종)	가지의 분지가 많다. 본줄기가 뚜렷하지 않다. 높이는 약 2~3m	잎이 작고, 끝부분이 둥근 형태이다. 색상이 짙은 녹색이다.	중국, 대만, 일본, 인도(고지대), 스리랑카(고지대) 등
홍차에 적합!	아삼종 (아사미카종)	가지의 분지가 적고, 본줄기가 뚜렷하게 곧게 자란다. 높이는 약 10m 이상인 것도 있다.	잎이 크고, 끝부분이 뾰족하다. 색상은 연한 녹색이다.	인도(저지대), 스리랑카(저지대) 등

제다 (製茶) 방식에 따른 일본차의 분류

하나의 차나무에서 다양한 종류의 차가 만들어진다. 제다 방식별로 알아보자!

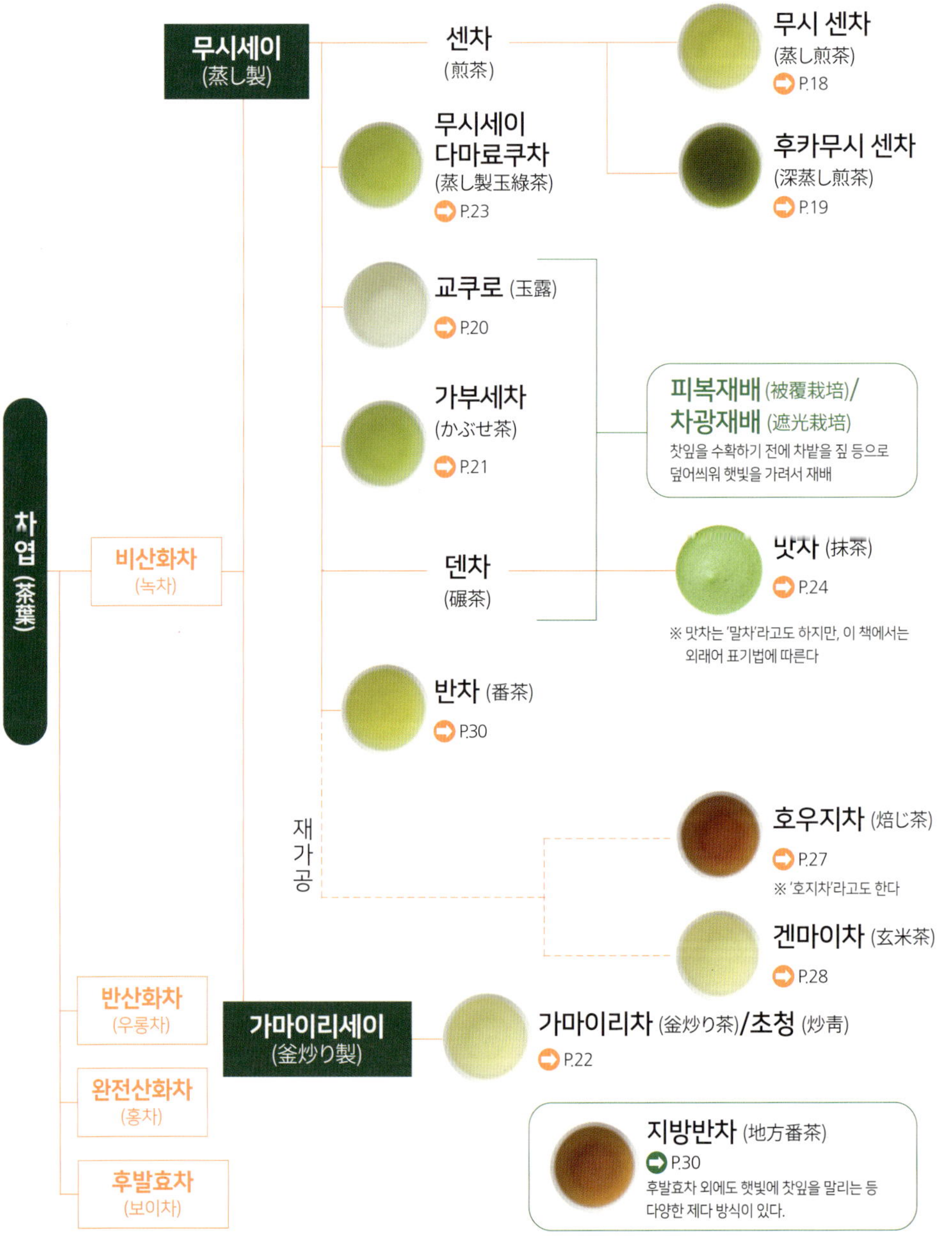

- **차엽 (茶葉)**
  - **비산화차** (녹차)
    - **무시세이 (蒸し製)**
      - 센차 (煎茶)
        - 무시 센차 (蒸し煎茶) ➡ P.18
        - 후카무시 센차 (深蒸し煎茶) ➡ P.19
      - 무시세이 다마료쿠차 (蒸し製玉緑茶) ➡ P.23
      - 교쿠로 (玉露) ➡ P.20
      - 가부세차 (かぶせ茶) ➡ P.21
      - 덴차 (碾茶)
        - **피복재배 (被覆栽培) / 차광재배 (遮光栽培)**
          찻잎을 수확하기 전에 차밭을 짚 등으로 덮어씌워 햇빛을 가려서 재배
        - 맛차 (抹茶) ➡ P.24
          ※ 맛차는 '말차'라고도 하지만, 이 책에서는 외래어 표기법에 따른다
      - 반차 (番茶) ➡ P.30
    - **가마이리세이 (釜炒り製)**
      - 가마이리차 (釜炒り茶) / 초청 (炒青) ➡ P.22
  - **반산화차** (우롱차)
  - **완전산화차** (홍차)
  - **후발효차** (보이차)

재가공:
- 호우지차 (焙じ茶) ➡ P.27 ※ '호지차'라고도 한다
- 겐마이차 (玄米茶) ➡ P.28

지방반차 (地方番茶) ➡ P.30
후발효차 외에도 햇빛에 찻잎을 말리는 등 다양한 제다 방식이 있다.

상점에서 판매하는 것은 아라차(荒茶)를 정제 및 가공한 차

녹차의 제다 과정에서는 먼저 '아라차(荒茶)'*를 만든다.
아라차는 갓 딴 생잎을 차 농가 등에서 일차적으로 가공한 것이다. 아라차로 가공하는 이유는 수확한 찻잎을 그대로 두면 산화가 진행되기 때문이다. 또한 아라차 단계에서는 수분 함량이 약 5%로 비교적 많아서 상하기 쉽고 형태도 일정하지 않다. 차 상인들은 이러한 아라차를 정제, 가공하여 매장에서 상품으로 판매하는 것이다.

🍵 아라차를 정제, 가공하기 위하여 찻잎을 체에 걸러 크기를 고르게 하는 과정이 있는데, 이때 선별된 주산물이 바로 '혼차(本茶)'이다. 이 혼차를 바탕으로 센차 등이 만들어지며, 또한 새싹 부분만 선별한 차를 '메차(芽茶)'라고 한다.

🍵 혼차와 메차 이외의 부산물은 '데모노(出物)'(출물, 이하 부산물)라고 하며, 줄기차인 '쿠키차(茎茶)'와 가루차인 '고나차(粉茶)'가 여기에 해당한다. 이때 부산물은 쿠키차처럼 부위별로 가공하는 수도 있고, 또 잘게 잘라서 혼차에 섞는 등 다양한 용도로 활용하기도 한다.

* 아라차(荒茶) : 아라차는 한자어 독음이 '황차'이지만, 6대 차류인 '황차(黃茶)'와 달리 원료 차라는 의미에서 거칠 '황(荒)'을 쓴다는 점에 유의!

아라차 (荒茶)로부터 살펴보는 완성 차의 종류

일본차의 제다 과정에서 제일 먼저 만들어지는 것이 '아라차(荒茶)'이다. 이 아라차는 주요 선별 찻잎인 혼차(本茶)와 그 외의 부산물로 나뉜다. 이중 부산물에서 줄기차인 쿠키차(莖茶) 등이 만들어진다.

완성 차의 원재료인

아라차 (荒茶) ➡ P.228
다원에서 갓 딴 생잎을 제일 먼저 1차 가공하여 만든 원재료이다. 일본의 모든 차들은 각기 제다 방식이 달라도 먼저 원재료인 '아라차(荒茶) 만들기'부터 시작된다.

정제 과정을 거치기 전의 아라차

체로 분류, 절단, 선별 등 ➡ P.230
다양한 정제, 가공 과정에서 찻잎을 크기별로 분류한다.

쿠키차 (莖茶) ➡ P.25
줄기, 잎과 줄기의 이음 부위 등이 재료이다. 쿠키차(줄기차) 외에도 '쿠키호우지차(莖焙じ茶)'로 많이 활용된다.

고나차 (粉茶) ➡ P.29
정제 과정에서 부서지거나 떨어진 작은 찻잎.

데이훈 (泥粉)
가루차인 고나차보다 더욱 더 미세한 찻잎. '사이훈(細粉)'이라고도 하며, 티백 등에 사용된다.

혼차 (本茶)
아라차(荒茶)를 체로 쳐서 미세한 가루와 줄기들을 제거한다. 그 뒤 블렌딩 등의 과정을 거쳐 정제(精製) 가공이 진행된다.

메차 (芽茶) ➡ P.26
새싹만을 선별한 찻잎.

아라차를 정제한 뒤 남은 부분인

부산물
아라차에서 체로 걸러진 부분. 다양한 상품 차에 활용된다.

차(茶)의 종류별 맛과 향의 경향

차의 종류별로 맛과 향이 각기 다르다. 여기서는 차의 특징을 도식으로 살펴보자!

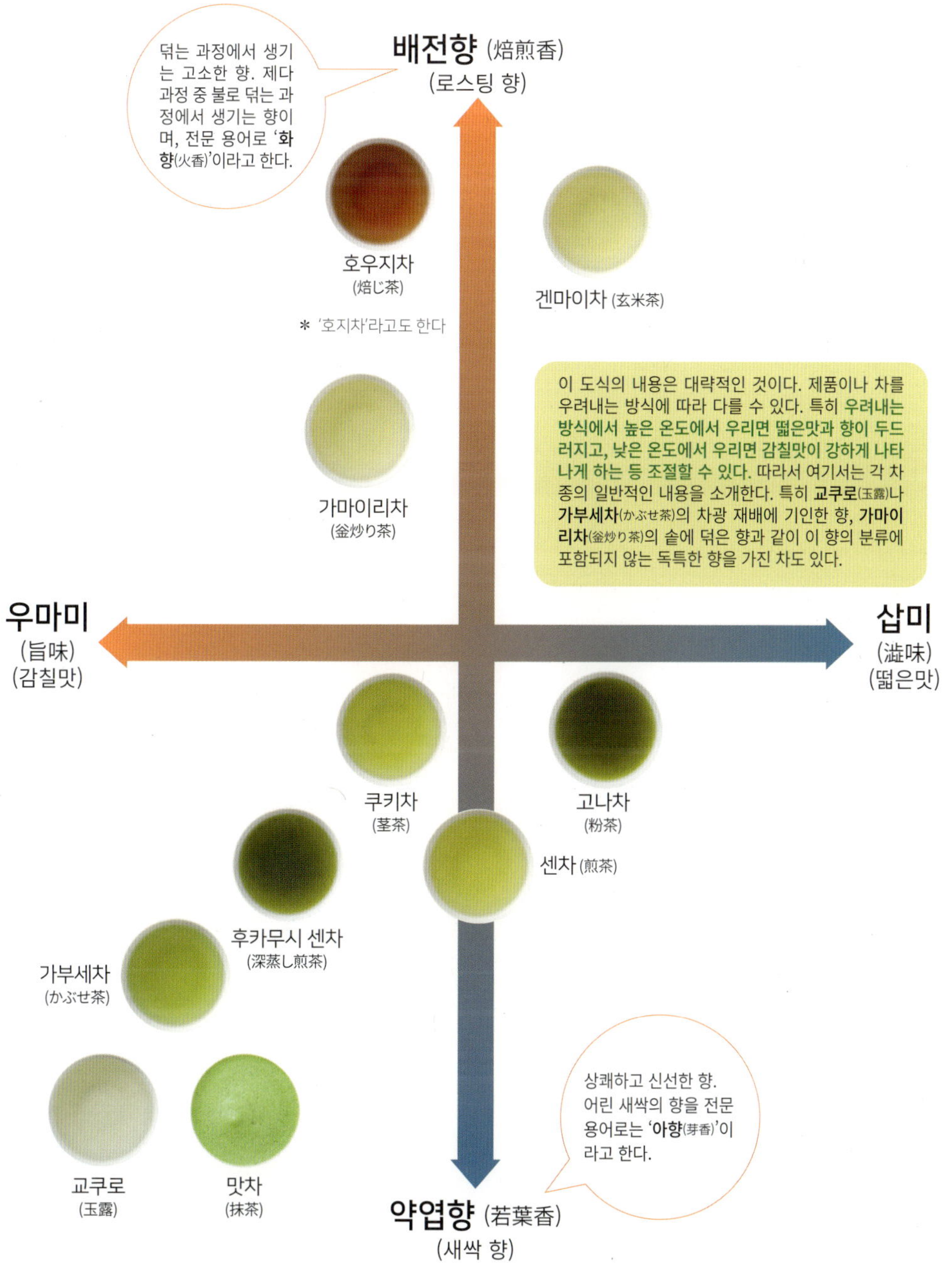

배전향(焙煎香)
(로스팅 향)

> 덖는 과정에서 생기는 고소한 향. 제다 과정 중 불로 덖는 과정에서 생기는 향이며, 전문 용어로 '**화향**(火香)'이라고 한다.

호우지차
(焙じ茶)

겐마이차(玄米茶)

* '호지차'라고도 한다

가마이리차
(釜炒り茶)

> 이 도식의 내용은 대략적인 것이다. 제품이나 차를 우려내는 방식에 따라 다를 수 있다. 특히 우려내는 방식에서 높은 온도에서 우리면 떫은맛과 향이 두드러지고, 낮은 온도에서 우리면 감칠맛이 강하게 나타나게 하는 등 조절할 수 있다. 따라서 여기서는 각 차종의 일반적인 내용을 소개한다. 특히 **교쿠로**(玉露)나 **가부세차**(かぶせ茶)의 차광 재배에 기인한 향, **가마이리차**(釜炒り茶)의 솥에 덖은 향과 같이 이 향의 분류에 포함되지 않는 독특한 향을 가진 차도 있다.

우마미 ←――――――――――――→ **삽미**
(旨味)　　　　　　　　　　　　　　　(澁味)
(감칠맛)　　　　　　　　　　　　　　(떫은맛)

쿠키차
(茎茶)

고나차
(粉茶)

센차(煎茶)

가부세차
(かぶせ茶)

후카무시 센차
(深蒸し煎茶)

교쿠로
(玉露)

맛차
(抹茶)

> 상쾌하고 신선한 향. 어린 새싹의 향을 전문 용어로는 '**아향**(芽香)'이라고 한다.

약엽향(若葉香)
(새싹 향)

PART 1 처음부터 배우는 **일본차**(日本茶)의 기초 • 17

일본차 (日本茶)의 종류

일본인에게 가장 친숙한 차,

 센차 (煎茶)

센차는 일본에서 '차(茶)' 하면 떠올릴 정도로 일본인에게 가장 친숙한 차이다.
시즈오카현(靜岡縣)과 **가고시마현**(鹿兒島縣)을 주요 산지로 생산되고 있다. 증기에 깊이 찐 '후카무시 센차(深蒸し煎茶)'와 구별하여 '무시 센차(蒸し煎茶)', '보통 센차(普通煎茶)'라고 한다.

후카무시 센차와의 차이는 생잎을 증기에 찌는 '증청(蒸靑)' 시간에 달려 있다.
증청 시간을 30~40초로 진행한 것을 '보통 센차'라고 한다.

잎의 색상은 짙은 녹색이며, 고품질일수록 색상이 선명하고 윤기가 돈다.
잎이 바늘처럼 곧고 가지런하게 뻗어 있다. 상쾌한 향과 함께 단맛, 삽미(떫은맛), 쓴맛, 우마미(감실맛)가 골고루 균형이 잡혀 있다.

 **센차의 특징**

- 수색 : 노란색에서 황록색으로 맑고 투명함
- 향 : 신선하고 청량함
- 맛 : 떫은맛과 단맛이 균형을 이룸

수색은 밝은 노란색에서 황록색까지이며, 일반적으로 투명하다.

바늘처럼 곧으며, 윤기가 나는 녹색

선명한 수색과 부드러운 맛이 특징인
후카무시 센차 (深蒸し煎茶)

보통 센차에 비하여 생잎을 증기에 찌는 **증청 시간**을 2~3배로 더 길게 한 차를 '**후카무시 센차**(深蒸し煎茶)'라고 한다. 증청 시간이 길어서 떫은맛과 쓴맛이 줄어들어 더욱더 부드러운 맛이 난다. 또한 제다 과정에서 찻잎이 부서지기 쉬워 보통 센차보다 가루나 잘게 부서진 찻잎이 많다.

시즈오카현, 가고시마현, 미에현의 주요 산지를 비롯해 전국의 차 산지에서 생산되고 있다. 더욱이 후카무시 센차는 전국 센차 생산량의 **약 70%를 차지한다.** 참고로 말하면, 후카무시 센차보다 더 오래 증청한 차는 '**도쿠무시 차**(特蒸し茶)'라고 한다.

 후카무시 센차의 특징
- 수색 : 농도가 짙어서 진한 녹색
- 향 : 깊이 있는 향
- 맛 : 떫은맛이 적어 부드럽다

수색이 진하고 선명한 녹색이다. 잎이 잘게 부서지고 가루가 많아 보통 센차보다 수색이 약간 더 탁하다.

잎이 부드럽고 가늘다

소량으로 즐기는 최상급의 일본차,

 교쿠로 (玉露)

강한 **우마미**(감칠맛)와 **단맛**을 지닌 **교쿠로**(玉露)는 일본차 중에서 **최상급**의 차로 손꼽힌다. 차를 마시는 방식도 다른 차처럼 목을 축이기 위한 것이 아니라 아주 소량으로 우려서 맛과 향을 음미하기 위하여 마신다. 찻물을 머금고 있으면 김을 연상시키는 독특한 해초 향과 감칠맛이 입안 가득하게 퍼진다.

이 향은 매우 독특한 '**차광 향**(덮개 향)'으로서 '**피복재배**(被覆栽培)'라는 차광 재배 방식에서 비롯한다. 피복재배는 찻잎을 수확하기 약 20일 전에 짚이나 천으로 차밭을 덮어서 햇빛을 가리는 차광 재배 방식으로 햇빛에 의하여 감칠맛 성분이 쓴맛 성분으로 변화하는 것을 방지한다. 이 재배 방식은 교토부(京都府)의 우지시(宇治市), 후쿠오카현(福岡縣)의 야메시(八女市) 지역이 유명하다.

 교쿠로 차의 특징

- 수색 : 연하고 맑은 노란색
- 향 : 사광 향(덮개 향)으로서 바다 김과 비슷한 향
- 맛 : 떫은맛이 적고 우마미(감칠맛)가 진하다

수색은 연한 노란색. 품질이 훌륭할수록 투명도가 높지만, 산지에 따라 특징이 다르다.

찻잎은 약간 두꺼운 편. 아름다운 심록색!

센차의 떫은맛과 교쿠로의 우마미(감칠맛)를 동시에 지닌
가부세차 (かぶせ茶)

찻잎을 따기 전에 차나무를 짚이나 천으로 덮어서 차광 재배해 만드는 가부세차(かぶせ茶). 그로 인해 '간차(冠茶)'라고도 한다. 교쿠로(玉露)가 **약 20일** 정도 차광 재배하는 데 비하여 가부세차는 **7일~10일** 정도 차광 재배한다. 이로 인해 가부세차는 **센차의 상쾌한 향과 떫은맛을 갖추면서** 교쿠로의 **우마미**(감칠맛)도 함께 간직하고 있다.

가부세차의 특징
- 수색 : 푸른빛이 도는 황록색
- 향 : 차광 향(덮개 향) 속에 청량감이 돈다
- 맛 : 부드러운 감칠맛과 떫은맛

산지에 따라 차이는 있지만, 수색은 투명한 황록색이다. 센차보다 약간 푸른빛이 돈다.

찻잎이 약간 두껍고 느슨하게 꼬여 있다!

향이 독특하게 고소한 '덖은 향'이 매력적인

가마이리차 (釜炒り茶)

찻잎을 증기에 찌는 대신에 솥뚜껑(또는 팬)에 놓고 덖어서 산화를 중단시킨 가마이리차(釜炒り茶). 이 제다 방식은 16세기경 중국에서 유입되었다.

센차에는 마지막에 모양을 가지런히 하는 정제 과정이 있지만, 가마이리차에는 이 과정이 없다. 따라서 잎이 곧게 펴지지 않고 둥글게 컬^{Curl}을 이룬다.

이 차는 또한 '가마이리세이 다마료쿠차(釜炒り製玉綠茶)'라고도 한다.

가마이리차의 특징

- 수색 : 맑고 연한 노란색
- 향 : 강하고 독특한 덖음 향
- 맛 : 깔끔하면서도 무난한 맛

수색은 연한 노란색.
밝고 투명하다

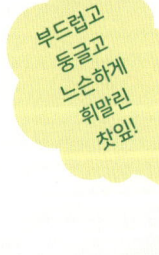

부드럽고
둥글고
느슨하게
휘말린
찻잎!

곡선 모양으로 구부러진 옥돌 모양의 차,
무시세이 다마료쿠차 (蒸し製玉綠茶)

구부러진 옥돌 모양이 특징인 무시세이 다마료쿠차(蒸し製玉綠茶).
거칠게 구부러진 모양으로 인해 '구리차(グリ茶)'라고도 한다.
찻잎을 증기에 찌는 무시세이 다마료쿠차(蒸し製玉綠茶)의 탄생은 1920년대로 거슬러 올라간다. 당시 중국산 초청(炒靑) 녹차를 주로 소비하였던 러시아로 수출하기 위하여 센차(煎茶)의 설비로 초청 녹차인 가마이리차(釜炒り茶)와 비슷하게 만든 것이 시초였다.

잎이 둥근 형태를 띤 것은 가마이리차와 마찬가지로 찻잎을 손으로 비비는 '정유(精揉)' 과정이 없기 때문이다. 이로 인해 떫은맛이 억제되어 맛이 부드러운 것이 특징이다.
현재는 규슈(九州)와 시즈오카현(靜岡縣)의 일부 지역에서 주로 생산되고 있다.

다마료쿠차의 특징

- 수색 : 투명한 황록색
- 향 : 은은하고 상쾌한 향
- 맛 : 떫은맛이 적어 부드러운 맛

무시세이 다마료쿠차의 수색은 가마이리차보다 녹색이 더 강한 황록색이다.

부드럽게 구부러진 찻잎!

차선(茶筅)으로 찻물을 휘저어 거품을 내 마시는

맛차 (抹茶)

맛차(抹茶)는 '**덴차**(碾茶)'를 원료로 만든다.
덴차는 교쿠로(玉露)와 마찬가지로 차밭을 짚이나 천으로 뒤덮어 **차광 재배**한다.
그 뒤 찻잎을 손으로 따서 증기로 찐 뒤 유념(揉捻)하지 않고 건조시켜 작은 줄기나 잎맥을 제거한다. 이렇게 만들어진 덴차를 절구에 넣고 곱게 갈아서 만든 것이 맛차이다.
참고로 맛차는 '말차'로도 불리지만, 이 책에서는 외래어 표기법에 따라 맛차로 표기한다.

차선으로 휘저어 거품을 내는 **격불**(擊拂) 방식으로 마시는 맛차는 우려서 마시는 차와는 달리 찻잎 내 영양소를 그대로 섭취할 수 있다. 그 맛은 떫은맛 속에서 고급스러운 감칠맛이 퍼진다. 최근에는 제과 재료로도 많이 사용된다.

교토부(京都府)의 **우지시**(宇治市), **아이치현**(愛知縣)의 **니시오시**(西尾市), **후쿠오카현**(福岡縣)의 **야메시**(八女市)가 유명 산지이다.

맛차의 특징
- 수색 : 밝은 황록색으로 거품이 있다
- 향   : 신선한 잎의 싱그러운 향
- 맛   : 진하고 떫은맛 속에서 감칠맛이 퍼진다

차선(茶筅)으로 거품을 내 크리미Creamy하게 만든다.
수색은 선명한 황록색이다.

신선하고 선명한 녹색의 미세한 가루!

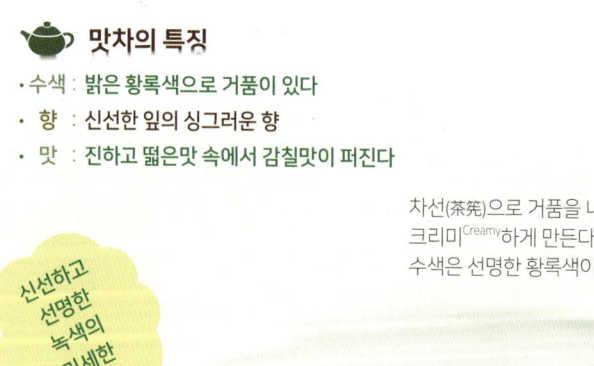

찻잎 줄기 부위만 모아서 만든 깔끔한 차,

쿠키차 (茎茶)

일본차의 제다 과정 중 아라차(16쪽 참조)를 만드는 마지막 과정에서 체를 통해 작은 줄기나 가루 등이 걸러진다. 이때 걸러진 부산물에서 줄기 부위만 모아서 만든 것이 '쿠키차(茎茶)'이다. 지역에 따라서 쿠키차는 '시라오레(白折)'라고도 한다.

쿠키차의 특징

- 수색 : 연하고 부드러운 황록색
- 향 : 신선하고 청량감이 있다
- 맛 : 깔끔한 가운데 단맛이 난다

쿠키차의 수색은 연하고 투명한 황록색이다.

녹색의 찻잎도 섞여 있다!

짧은 시간에 우려내 마실 수 있는

메차 (芽茶)

메차(芽茶)는 쿠키차와 마찬가지로 아라차를 만드는 마지막 과정에서 체로 걸러 낸 어린 새싹 부분을 모은 것이다. '새싹 차'라는 의미이지만, 실은 새싹만 따서 만든 것이 아니라 잎으로 완전히 자라지 못한 아주 작은 새싹들도 많이 포함되어 있다.

동그란 입자 형태이기에 고온에서 매우 짧은 시간에 빠르게 우릴 수 있다. 잎이 아직 성장 중인 상태이기 때문에 우마미(감칠맛)**가 응축되어 있어 색과 향이 진하다.**
센차(煎茶) 등은 2-3회 우리면 찻잎 성분들이 다 침출되어 나오지만, 메차는 작은 잎이 펼쳐질 때까지 계속해서 우려내 마실 수 있다.

메차의 특징

- 수색 : 진한 녹색
- 향 : 선명하고 강한 향
- 맛 : 진하고 적당히 떫은맛

수색은 신한 녹색.
잎이 작고, 또 더 미세한
잎들은 가라앉아
수색이 약간 탁하다.

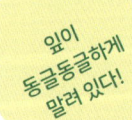
잎이 동글동글하게 말려 있다!

덖은 향이 고소하고 자극성이 적은 차,

호우지차 (焙じ茶)

호우지차(焙じ茶)는 이름 그대로 찻잎이 갈색이 될 때까지 계속 덖어서 만드는 차이다. 무엇보다도 덖음에 따른 고소한 향이 매혹적이다. 찻잎에 수분이 없어질 때까지 덖기 때문에 다양한 성분들이 감소해 자극성이 적어 위장에 부담이 적다.
따라서 어린이와 노인에게 추천된다. 참고로 호우지차는 '호지차'라고도 한다.

맛이 매우 깔끔하여 식사 중에 많이 마신다. 일반적으로 반차(番茶)나 저급 센차(煎茶), 쿠키차(莖茶) 등을 덖어서 만든다. 일반 가정에서도 프라이팬이나 핫플레이트, 오븐 토스터 등을 사용하여 쉽게 만들 수 있다.

호우지차의 특징

- 수색 : 밝고 투명한 갈색
- 향 : 고소한 향
- 맛 : 산뜻하고 깔끔한 맛

찻잎은 갈색이고 향이 풍부하다!

수색은 녹차와 달리 밝은 갈색이다. 강하게 덖을수록 수색이 진해진다.

차(茶)에 볶은 쌀을 블렌딩한

겐마이차 (玄米茶)

겐마이차(玄米茶)는 **차**와 **볶은 쌀**을 1:1의 비율로 블렌딩한 것이다.
볶은 쌀에서 풍기는 고소한 향이 매력적이다.
단 차와 볶은 쌀의 혼합비에 따라 풍미도 달라진다.
반차(番茶)를 원료로 사용하는 것이 일반적이지만, **센차**(煎茶)나 **후카무시 센차**(深蒸し煎茶)를 원료로 한 것, **맛차**(抹茶)가 들어간 것 등 다양한 종류가 있다.

사실 현미가 들어가 겐마이차라고 부르지만, 현미 외에도 백미나 찹쌀을 볶아서 넣는 경우도 많다. 참고로 팝콘처럼 하얀 것은 볶은 백미이다.
장식용이기 때문에 맛이나 향에는 영향을 주지 않는다.

🍵 겐마이차의 특징

- 수색 : 일반적으로 연한 황록색
- 향 : 볶은 쌀의 고소한 향이 특징
- 맛 : 깔끔하여 마시기 쉬운 맛

겐마이차의 수색은 보통 황록색이지만, 원료로 사용하는 차의 종류에 따라 다를 수도 있다.

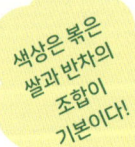

색상은 볶은 쌀과 반차의 조합이 기본이다!

초밥집에서 흔히 볼 수 있는 차,

🍵 고나차 (粉茶)

고나차(粉茶)는 초밥집에서 식사 후에 자주 제공된다.
맛이 진하면서 깔끔한 쓴맛이 특징이며, 입안을 개운하게 하는 데 최적이다.
생선의 비린내를 없애고, 찻잎의 카테킨^{Catechin} 성분으로 살균 작용도 기대할 수 있다.

센차(煎茶)나 교쿠로(玉露) 등을 만드는 아라차에서 체로 걸러 내고 남은 부산물이다.
이름 그대로 잎이 미세하여 차를 빨리 우려낼 수 있다. 차를 거름망에 넣고 뜨거운 물을 부으면 곧바로 우러나기 때문에 찻주전자가 없어도 간편하게 우릴 수 있다.

티백에도 많이 활용된다.

🍵 고나차의 특징
- 수색 : 진한 심록색으로 탁하다
- 향 : 짧은 시간 우려내도 향이 강하다
- 맛 : 떫은맛과 쓴맛이 강하다

맛차(末茶)가 고나차(粉茶)와 다른 점

맛차(末茶)는 센차(煎茶) 등을 통째로 분쇄한 것으로서 뜨거운 물에 녹여서 마신다.
고나차와 달리 차 찌꺼기가 나오지 않는다.

찻잎의 크기가 매우 작아서 침출이 잘된다. 수색은 진한 녹색이다.
찻잎 입자가 침전하면 수색이 진하고 탁해진다.

미세하게 부서진 찻잎!

반차의 정의는 다양하다!
반차 (番茶)

반차(番茶)라는 이름의 유래에는 여러 설들이 있다.

첫물차와 두물차 사이의 '번외(番外)의 차'라는 뜻에서 유래되었다는 이야기도 있고, 세물차나 네물차 등의 늦은 시기에 수확한 찻잎으로 만든 '만차(晚茶)'에서 유래되었다는 이야기도 있다.

센차(煎茶)를 만드는 마지막 과정에서 선별한 큰 잎을 사용할 때도 있다.

그로 인해 찻잎이 버드나무의 잎과 비슷해 보여 간사이(關西) 지역에서는 '**아오야기**(青柳)', '**가와야나기**(川柳)' 등으로 부르기도 한다.

또한 교토부(京都府)나 오카야마현(岡山縣)의 미마사카(美作)와 같은 해당 지역의 독특한 제다 방식으로 만들어진 교반차(京番茶)나 미마사카반차(美作番茶) 등의 '지방반차(地方番茶)'도 있다.

호우지차(焙じ茶)는 반차 등을 원료로 하여 덖어서 만든 차이지만, 홋카이도(北海道) 등의 일부 지역에서는 호우지차를 '반차(番茶)'라 부르는 경우도 있다.

반차의 특징
(일반적인 반차의 경우)
- 수색 : **투명한 황록색**
- 향 : **깔끔하고 무난하다.**
- 맛 : **우마미**(감칠맛)**가 적지만 깔끔하다.**

잎이 많은 타입

다양한 부위가 혼합된 타입

지방반차

일반적인 반차

일반적인 반차의 수색은 황록색이지만, 지방반차는 어두운 갈색을 띠는 경우가 더 많다. 단 색상의 농도나 풍미는 각 차 산지마다 약간씩 다르다.

차나무의 품종은 야부키타 (薮北)만 있는 것이 아니다!
일본 차나무의 품종

야부키타는 일본에서 자주 접하는 차나무의 품종이다.
사실 차나무에는 다양한 품종들이 있는데, 여기서는 대표적인 것들만 소개한다.

차의 종류나 기후에 따라 달리 재배하는 차나무의 품종

현재 일본 농림수산성에 등록된 차나무의 재배 품종은 약 50여 종이다.
또한 종묘법(種苗法)이라는 법률에 따라 등록된 품종도 있다. 이와 같은 등록 품종 외에도 오래전부터 재배되어 온 재래종도 일부 남아 있다.

 일본에서 차나무의 품종은 크게 **센차용**(煎茶用), **교쿠로·맛차용**(玉露·抹茶用), **가마이리차용**(釜炒り茶用), **홍차용**(紅茶用)**으로 분류된다.** 그런데 차나무는 서리로 인해 냉해를 받기 쉬운 탓에 추운 지역에서는 늦게 자라는 '**만생종**(晚生種)'을 선택하는 등 기후와 입지를 고려한 뒤 품종을 결정해 재배한다.

다만 차나무에서 찻잎을 수확할 수 있는 경제적인 수명은 **약 30~50년**이며, 또한 어린 묘목을 심어 충분한 수확량을 얻기까지는 여러 해가 걸리는 등 쉽게 다른 품종으로 바꾸어 재배하기가 어렵다.

 야부키타 (薮北)는 어떤 품종인가?

일본에 야부키타(薮北) 품종이 보급된 것은 1960년대부터이다. 차나무의 재배가 쉽고 찻잎의 안정적인 수확량을 기대할 수 있으며, 특히 서리에 강하여 널리 보급되었다. 현재 일본 내 전체 차나무 재배 면적의 **약 75%**를 차지할 정도로 압도적인 재배를 자랑한다.

시즈오카시(静岡市)에 있는 야부키타(薮北) 품종의 기원인 차나무

전국 차나무 품종별 다원의 재배 면적

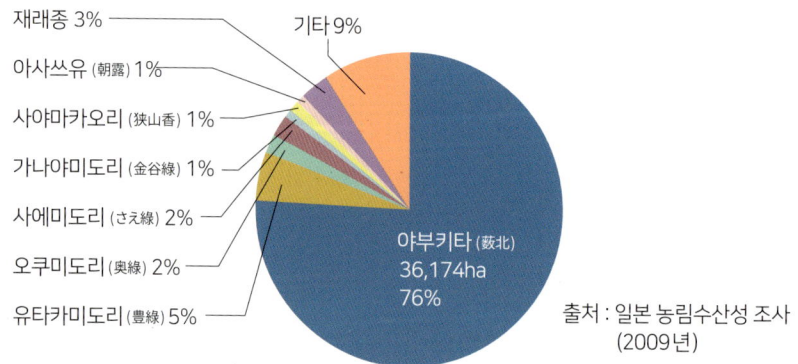

출처 : 일본 농림수산성 조사 (2009년)

 조생종, 만생종 품종의 기준인 야부키타(薮北)

차나무의 품종에는 **조생종**(早生種), **중생종**(中生種), **만생종**(晩生種)이 있다.

첫 번째 수확기가 가장 이른 품종이 조생종이며, 가장 늦은 품종이 만생종이다.

중생종은 첫 수확기가 조생종과 만생종의 중간이며, 야부키타 품종이 대표적이다.

조생종은 첫 수확기가 야부키타(薮北) 품종보다 4~10일 정도 이르며, 품종은 **유타카미도리**(豊綠)나 **사에미도리**(さえ綠) 등이 있다.

만생종은 첫 수확기가 야부키타 품종보다 약 4~10일 정도 늦으며, 품종은 **오쿠미도리**(奧綠), **오쿠히카리**(奧光) 등이 있다.

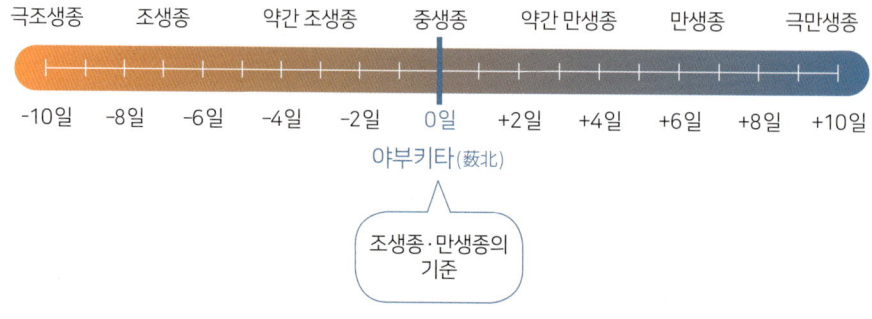

차나무의 품종은 야부키타(薮北)만 있는 것이 아니다!

차나무의 주요 품종

일본 각지에서 재배되는 차나무의 다양한 품종.
여기서는 일본에서 재배되는 품종 중에서도 대표적인 것들을 소개한다.

* 조만성(早晩性): 작물 수확기의 빠르고 늦은 것에 대한 품종의 속성

가나야미도리 (金谷綠)
S6 품종과 야부키타(薮北) 품종의 교배종이다. 센차용으로 적합하다. 수색이 진하고, 달콤하면서 독특한 향을 풍긴다.
- 주산지: 가고시마현, 시즈오카현
- 조만성(早晩性): 조생

사에미도리 (さえ綠)
야부키타(薮北) 품종과 아사쓰유(朝露) 품종의 교배종이다. 센차용으로 적합하다. 수색이 밝은 녹색이며, 향이 매우 신선하고 강하다.
- 주산지: 가고시마현
- 조만성(早晩性): 조생

유타카미도리 (豊綠)
야사쓰유(朝露) 품종을 개량한 것이다. 추위에 약하여 규슈 지역에서 많이 재배된다. 차광 재배를 통해 수확한 찻잎을 증기에 찌면 강한 우마미(감칠맛)를 맛볼 수 있다.
- 주산지: 가고시마현
- 조만성(早晩性): 조생

아사쓰유 (朝露)
우지(宇治)의 재래종에서 탄생하였다. 덴차(碾茶)나 교쿠로(玉露), 가부세차(かぶせ茶) 등을 만들기 위한 차광 재배에 적합하다. 우마미(감칠맛)가 강하여 '천연 교쿠로'라고 불린다.
- 주산지: 가고시마현
- 조만성(早晩性): 약간 조생

쓰유히카리 (露光)
시즈오카현 품종인 '시즈(靜) 7132' 품종과 아사쓰유(朝露)를 교배한 품종이다. 후카무시 센차용으로 적합하다. 수색은 선명한 녹색이다.
- 주산지: 시즈오카현
- 조만성(早晩性): 약간 조생

사야마카오리 (狭山香)
야부키타 품종의 자연 교배종이다. 사이타마현(埼玉縣)에서 개발되었다. 추위에 강하며, 센차로 만들면 강한 향을 맛볼 수 있다.
- 주산지: 사이타마현, 시즈오카현
- 조만성(早晩性): 중생

사미도리 (さみどり)
우지(宇治)의 재래종에서 탄생하였다. 차광 재배를 통해 덴차나 교쿠로 생산에 적합하며, 센차용으로도 사용된다. 수색이 매우 선명한 녹색을 자랑한다.
- 주산지: 교토부
- 조만성(早晩性): 중생

베니후키 (紅風紀)
베니호마레(紅譽) 품종과 '마쿠라(枕) Cd86' 품종의 교배종이다. 홍차용 품종이지만, 항알레르기의 작용성이 있는 메틸화카테킨의 기능성을 살리기 위해서는 녹차로 만든다.
- 주산지: 가고시마현
- 조만성(早晩性): 중생

오쿠히카리 (奧光)
야부키타 품종과 중국종인 '정(靜) Cy225' 품종의 교배종이다. 향이 매우 높고 선명한 수색을 자랑한다. 약간 떫은맛이 나지만 내한성이 강하여 산간지대에 재배가 적합하다.
- 주산지: 시즈오카현
- 조만성(早晩性): 만생

오쿠미도리 (奧綠)
야부키타(薮北) 품종과 시즈오카현 재래종의 교배종이다. 특유한 맛이 적어 블렌딩용으로 적합하다. 센차용, 교쿠로용 등으로 사용된다.
- 주산지: 가고시마현, 교토부
- 조만성(早晩性): 만생

 찻잎 수확기에 따른 차의 분류,

첫물차, 두물차란?

일본에서는 입춘(立春)부터 88일이 지날 무렵에 수확하는 첫물차부터 시작하여 약 1개월 간격으로 찻잎의 수확이 가능하다. 어느 시기의 차가 품질이 가장 좋을까?

🍵 첫물차 (一番茶)

그해 봄에 처음 수확해 생산된 차를 말한다. 신차(新茶)는 일반적으로 첫물차를 뜻한다.
떫은맛이 적고, 우마미(감칠맛)가 강하여 고품질의 차로 여겨진다.
첫물차는 연간 생산량의 40~50%를 차지한다.

🍵 두물차·세물차 (二·三番茶)

새해에 두 번째와 세 번째의 수확물로 만든 차를 말한다.
두물차는 첫 번째 수확한 뒤 약 50일 뒤에, 세물차는 두 번째 수확한 뒤 약 30일~40일 뒤에 수확해 만든다. 일반적으로 수확기가 늦어질수록 품질이 낮아지는 경향이 있다.

🍵 가을 반차 (秋番茶)

가을이 되면 다원에서는 내년 찻잎 수확을 위한 준비로 가지와 잎을 정돈하는 가지치기로 분주하다. 이때의 찻잎으로 만든 것을 '가을 반차(秋番茶)'라고 한다.
봄에 가지치기하는 산간 지대 등에서는 '봄 반차(春番茶)'도 만든다.

🍵 하치주하치야 / 팔십팔야 (八十八夜)

입춘(立春)부터 88일째 되는 날을 의미하며, 5월 2일(윤년에는 5월 1일)이다.
이 시기에 수확한 차는 맛과 향의 균형이 훌륭하여 고품질의 차로 평가된다.
영양가가 높아서 불로장수를 기원하는 길한 음료로 여기며 마신다.

찻잎의 수확 준비는 한 해 전부터 시작!

차나무에서 새싹은 수확 후에도 다시 자란다. 따라서 찻잎의 수확은 봄에서 여름에 걸쳐 여러 차례로 진행되며, 수확하는 순서에 따라 차가 구분된다.

봄에 첫 번째로 따서 만든 '첫물차(一番茶)'가 품질이 가장 좋으며, 다음으로 '두물차(二番茶)', '세물차(三番茶)' 순서로 품질이 점차 낮아진다.
지역에 따라서는 '네물차(四番茶)'까지 생산하는 곳도 있다.

🍵 찻잎의 수확 준비는 한 해 전 가을부터 시작된다. 가을이 되면, 가지치기 작업을 하는데, 다음 해의 신차에 오래된 찻잎이 섞이지 않도록 불필요한 가지와 찻잎을 솎아내는 것이다. 이때 잘려 나간 찻잎으로 만든 차가 '가을 반차(秋番茶)'이다.

가지치기 작업을 통해 형태가 다듬어진 차나무는 겨울철에 휴면기에 들어간다.
차나무는 추위에 약하여 뿌리가 묻힌 지면에 건초나 짚을 덮어서 보온해 준다.
휴면기를 거친 뒤 봄이 되면 새싹이 돋아나기 시작한다. 그러면 찻잎의 수확기가 도래한다. 지역에 따라 시기에 약간씩 차이는 있지만,

첫물차는 3월 하순~5월 하순,
두물차는 5월 하순~7월 중순,
세물차는 7월 중순~8월 중순,
네물차는 9월 상순부터 수확한다.

새싹이 돋아나는 봄철의 다원 전경

산지별 신차 출시 시기

신차(新茶)의 찻잎 수확기는 지역에 따라 다르다.
여기서는 대표적인 산지의 신차 출시 시기를 소개한다.

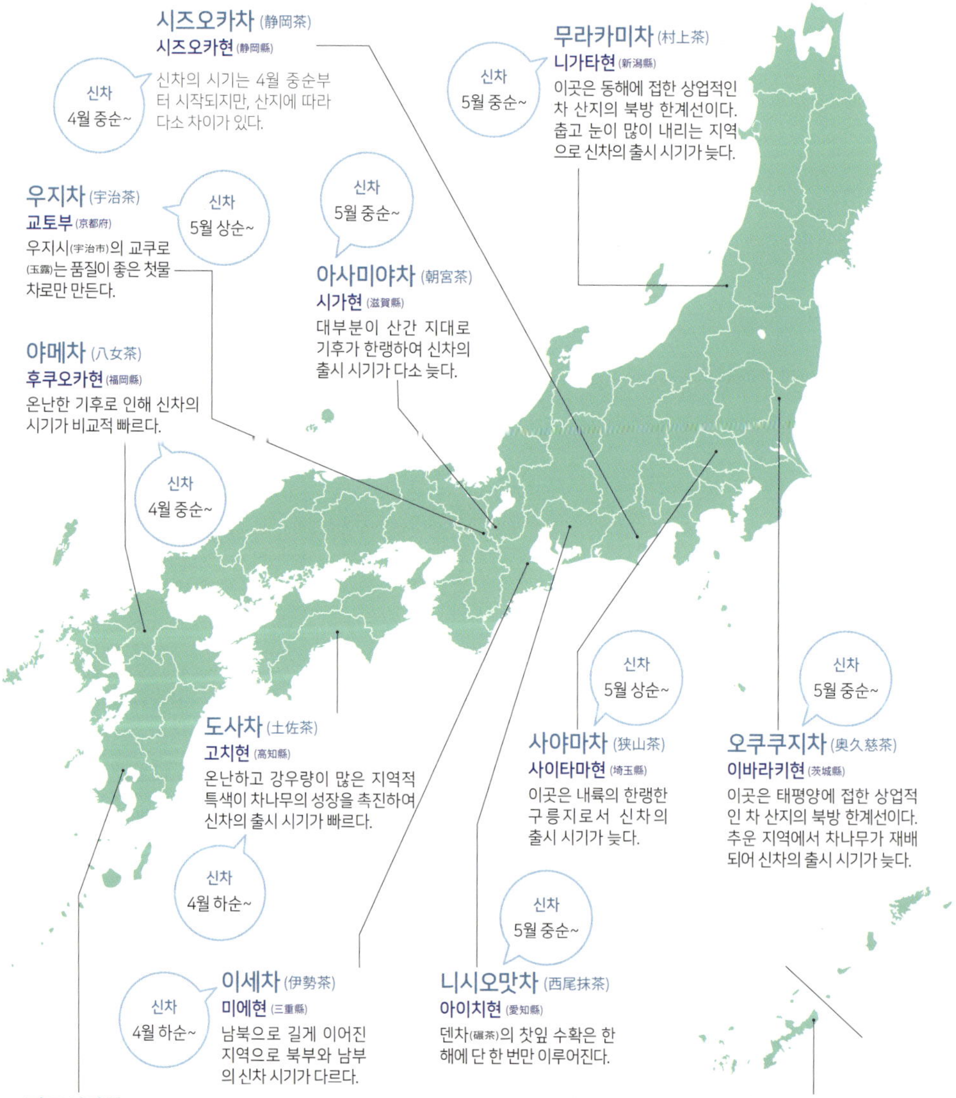

시즈오카차 (静岡茶)
시즈오카현 (静岡縣)
신차의 시기는 4월 중순부터 시작되지만, 산지에 따라 다소 차이가 있다.
신차 4월 중순~

무라카미차 (村上茶)
니가타현 (新潟縣)
이곳은 동해에 접한 상업적인 차 산지의 북방 한계선이다. 춥고 눈이 많이 내리는 지역으로 신차의 출시 시기가 늦다.
신차 5월 중순~

우지차 (宇治茶)
교토부 (京都府)
우지시(宇治市)의 교쿠로(玉露)는 품질이 좋은 첫물차로만 만든다.
신차 5월 상순~

아사미야차 (朝宮茶)
시가현 (滋賀縣)
대부분이 산간 지대로 기후가 한랭하여 신차의 출시 시기가 다소 늦다.
신차 5월 중순~

야메차 (八女茶)
후쿠오카현 (福岡縣)
온난한 기후로 인해 신차의 시기가 비교적 빠르다.
신차 4월 중순~

사야마차 (狭山茶)
사이타마현 (埼玉縣)
이곳은 내륙의 한랭한 구릉지로서 신차의 출시 시기가 늦다.
신차 5월 상순~

오쿠쿠지차 (奥久慈茶)
이바라키현 (茨城縣)
이곳은 태평양에 접한 상업적인 차 산지의 북방 한계선이다. 추운 지역에서 차나무가 재배되어 신차의 출시 시기가 늦다.
신차 5월 중순~

도사차 (土佐茶)
고치현 (高知縣)
온난하고 강우량이 많은 지역적 특색이 차나무의 성장을 촉진하여 신차의 출시 시기가 빠르다.
신차 4월 하순~

이세차 (伊勢茶)
미에현 (三重縣)
남북으로 길게 이어진 지역으로 북부와 남부의 신차 시기가 다르다.
신차 4월 하순~

니시오맛차 (西尾抹茶)
아이치현 (愛知縣)
덴차(碾茶)의 찻잎 수확은 한 해에 단 한 번만 이루어진다.
신차 5월 중순~

가고시마차 (鹿兒島茶)
가고시마현 (鹿兒島縣)
규슈(九州) 최남단에 자리하여 신차의 출시 시기도 매우 빠르다.
신차 3월 하순~

얀바루차 (山原茶)
오키나와현 (沖縄縣)
이곳의 신차는 생산량이 적지만, 일본에서 가장 빨리 출시되는 신차로 알려져 있다.
신차 3월 상순~

 일아이엽 (一芽二葉)이 최고의 품질

찻잎을 따는 부위에 따라 달라지는 품질

차는 찻잎을 수확하는 시기뿐만 아니라 따는 부위에 따라서도 품질이 달라진다. 그렇다면 언제, 어느 부위를 딴 것이 가장 좋은 차일까?

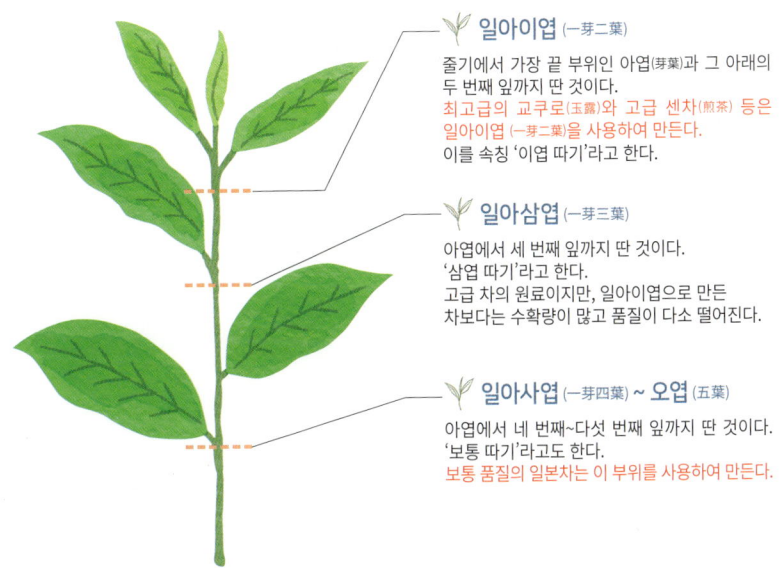

일아이엽 (一芽二葉)
줄기에서 가장 끝 부위인 아엽(芽葉)과 그 아래의 두 번째 잎까지 딴 것이다.
최고급의 교쿠로(玉露)와 고급 센차(煎茶) 등은 일아이엽(一芽二葉)을 사용하여 만든다.
이를 속칭 '이엽 따기'라고 한다.

일아삼엽 (一芽三葉)
아엽에서 세 번째 잎까지 딴 것이다.
'삼엽 따기'라고 한다.
고급 차의 원료이지만, 일아이엽으로 만든 차보다는 수확량이 많고 품질이 다소 떨어진다.

일아사엽 (一芽四葉) ~ **오엽** (五葉)
아엽에서 네 번째~다섯 번째 잎까지 딴 것이다.
'보통 따기'라고도 한다.
보통 품질의 일본차는 이 부위를 사용하여 만든다.

 찻잎의 수확기와 채엽 부위에 따라 달라지는 품질

차나무의 새싹은 싹이 트는 부분이 찻잎 5~6개가 감싸고 있다.
가장 마지막 잎이 완전히 벌어졌을 때의 상태를 '출개(出開)'라고 한다. 이 출개의 비율을 '출개도(出開度)'라고 하며, **찻잎을 따는 적당한 시기는 출개도가 약 50~80%일 때이다.**
조기 수확은 출개도가 30~50%일 때 적합하다.
출개도가 90%를 넘으면 차의 품질이 떨어진다.

벌어진 잎을 따는 부위에 따라서도 품질이 달라진다. 가지 끝부분의 아엽에서 아래 잎의 수로, 즉 일아이엽, 일아삼엽, 일아사엽의 식으로 말하지만, **일반적으로 일아이엽에서 일아삼엽을 따서 차를 만드는 것이 가장 이상적이라고 한다.**

또한 수확기에 따라서 찻잎의 함유 성분이 달라져 생산자들은 찻잎을 따는 시기와 부위를 잘 판단하여 차를 만든다.

 찻잎의 수확기에 따른 함유 성분의 변화

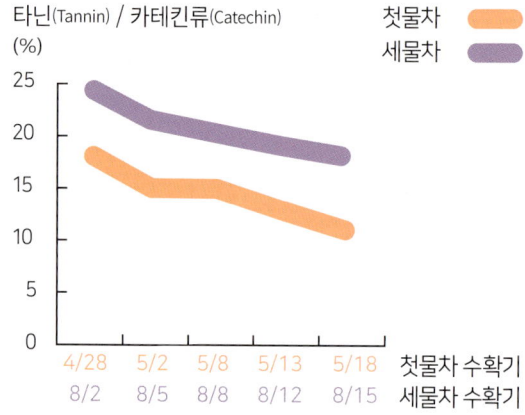

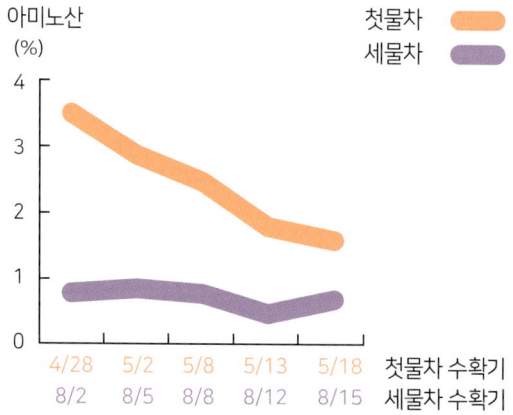

찻잎을 조기에 따면 함유 성분에서 아미노산류는 높아지고, 카테킨류는 적어진다.
따라서 찻잎의 수확은 출개도 등 다양한 조건을 판단해서 진행한다.

Knowledge of Japanese Tea
일본 녹차

PART 2

좋아하는 차를 찾아볼 수 있는
지역별 일본차(日本茶)도감

일본차의 산지는
시즈오카현과 교토부에만 있는 것이 아니다.
일본 각지에서는 다양한 종류의
차들이 생산된다. 여기서는 일본차의
대표적인 산지와 차를 소개한다.

전국 일본차 MAP

일본 전역에는 차의 산지들이 많으며, 그곳에서는 매우 다양한 차들이 생산되고 있다. 여기서는 일본에서도 유명 차 산지의 차를 중심으로 소개한다.

규슈(九州)·오키나와 지방(沖繩地方)
▶ P.143

천혜의 기후 조건으로 다양한 품종의 차나무들이 재배되고 있으며, 차의 생산량도 많다. 규슈 특유의 전통적인 제다법도 계속 유지되고 있다.

주요 차종 센차, 가마이리차, 무시세이 다마료쿠차
첫물차 시기 3월 상순~5월 상순

- 야메차 (八女茶)
- 우레시노차 (嬉野茶)
- 세치하라차 (世知原茶)
- 구마모토차 (熊本茶)
- 다케마차 (岳間茶)
- 인비차 (因尾茶)
- 고카세가마이리차 (五ヶ瀬釜炒茶)
- 지란차 (知覽茶)
- 야바루차 (山原茶)
- 호시노차 (星野茶)
- 소노기차 (彼杵茶)
- 고토차 (五島茶)
- 야베차 (矢部茶)
- 야바케이차 (耶馬溪茶)
- 미야코노조차 (都城茶)
- 가고시마차 (鹿兒島茶)
- 에이차 (えい茶)

긴키 지방(近畿地方)
▶ P.96

일본의 차문화는 교토(京都)를 중심으로 긴키 지방에서 발전하였다. 역사적으로 유명한 명차와 지역 전통을 이어받은 소규모의 차 산지도 많다.

주요 차종 센차, 맛차, 가부세차
첫물차 시기 4월 하순~5월 중순

- 우지차 (宇治茶)
- 아사미야차 (朝宮茶)
- 쓰키가세차 (月ヶ瀬茶)
- 가와조에차 (川添茶)
- 모시차 (母子茶)
- 교반차 (京番茶)
- 쓰치야마차 (土山茶)
- 야마토차 (大和茶)
- 단바차 (丹波茶)

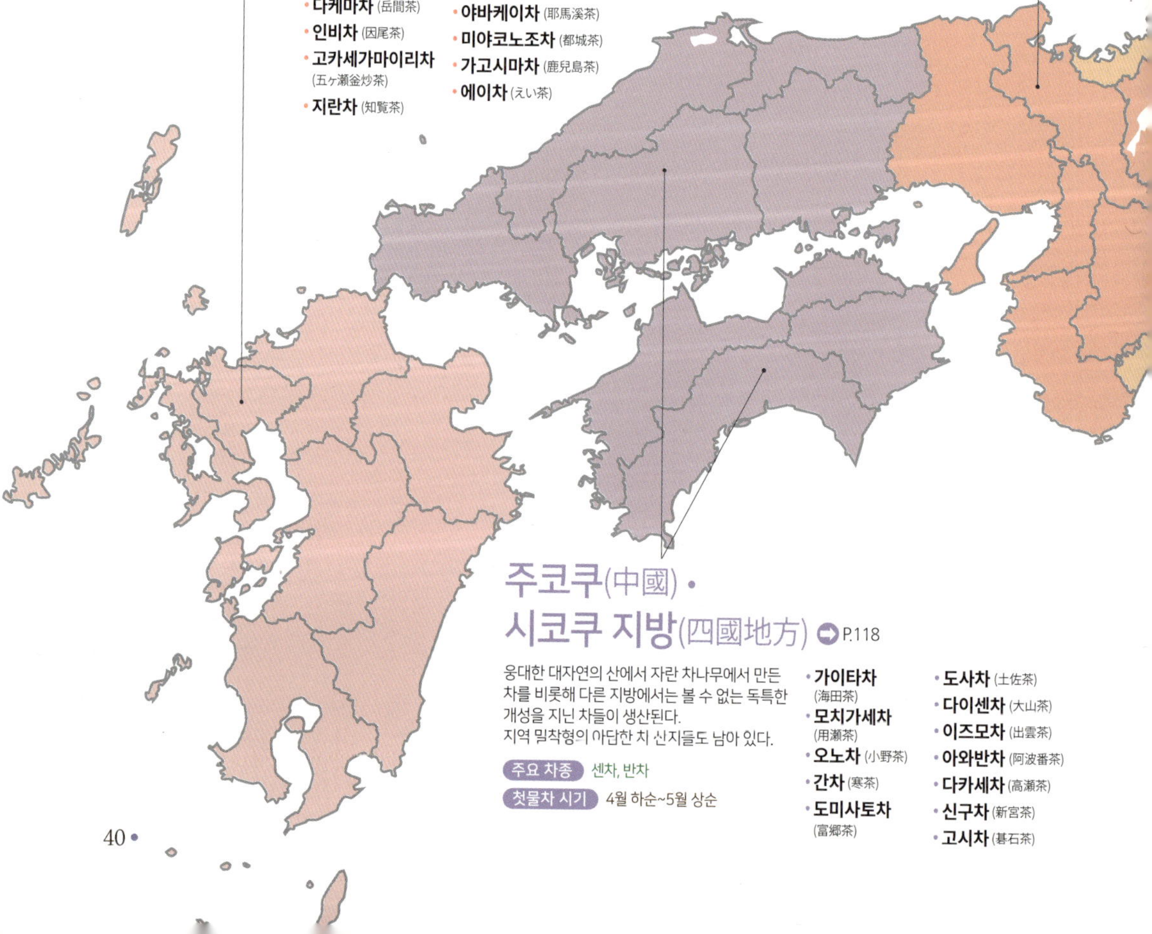

주코쿠(中國)·시코쿠 지방(四國地方) ▶ P.118

웅대한 대자연의 산에서 자란 차나무에서 만든 차를 비롯해 다른 지방에서는 볼 수 없는 독특한 개성을 지닌 차들이 생산된다. 지역 밀착형의 아담한 치 산지들도 남아 있다.

주요 차종 센차, 반차
첫물차 시기 4월 하순~5월 상순

- 가이타차 (海田茶)
- 모치가세차 (用瀨茶)
- 오노차 (小野茶)
- 간차 (寒茶)
- 도미사토차 (富郷茶)
- 도사차 (土佐茶)
- 다이센차 (大山茶)
- 이즈모차 (出雲茶)
- 아와반차 (阿波番茶)
- 다카세차 (高瀬茶)
- 신구차 (新宮茶)
- 고시차 (碁石茶)

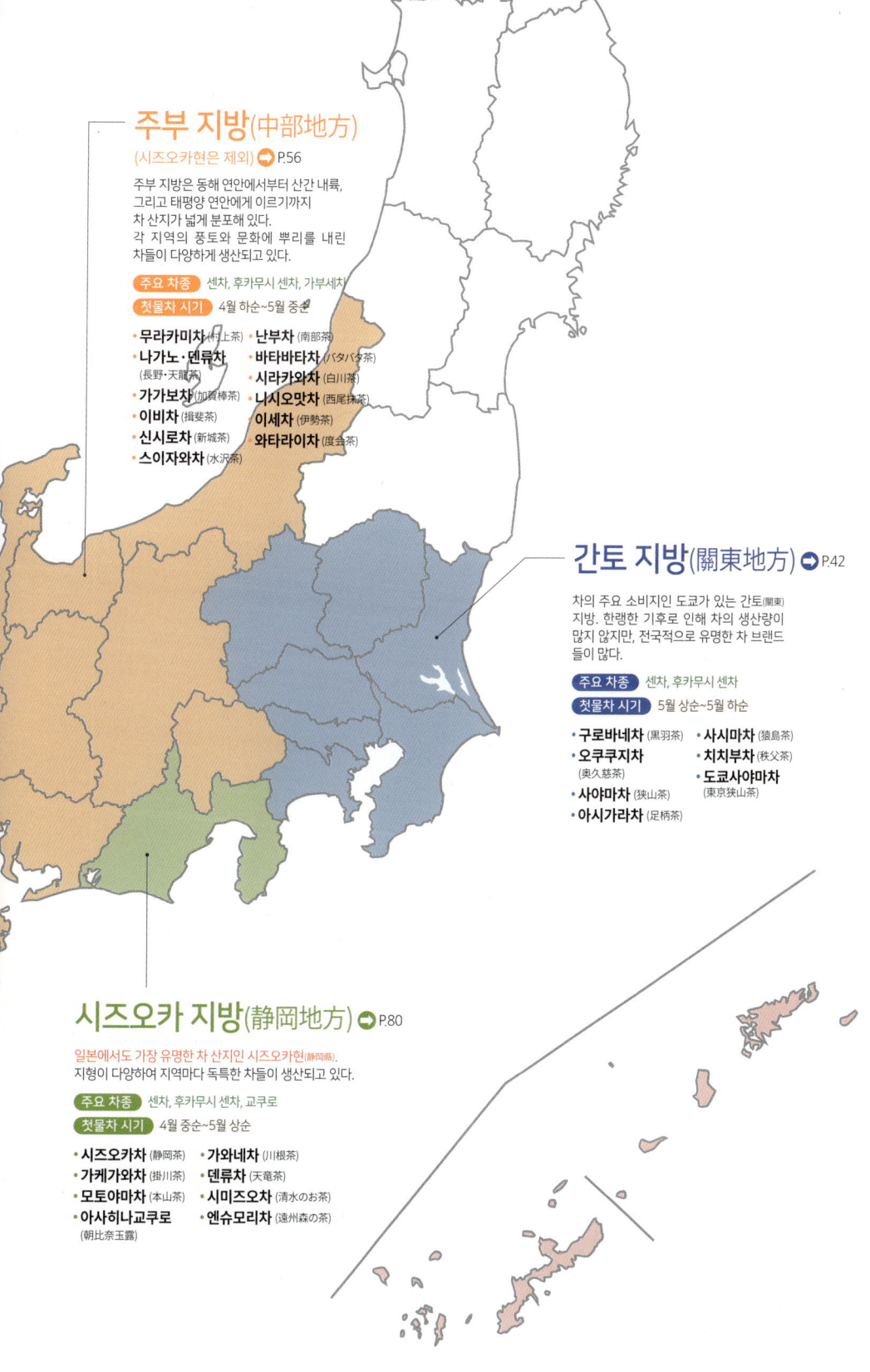

주부 지방 (中部地方)
(시즈오카현은 제외) ➡ P.56

주부 지방은 동해 연안에서부터 산간 내륙, 그리고 태평양 연안에게 이르기까지 차 산지가 넓게 분포해 있다. 각 지역의 풍토와 문화에 뿌리를 내린 차들이 다양하게 생산되고 있다.

- **주요 차종** 센차, 후카무시 센차, 가부세차
- **첫물차 시기** 4월 하순~5월 중순

- **무라카미차** (村上茶)
- **나가노・덴류차** (長野・天龍茶)
- **가가보차** (加賀棒茶)
- **이비차** (揖斐茶)
- **신시로차** (新城茶)
- **스이자와차** (水沢茶)
- **난부차** (南部茶)
- **바타바타차** (バタバタ茶)
- **시라카와차** (白川茶)
- **니시오맛차** (西尾抹茶)
- **이세차** (伊勢茶)
- **와타라이차** (度会茶)

간토 지방 (關東地方) ➡ P.42

차의 주요 소비지인 도쿄가 있는 간토(關東) 지방. 한랭한 기후로 인해 차의 생산량이 많지 않지만, 전국적으로 유명한 차 브랜드들이 많다.

- **주요 차종** 센차, 후카무시 센차
- **첫물차 시기** 5월 상순~5월 하순

- **구로바네차** (黑羽茶)
- **오쿠쿠지차** (奧久慈茶)
- **사야마차** (狹山茶)
- **아시가라차** (足柄茶)
- **사시마차** (猿島茶)
- **치치부차** (秩父茶)
- **도쿄사야마차** (東京狹山茶)

시즈오카 지방 (静岡地方) ➡ P.80

일본에서도 가장 유명한 차 산지인 시즈오카현(静岡県). 지형이 다양하여 지역마다 독특한 차들이 생산되고 있다.

- **주요 차종** 센차, 후카무시 센차, 교쿠로
- **첫물차 시기** 4월 중순~5월 상순

- **시즈오카차** (静岡茶)
- **가케가와차** (掛川茶)
- **모토야마차** (本山茶)
- **아사히나교쿠로** (朝比奈玉露)
- **가와네차** (川根茶)
- **덴류차** (天竜茶)
- **시미즈오차** (清水のお茶)
- **엔슈모리차** (遠州森の茶)

차의 산지로서는 기후가 한랭한 편이지만, 명차 산지가 많은
간토 지방 (關東地方)

간토 지방은 차나무를 재배하기에 다소 한랭한 기후이지만 전국적으로 유명한 브랜드도 많다. 가장 대표적인 산지는 사이타마현(埼玉縣) 서부에서 도쿄도(東京都)의 다마(多摩) 지역에 이르는 사야마산(狹山) 구릉 지대이다.

사야마차(狹山茶)의 생산량은 전국적으로 보면 그리 많지 않지만, 도쿄 근교를 중심으로 사람들로부터 사랑을 많이 받는 차이다.
또한 **이바라키현**(茨城縣)의 **오쿠쿠지차**(奧久慈茶)나 도치기현(栃木縣)의 **구로바네차**(黑羽茶)처럼 더 북쪽에서 생산되는 차도 있다. 이러한 지역에서는 생산성이 높지 않지만, 겨울 동안 차나무가 휴면하기 때문에 봄의 신차에는 감칠맛이 농축된다.

치치부차
(秩父茶)
➡ P.48
- 미야마노히토시즈쿠 (深山のひとしずく)
- 치치부 호우지차 (秩父ほうじ茶)

사야마차
(狹山茶)
➡ P.50
- 유메와카바 (夢わかば)
- 사야마 (狹山) 50
- 고에몬반차 (五右衛門番茶)

아시가라차
(足柄茶)
➡ P.54
- 아시가라차(足柄茶) 시라우메(白梅)
- 아시가라차(足柄茶) 히나타봇코(ひなたぼっこ)

PART 2 좋아하는 차를 찾아볼 수 있는 **지역별 일본차**(日本茶) **도감** • 43

도치기현(栃木縣)
구로바네차 (黑羽茶)

- 수색 : 녹 색 ◖◦◦◆◦◗ 황 색
- 향 : 배전향 ◖◦◆◦◦◗ 약엽향
- 맛 : 우마미 ◖◦◦◆◦◗ 떫은맛

 산간 지역 특유의 맛이 독특하게 부드러운 차

도치기현(栃木縣) 북동부에 있는 **오타와라시**(大田原市) **스카가와**(須賀川) 지역에서 생산되는 차이다. 한랭한 기후의 산간 지역 구릉지에서 자란 찻잎은 크기가 작지만 차의 맛이 진하여 2-3회 우려내 마실 수 있다.

야부키타(薮北) 종을 중심으로 재배되며, 개성이 있는 재래종도 재배된다.

＊ 신차의 출시는 다소 늦은 5월 하순부터 시작된다.

센차
하치주하치야 (八十八夜)

80~85℃ 1분
제조 스도 제다 공장 (須藤製茶工場)
품종 야부키타(薮北)
가격 100g/1,100엔
문의처 0287-58-0010
URL 없음

구지강(久慈川)의 상류인 **오시가와**(押川) 지역에서 생산되는데, '**스카가와차**(須賀川茶)'라고도 한다. 맛과 향이 훌륭하며, 2-3회 정도 우려내 맛있게 즐길 수 있다.

＊ 맛이 매우 부드러운 것이 특징이며, 뒷맛이 매우 상쾌하다.

이바라키현(茨城縣)
사시마차(猿島茶)

- 수색: 녹색  황색
- 향: 배전향 ●●●●● 약엽향
- 맛: 우마미 ●●●●● 떫은맛

간토(關東)

 강한 증청(蒸靑)으로 깊은 맛이 나는 차

이바라키현(茨城縣)에서 가장 많이 생산되는 차는 서부의 사카이정(境町), 반도시(坂東市)를 중심으로 하는 사시마(猿島) 지역의 사시마차(猿島茶)이다.

이 지역은 간토(關東) 평야의 한복판에 있으며, 오래된 화산재가 퇴적되어 산성 토양을 띠고 있다. 이 산성 토양이 새싹의 성장을 촉진한다.

연평균 기온이 약 14도로서 온난한 기후를 보인다.

후카무시 센차
(薫風) **곤푸**

80℃
30초~1분

제조 오차노사루야마노구치원 (お茶のさる山野口園)
품종 야부키타(薮北), 사에미도리(さえ緑)
가격 100g/1,000엔
문의처 0280-87-0523
URL 없음

첫물차만 사용하여 매우 신선한 향을 즐길 수 있다. 강한 증청 과정으로 찻잎 특유의 부드러우면서도 진한 맛과 풍미, 그리고 적당히 떫은맛으로 마시기에 편한 차이다.

사시마(猿島) 지역은 여름에는 무덥고, 겨울에는 북서풍이 불어 극한의 추운 곳으로서 찻잎이 두껍게 자라는 특징이 있다. 진한 향을 부드럽게 만들기 위하여 사시마차(猿島茶)는 강한 증청의 제다법으로 주로 만든다. **새로운 찻잎의 수확은 5월 초부터 시작된다.** 이 지역에는 자가 재배, 자가 제다, 자가 판매하는 생산자들이 많으며, 또한 그들은 옛날부터 각자의 기술을 녹여서 차를 정성스럽게 만들어 왔다. 이렇게 만든 사시마차는 오래전 해외로 수출되었던 일본차로 유명하다.

사시마 지역에서 차나무가 재배된 것은 에도 시대(江戶時代, 1603~1867)로 알려져 있다. 하지만 당시에는 다른 지역에 비하여 차의 품질이 떨어져 좋은 평판을 얻지 못했다. 그러나 1830년대에 우지(宇治)에서 제다법을 배우고 품질 개선을 위하여 노력하면서 에도에서도 큰 인기를 얻어 성장하였다. 이러한 고품질의 사시마차를 당시 지역의 대농장주였던 나카야마 모토나리(中山元成)가 미국에 판매한 것이 계기가 되어 마침내 사시마차는 「미일 수호통상조약」 체결 이듬해인 1859년에 미국으로 공식 수출되었다.

후카무시 센차
고쿠리 (こくり)

- 80℃
- 1분

제조 이다원(飯田園)
품종 야부키타(薮北), 가나야미도리(かなやみどり)
가격 100g/1,000엔
문의처 0280-87-1547
URL http://www.geocities.jp/iidaencha/

- 수색 : 녹 색 ◆━━━ 황 색
- 향 : 배전향 ━◆━━ 약엽향
- 맛 : 우마미 ━◆━━ 떫은맛

이바라키현(茨城縣)
오쿠쿠지차 (奧久慈茶)

- 수색 : 녹 색 ◆――― 황 색
- 향 : 배전향 ◆――― 약엽향
- 맛 : 우마미 ◆――― 떫은맛

간토(關東)

옛 전통의 유념(揉捻)을 수작업으로 진행해 만드는 차

이바라키현(茨城縣) 북부, 자연 자원이 풍부한 다이고정(大子町)에서 생산되는 오쿠쿠지차(奧久慈茶). 다이고정은 일반적으로 유통되는 차의 산지 중에서도 태평양 연안 쪽에서 북방 한계선의 지역이다.

다소 추운 기후 지역임에도 불구하고 제다 역사는 1593년경 교토(京都)의 우지(宇治)에서 전해질 만큼 매우 오래되었다. **산간 지역 특유의 큰 일교차와 비와 안개가 많은 기후 조건으로 인해 품질이 좋은 차들이 생산되고 있다.**

 양보다 품질을 중요시하는 오쿠쿠지차는 수작업으로 진행하는 전통적인 유념(揉捻) 기술을 계승한 제다법으로 지금도 생산되고 있다.

바늘처럼 가늘면서 윤기가 도는 찻잎은 깊은 풍미와 높은 향을 풍겨 최고급 차로서 인기가 높다.

＊ 신차의 수확은 다른 산지보다 조금 늦은 5월 중순부터 시작되는데, 오쿠쿠지차의 첫물차로는 센차(煎茶)가 생산된다.

후카무시 센차
하나노사토 (花の里)

- 제조 요시나리원(吉成園)
- 품종 야부키타(藪北)
- 80℃
- 가격 100g/1,000엔
- 문의처 0295-78-0121
- 30초~1분
- URL 없음

산간 지대 특유의 진한 맛과 풍미가 매력적인 고급 센차. **첫 번째 우린 차에서는 진한 맛이, 두 번째 우린 차에서는 상쾌한 향기가 특징이다.** 건강에 좋다고 알려진 에피갈로카테킨 갈레이트(EGCG, Epigallocatechin Gallate) 성분을 다량으로 함유하고 있다.

사이타마현(埼玉縣)
치치부차 (秩父茶)

- 수색 : 녹 색 ●●●◆● 황 색
- 향 : 배전향 ●●◆●● 약엽향
- 맛 : 우마미 ●●◆●● 떫은맛

 사방이 산으로 둘러싸여 있고, 혹독한 추위 속에서 자라는 찻잎

치치부차(秩父茶)는 일부에서 사야마차(狹山茶)로 분류하기도 하지만, 일반적으로 치치부(秩父) 지역의 차는 다른 내륙의 차와 맛이 달라서 '치치부차'로 구분해 부른다.

후카무시 센차

미야마 노히토시즈쿠
(深山のひとしずく)

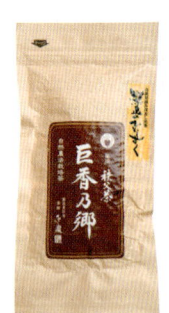

80~90℃
1분

제조 치치부차 본포
　　　(秩父茶本舗)
품종 야부키타(薮北),
　　　사야마카오리(狹山香)
가격 100g/1,500엔
문의처 0494-75-0907
URL 없음

무농약과 자연농법을 고집하여 만든 센차. 건조 시에 불의 조절은 화로 위에 한지를 간 뒤 진행하고, 손으로 직접 찻잎의 손질을 마무리한다.

간토(關東)

겨울에 눈으로 뒤덮인 치치부차(秩父茶)의 다원

다원에 새 둥지로서 작은 상자를 설치하여 해충 방제에 활용하고 있다.

- 수색 : 녹 색 ●—◆—●—●—● 황 색
- 향 : 배전향 ●—●—◆—●—● 약엽향
- 맛 : 우마미 ●—◆—●—●—● 떫은맛

치치부 호우지차 (秩父焙じ茶)

호우지차

제조 데우라원(出浦園)
품종 사야마카오리(狭山香), 야부키타(藪北)
가격 100g/800엔
문의처 0494-79-0036
URL http://www.omisejiman.net/ideuraen

95℃ / 3분

치치부 지역의 콩비지를 비료로 사용하는 등 유기농법으로 정성껏 재배한 차나무에서 찻잎을 따 만든다. 첫물차를 저온에서 오랜 시간 덖는 독창적인 제다법으로 인해 은은한 녹차 향이 긴 여운을 남기는 특별한 호우지차이다.

사이타마현(埼玉縣)
사야마차 (狭山茶)

- 수색: 녹 색 ●━━━● 황 색
- 향: 배전향 ●━━━● 약엽향
- 맛: 우마미 ●━━━● 떫은맛

🍵 **독특한 건조 처리로 고소한 향이 매우 진한 차**

「사야마차 따기의 노래(狭山茶摘み歌)」에서 "수색은 시즈오카, 향은 우지, 맛은 사야마에서 완성된다"는 노랫말도 있을 정도로 맛에 정평이 나 있는 사야마차(狭山茶). 이루마시(入間市)를 중심으로 사야마시(狭山市)나 도코로자와시(所沢市)에서 생산되고 있다. 이 차의 역사는 가마쿠라 시대(鎌倉時代, 1185~1333)부터 시작되었는데, 에도 시대(江戸時代, 1336~1573)에 무시 센차(蒸し煎茶)의 제다법을 간토 지역 중에서도 가장 먼저 도입하여 에도를 비롯해 많은 지역의 사람들로부터 큰 사랑을 받았다.

 다원이 자리한 무사시노(武蔵野) 구릉지는 겨울에 서리가 내릴 정도로 추운 기후여서 찻잎이 영양분을 축적하여 매우 두껍게 자란다. 또한 기온차로 인해 맛의 성분이 응축된다.
사야마차의 맛을 결정하는 것은 '**사야마 히레**(狭山火入)'라는 **강한 불로 건조 처리하는 방법이다**. 이는 찻잎이 매우 두꺼워서 가능한 일이다. 에도 시대부터 전해져 온 이 건조 방법으로 인해 사야마차에는 고소하고 진한 맛이 생기고, 또 적은 양의 찻잎으로도 맛있게 우려내 즐길 수 있는 것이다.

후카무시 센차
유메와카바 (夢わかば)

65℃ / 1분
제조 차공방 히루마원 (茶工房比留間園)
품종 유메와카바(夢わかば)
가격 70g/1,000엔
문의처 0120-514-188
URL http://gokuchanin.com/

🍵 사이타마현(埼玉縣)에서 탄생한 신품종인 유메와카바(夢わかば)를 사용한 차이다. **차나무의 재배와 제다 방법에 정성을 들여 바닐라처럼 달콤한 향기를 끌어내고 있다.**
* 떫은맛이 적고 부드러운 풍미가 돋보여 맛이 일품이다.

☕ 사이타마현 차 생산량의 대부분은 센차(煎茶)이다. 첫물차의 수확은 5월 상순부터 시작된다. 사야마차(狭山茶)는 지리상 인접해 있으면서 차 소비량이 많은 도쿄와 간토 지역에서 인기가 높다. 사이타마현에는 차나무의 재배에서 제다, 판매까지 모든 과정을 직접 운영하는 농가들이 많다.

간토(關東)

- 수색: 녹 색 ●◆●●● 황 색
- 향 : 배전향 ●◆●●● 약엽향
- 맛 : 우마미 ◆●●●● 떫은맛

센차
사야마 50 (狭山50)

75℃ / 30초

제조 도모노원(友野園)
품종 야부키타(薮北), 후쿠미도리(深緑), 후슌(ふうしゅん)
가격 100g/500엔
문의처 04-2934-1854
URL 없음

🍵 다원인 도모노원(友野園)에서는 자체 제다와 직판으로 한 단계 높은 품질의 찻잎을 합리적인 가격으로 제공한다.
찻잎을 다소 강하게 증청하여 사야마차의 특징인 진한 풍미를 만끽할 수 있다.

PART 2 좋아하는 차를 찾아볼 수 있는 **지역별 일본차 (日本茶) 도감** • 51

내륙의 한랭한 기후 지역에 있는 사야마차(狭山茶)의 다원.

늦가을에 수확한 단단한 잎을 유념하지 않고 살짝 데쳐서 만든다.

- 수색 : 녹 색 ●━━◆━━ 황 색
- 향 : 배전향 ●━◆━━━ 약엽향
- 맛 : 우마미 ●━━◆━━ 떫은맛

고에몬반차
(五右衛門番茶)

100℃

제조 도모노원(友野園)
품종 오쿠히카리(おくひかり)
가격 100g/450엔
문의처 04-2934-1854
URL 없음

90초

🍵 쓴맛이 적고 단맛이 은은하게 나는 반차(番茶).
찻잎을 손으로 부셔서 넣고 우리거나 달여서 마셔도 좋다.

도쿄(東京)
도쿄사야마차 (東京狹山茶)

- 수색 : 녹 색 ◆━━━ 황 색
- 향 : 배전향 ◆━━━ 약엽향
- 맛 : 우마미 ◆━━━ 떫은맛

  에도 사람들의 입맛에 맞춘 진한 맛의 센차

사야마차(狹山茶) 중에서도 사이타마현(埼玉縣)과 경계에 있는 도쿄도(東京都) 다마(多摩) 지역에서 생산된 차는 사이타마현의 차와 구별하기 위하여 도쿄사야마차(東京狹山茶)로 부른다.

주요 산지는 미즈호정(瑞穂町), **오메시**(青梅市), **무사시무라야마시**(武蔵村山市), **히가시야마토시**(東大和市) **등이다.** 이곳의 찻잎은 전통 건조 방법인 '사야마 히레(狹山火入)'를 거쳐 진한 맛의 차로 완성된다.

후카무시 센차

고급 명차 야부키타노보루
(銘茶 やぶきたのぼる)

80℃ / 1분
- 제조 사야마차 후지모토원 (狹山茶 藤本園)
- 품종 사야마카오리(狹山香), 야부키타(薮北)
- 가격 100g/1,000엔
- 문의처 042-557-0652
- URL 없음

독자적인 유기질 비료와 제다법을 도입한 후지모토원(藤本園)의 대표적인 차이다. **진한 맛의 차를 좋아하는 사람들에게 추천된다.**
* 맛이 깔끔하고 마시기에 무난한 것이 특징이다.

가나가와현(神奈川縣)
아시가라차 (足柄茶)

- 수색 : 녹 색 ●●◆●● 황 색
- 향 : 배전향 ●●◆●● 약엽향
- 맛 : 우마미 ●◆●●● 떫은맛

🍵 유리한 재배 환경을 활용하여 품질이 안정적인 차

단세르(丹沢) 산괴의 하코네시(箱根市) 산기슭 일대에서는 1923년에 일어난 간토 대지진 이후 산촌의 산업 육성화 정책으로 차 종자가 무료로 보급되면서 차나무의 재배가 시작되었다. **이곳의 차는 1963년도 일본 전국 차 품평회에서 1등을 차지하였다. 최근에도 다양한 상들을 수상하면서 '가나가와 명산품 100선'에 선정되었다.**

센차

아시가라차 시라우메
(足柄茶 白梅)

80℃
1분

제조 가나가와현 농협차업센터
(神奈川縣農協茶業センター)
품종 야부키타(薮北)
가격 100g/700엔
문의처 0465-77-2001
URL http://www2.ocn.ne.jp/~ashigara/

🍵 이 차는 품질의 우수성을 일본 전국 차 품평회에서도 인정을 받았다. 단단히 유념된 찻잎은 짙은 녹색을 띠는데, 차를 우리면 수색은 연한 황금색을 띤다.

* 단맛과 쓴맛의 균형이 훌륭한 차이다.

🍵 가나가와현(神奈川縣)에서는 오다와라시(小田原市), 하다노시(秦野市), 미나미아시가라시(南足柄市), 사가미시(相模市) 등 다양한 곳에서 차의 생산이 이루어진다.
이 지역의 토양은 배수성이 좋고, 차의 품질을 결정하는 성분인 질소가 다량으로 함유되어 있다.

일조 시간이 짧은 산간 지역에 펼쳐진 아시가라차의 다원.

🍵 산기슭 지역은 일조 시간이 짧아 찻잎의 성장은 느리지만, 토양의 영양분을 충분히 흡수할 수 있어 좋은 품질의 차가 생산된다. 또한 봄철에 피어오르는 아침 안개가 새싹들을 자외선으로부터 보호하는 커튼 역할을 한다. 이 효과로 인하여 차에는 감미 성분인 아미노산이 풍부해지고, 쓴맛 성분인 타닌 성분이 줄어들면서 부드러운 맛과 향을 지니게 된다. 갓 따서 부드러운 생잎을 약 40초간 증기에 찌면 보통의 무시 센차(蒸し煎茶)가 완성된다.

* 신차를 위한 수확은 5월 초부터 시작된다.

센차
아시가라차 히나타봇코 (足柄茶 ひなたぼっこ)

- 수색: 녹 색 ●━━━ 황 색
- 향: 배전향 ●━━━ 약엽향
- 맛: 우마미 ━◆━ 떫은맛

- 70℃
- 30초~1분
- 제조 차라이미(茶来未)
- 품종 야부키타(藪北) 등
- 가격 60g/1,000엔
- 문의처 0466-54-9205
- URL http://www.chakumi.com

🍵 새싹의 젊고 신선한 향기를 소중히 여긴 한정 신차. 세계 녹차 콘테스트에서 대회 역사상 처음으로 최고 금상을 두 차례나 수상한 제다 장인인 차사(茶師)가 독자적인 건조 방식의 배전(焙煎)을 진행하여 부드러운 맛으로 탄생시킨 센차이다.

광활한 지역에 다양한 품종의 차나무가 재배되는
주부지방(中部地方) (시즈오카현 제외)

주부(中部) 지방은 산지가 광범위하여 매우 다양한 종류의 차(茶)들이 생산된다. 여기서는 시즈오카현(靜岡縣)을 제외한 주부 지방의 차를 소개한다.

추운 기후의 동해 연안 지역에서는 북쪽에서 재배되는 차로 알려진 **니가타현(新潟縣)의 무라카미차(村上茶)**가 있다. 그리고 **도야마현(富山縣)**에서는 일본에서도 보기 드문 **후발효차(後發酵茶)** 중 하나인 **바타바타차(バタバタ茶)**가 생산된다. 또한 **이시카와현(石川縣)**에서는 고급 **호우지차(焙じ茶)**로 인기가 높은 **가가보차(加賀棒茶)**가 만들어지는 등 각 산지에서는 개성 있는 차들이 생산되고 있다.

그런데 온난한 태평양 연안 지역에 있는 **미에현(三重縣)**은 시즈오카현(靜岡縣), 가고시마현(鹿兒島縣)에 이어 일본을 대표하는 차 산지이다. 특히 **가부세차(かぶせ茶)**의 생산량은 일본에서 가장 많다. 또한 **아이치현 니시오시(西尾市)**는 진국에서도 유명한 **맛차(抹茶)** 산지로 유명한데, 그 원료가 되는 **덴차(碾茶)**가 활발하게 생산되고 있다

이시카와현
(石川縣)

후쿠이현
(福井縣)

니시오맛차
(西尾抹茶)
➡ P.68
- 마쓰카제노 무카시 (松風の昔)
- 오우스차 아오이노 호마레 (御薄茶 葵の譽)
- 아사히노 히카리 (朝日の光)

이비차
(揖斐茶)
➡ P.67
- 미노이비차 긴인 (美濃いび茶 金印)

스이자와차
(水沢茶)
➡ P.76
- 이세모토 가부세차 상품 (伊勢本かぶせ茶 上)

와타라이차
(度會茶)
➡ P.77
- 특상품 센차 하루가스미 (特上煎茶 春がすみ)

이세차
(伊勢茶)
➡ P.72
- 이세모토 가부세차 (伊勢本かぶせ茶)
- 후카무시 야부키타 고운 (深蒸し籔北 光雲)
- 덴카이치 (天下一)

미에현
(三重縣)

니가타현(新潟縣)
무라카미차 (村上茶)

- 수색 : 녹 색 ●●●◆● 황 색
- 향 : 배전향 ●●◆●● 약엽향
- 맛 : 우마미 ●●◆●● 떫은맛

🍵 **혹독한 추위의 조건을 잘 살려 독특한 맛을 목표로 만든 차**

야마가타현(山形縣)에 인접한 니가타현(新潟縣)의 무라카미시(村上市)는 겨울이 되면 눈이 쌓이는 기후이지만, 약 400년 전부터 차나무를 재배해 왔다. 현재 일본 해안 지역에서 상업적으로 차를 생산하는 지역 중에서 가장 북부에 자리한다.

🍵 다른 산지에 비하여 일조 시간이 짧고, 1월~2월에는 다원이 온통 눈으로 뒤덮여서 하얗게 된다. 그로 인해 찻잎의 광합성이 억제되어 쓴맛 성분이 적다.

낮과 밤의 일교차를 견디고, 눈 아래에서 영양분을 축적하며 서서히 자란 찻잎은 **단맛**과 **우마미**(감칠맛)가 두드러진다고 한다. 차의 오랜 역사 속에서 추운 지역에 적합한 자생종이 많이 재배되었지만, **최근 야부키타**(薮北), **후쿠미도리**(深綠), **쓰유히카리**(露光)와 같은 신품종들도 재배되고 있어 독특한 맛을 지닌 차로 인기가 높다.

* 신차의 수확은 5월 중순부터 시작된다.

센차
야치요(八千代)

70~80℃
20~30초

제조 오차노토키와원(お茶の常盤園)
품종 야부키타(薮北), 후쿠미도리(深綠), 쓰유히카리(露光)
가격 100g/1,500엔
문의처 0254-52-2024
URL http://www.marukitokiwaen.com

🍵 첫물차는 약한 불로 건조시켜 상쾌한 향이 나도록 마무리한다. 이 차는 일본 전국 차 품평회에서도 품질의 우수성을 인정받았다. 찬물로 우려내면 부드러운 맛이 나고, 뜨거운 물로 우려내면 강한 맛을 느낄 수 있다.

- 수색 : 녹 색 ●●●◆● 황 색
- 향 : 배전향 ●◆●●● 약엽향
- 맛 : 우마미 ●●●◆● 떫은맛

고시히카리 겐마이차
(こしひかり玄米茶)

겐마이차

90℃
30초

제조 후지미원(富士美園)
품종 후쿠미도리(深綠), 재래종 등
가격 150g/750엔
문의처 0254-52-2716
URL http://fujimien.jp/

 훌륭한 제다사(製茶師)가 재배지의 토질 개량에서부터 제다 과정까지 정성을 다하여 수량을 한정해 만든 진품이다. 무라카미시(村上市)에서 생산한 녹차에 니가타현(新潟縣)의 고시히카리(こしひかり) 품종의 현미를 조합하여 고소한 맛을 완성하였다.

야마나시현(山梨縣)
난부차 (南部茶)

- 수색 : 녹 색 ●●●◆● 황 색
- 향 : 배전향 ●●●◆● 약엽향
- 맛 : 우마미 ◆●●●● 떫은맛

우마미가 훌륭하고, 간편하게 먹을 수 있는 차

미나미알프스시(南アルプス市)의 산기슭에 자리한 난부정(南部町)은 온난한 기후와 풍부한 강수량을 자랑하는 지역이다.
이곳은 차나무의 재배 역사가 1000년 이상이나 된다.
이 지방의 차는 떫은맛이나 쓴맛 등 특유의 맛이 적다.
대부분 보통 세기로 증청(蒸靑)한 무시 센차(蒸し煎茶)로 만든다.
* 신차의 수확은 5월 중순부터 시작된다.

센차

가이지
(かいじ)

- 70~80℃
- 90초
- 제조 하루키야(春木屋)
- 품종 야부키타(薮北)
- 가격 100g/600엔
- 문의처 0120-35-4121
- URL http://www.88ya.co.jp/

아라차(荒茶)를 다시 한 번 더 덖어서 향과 맛을 끌어내 신선한 상태로 팩에 포장하였다. 안개가 자주 끼는 교난(峽南) 지방에서 자란 찻잎은 향기로우면서 카테킨 Catechin 성분이 풍부하다.

장엄한 미나미알프스산맥이 보이는 난부차의 다원

- 수색 : 녹 색 ●●●◆● 황 색
- 향 : 배전향 ●●◆●● 약엽향
- 맛 : 우마미 ●◆●●● 떫은맛

센차

나고미
(なごみ)

85℃
40초

제조 마루와 다원(まるわ茶園)
품종 야부키타(藪北)
가격 100g/1,000엔
문의처 0556-67-3458
URL http://maruwa-cha.com/

우메시마(梅島)라는 마을의 산간지에서 재배한 찻잎을 마루와 다원(まるわ茶園)의 주인이 직접 정성을 다해 만든 차이다. 우마미(감칠맛)의 맛 성분과 테아닌 Theanine이 풍부하게 함유되어 단맛과 떫은맛의 균형이 훌륭하다.

나가노현(長野縣)
나가노·덴류차(長野·天龍茶)

- 수색: 녹 색 ━━◆━━ 황 색
- 향: 배전향 ━━◆━━ 약엽향
- 맛: 우마미 ━━◆━━ 떫은맛

 산간 지대에서 재배한 상쾌한 차

나가노현(長野縣)과 시즈오카현(靜岡縣), 아이치현(愛知縣)을 가로지르는 덴류강(天竜川). 그 덴류강이 흐르는 산맥의 급경사면에 차밭이 펼쳐져 있다.
이 지역은 일교차가 크고 안개가 자주 껴서 차나무의 재배에 적합하다. 강에서 피어오르는 안개 속에서 자란 찻잎은 두껍고 상쾌한 향과 맛을 지닌 차로 만들어진다.
* 신차의 수확은 5월 초순부터 시작된다.

센차
덴류노히비키 (天龍の響)

80~90℃
1분

제조 오차모토 미하라 고초안
(お茶元みはら胡蝶庵)
품종 야부키타(薮北)
가격 80g/1,000엔
문의처 0263-73-0415
URL http://www.kochouan.jp/

나가노현(長野縣) 최남단의 차밭에서 자란 찻잎과 덴류강 하류(시즈오카현)의 찻잎을 블렌딩한 것이다. 산에서 자란 찻잎 특유의 상쾌한 향이 특징이다.
마시기에 무난하여 일상적으로 마시는 차로 추천된다.

TEA BREAK

 # 맛차(抹茶)의 제철은 가을!

신차(新茶)라고 하면 보통 봄에서 초여름의 차를 떠올린다.
그러나 맛차(新茶)의 경우 제철은 가을철인 11월이다. 왜냐하면 맛차는 원료 차인 덴차(碾茶)를 숙성시켜 풍미를 높인 뒤 가을철에 만들기 때문이다.
찻잎을 5월에 수확하여 건조시켜 만든 덴차를 차호(茶壺)에 넣고 가을까지 숙성시키면 단맛이 증가하면서 훨씬 더 부드러운 맛이 난다. 이를 맷돌로 곱게 갈아서 맛차로 즐기는 방식은 차의 맛을 최고로 끌어올린 옛사람들의 지혜이다.

차노유(茶の湯)의 세계에서는 그해의 맛차를 처음 즐기기 시작하는 가을을 정월(正月)로 여기며, 11월 초순인 입동(立冬)에 '차호의 봉인을 여는 차회(茶會)'를 연다.
이를 '구치키리노 차지(口切りの茶事)'라고 한다.

에도 시대(江戸時代)에 시즈오카현의 '모토야마차(本山茶)'를 좋아하였던 도쿠가와 이에야스(德川家康, 1543~1616)는 덴차를 보관하는 저택을 짓고 그곳에서 늦가을까지 숙성시킨 덴차로 맛차를 만들어 슨푸성(駿府城)에서 차회를 즐겼다고 전해진다.

우지시(宇治市) 고세이도(興聖堂)에서 열리는 구치키리노 차지.
차호(茶壺)의 봉인을 열고 봄부터 저장해 둔 덴차(碾茶)를 사용해 맛차를 즐기는 의식이다.

도야마현(富山縣)
바타바타차 (バタバタ茶)

- 수색 : 녹 색 ●━━●━━● 황 색
- 향 : 배전향 ●━━●━━● 약엽향
- 맛 : 우마미 ●━━●━━● 떫은맛

 전용 차선(茶筅)**으로 거품을 내는 희귀한 흑차** (黑茶)

니가타현(新潟縣)과 인접한 도야마현(富山縣)의 아사히정(朝日町)은 동해와 해발고도 2000m의 하쿠바산(白馬岳)이 바라보이는 차 산지이다.
이곳에서는 예로부터 일본에서는 보기 드문 '흑차(黑茶)'라는 차를 마셔 왔다.
흑차는 중국의 보이차(普洱茶)를 대표로 하는 후발효차(後發酵茶)로서 약간의 산미(酸味)가 느껴지는 것이 특징이다.

이 지방의 흑차는 봄에 새싹을 따지 않고 7월경에 성숙한 찻잎을 가지째로 수확한다. 그 뒤 찜통에서 증기로 찐 뒤 약 1개월간 발효시키고 햇볕에 말려 건조시킨다. 이렇게 만든 흑차를 음용하는 전통적인 방식을 '**바타바타차**(バタバタ茶)'라고 하는데, 무로마치 시대(室町時代, 1336~1573)에 시작되었다고 한다.

흑차를 주전자 등에 넣고 끓여서 그릇에 따른 뒤에 차선 2개를 맞붙인 '부부차선(夫婦茶筅)'으로 '바타바타' 거품을 낸 뒤에 마신다. 거품을 내면 맛이 한결 더 부드러워지고, 또 거품이 입안에서 터지면서 상쾌한 맛을 즐길 수 있다.

후발효차
(バタバタ茶) 바타바타차

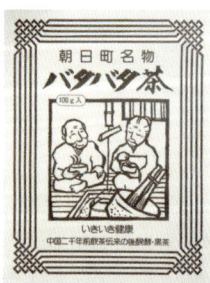

100℃
1시간

제조 아사히(あさひ)
품종 야부키타(薮北)
가격 100g/600엔
문의처 0765-83-2688
URL 없음

이 차는 찻잎을 모포에 넣고 달인 찻물을 '고로하치 차완(五郎八茶碗)'이라는 사발에 넣고 거품을 내 마시는 것이 전통적인 방식이다. 거품을 내지 않고 그대로 마셔도 좋고, 특히 여름에는 차게 식혀서 마시면 더욱더 훌륭한 풍미를 맛볼 수 있다.

이시카와현(石川縣)
가가보차 (加賀棒茶)

- 수색 : 녹 색 ●—●—●—◆—●—● 황 색
- 향 : 배전향 ●—●—◆—●—●—● 약엽향
- 맛 : 우마미 ●—●—◆—●—●—● 떫은맛

메이지 시대에 널리 보급된 줄기를 주로 사용하는 호우지차 (焙じ茶)

가가보차(加賀棒茶)는 찻잎이 달린 줄기를 원료로 사용한 호우지차(焙じ茶)이다. 산뜻하고 고소한 향이 특징이며, 이 차를 좋아하는 마니아들이 많다.

에도 시대(江戸時代, 1603~1867)에 가가번(加賀藩)(현 이시카와현 남부) 지역의 '마에다 가문(前田家)'이 차나무의 재배를 정책적으로 장려함에 따라 가네자와(金沢) 지방에서는 차나무의 재배가 활발해졌다.

차나무의 재배법과 제다법이 교토(京都)의 우지(宇治)에서 전해져 지금도 여전히 다도 문화가 깊이 뿌리를 내리고 있지만, 사람들이 일상적으로 많이 마시는 차는 호우지차(焙じ茶)이다. **특히 일본에서도 드물게 차의 줄기를 넣어 만든 호우지차가 주류를 이루고 있다.**

가네자와 지방의 보차(棒茶)는 메이지 시대(明治時代, 1867~1912) 중반에 탄생하였는데, 그 이전에는 버려졌던 두물차 이후의 줄기를 덖어서 만든 것이 시초이다. 줄기는 잎보다 열이 잘 전달되지 않아서 강한 불로 짧게 덖어서 고소한 맛을 끌어낸다. 본래는 서민들을 위한 저렴한 차로 탄생하였지만, 오늘날에는 고급스러운 것에서부터 보통의 것에 이르기까지 다양한 보차들이 생산되고 있다.

겐조 가가보차 (献上加賀棒茶)

- 100℃
- 25초
- 제조 마루하치 제다장(丸八製茶場)
- 품종 야부키타(藪北) 등
- 가격 100g/1,200엔
- 문의처 0120-41-5578
- URL http://www.kagaboucha.co.jp/
- ※ 상품의 크기와 가격은 변동될 수 있다.

왕에게도 헌상(献上)된 보차이다. 첫물차로 수확한 줄기를 가볍게 덖은 것이다. **차가운 물로 침출한 냉차도 추천된다.** 맛있게 우려내면 투명한 호박색의 수색이 두드러진다.

기후현(岐阜縣)
시라카와차 (白川茶)

- 수색 : 녹 색 ●━━◆━━● 황 색
- 향 : 배전향 ●━━◆━━● 약엽향
- 맛 : 우마미 ●━━◆━━● 떫은맛

 강가의 경사지에서 소량으로 재배되는 차

400년의 역사를 자랑하는 시라카와차(白川茶).
기후현 중앙에 자리한 시라카와정(白川町)과 히가시시라카와촌(東白川村)에서 생산된다.
이 지역은 히다강(飛驒川)과 그 지류를 따라 펼쳐진 산간 지대이다.
이곳에서 나는 차는 미네랄이 풍부하여 향이 매우 높다.
이곳의 차는 생산량은 적지만 고급 차로서 큰 인기를 끌고 있다.

쿠키차
오쿠미노시라카와차 쿠키차
(奧美濃白川茶 茎茶)

제조 오와리이치노미야 오차노후쿠주원
(尾張一宮 お茶の福壽園)
품종 야부키타(薮北)
가격 100g/500엔
문의처 0586-73-4509
URL https://www.138-fukujyuen.com/

80℃
1분

🍵 오쿠미노시라카와(奧美濃白川) 지역에서 첫물차로 수확한 고급 새싹의 줄기로 만든 쿠키차(茎茶)이다. 아미노산을 다량으로 함유하고 있어 달콤하면서도 깔끔한 맛을 자랑한다.

기후현(岐阜縣)
이비차 (揖斐茶)

- 수색 : 녹 색 ●●●◆●●● 황 색
- 향 : 배전향 ●●●◆●●● 약엽향
- 맛 : 우마미 ●●●◆●●● 떫은맛

  에도 시대부터 이어져 온 전통의 차 산지

기후현 서부, 이케다(池田) 산기슭의 배수가 잘되는 선상지에서는 오래전부터 차나무의 재배가 이루어졌다. 1822년 우지 지역에서 제다사를 초빙하여 찻잎을 덖는 방식으로 센차(煎茶)가 만들어지기 시작하였고, 그 뒤 품질 향상이 이루어지면서 명성을 떨치게 되었다. **기후현에서 장려하는 청정 농업을 중심으로 차나무를 재배하여 만든 차는 고급스러운 향기가 특징이다.**
＊ 신차의 수확은 4월 하순부터 시작된다.

주부(中部)

센차
미노이비차 긴인
(美濃いび茶 金印)

- 제조 즈이소원(瑞草園)
- 품종 야부키타(藪北) 등
- 가격 100g/640엔
- 문의처 0585-45-2068
- URL http://www.zuisoen.co.jp/

80℃
30초~1분

1881년 창업하여 조상 대대로 계승해 온 차 점포에서 정성스럽게 만든 명차. 차를 독자적으로 블렌딩하여 원적외선, 열풍, 직화의 3단계 불 조절로 건조 과정을 통해 풍부한 향을 완성하였다.

아이치현(愛知縣)
니시오맛차 (西尾抹茶)

- 수색 : 녹 색 ●●●●● 황 색
- 향 : 배전향 ●●●●● 약엽향
- 맛 : 우마미 ●●●●● 떫은맛

🍵 정성스러운 재배 방식으로 생산한 고품질의 맛차

니시오차(西尾茶)의 고향은 아이치현의 거의 중앙을 남북으로 가로지르는 야하기강(矢作川) 유역의 최남단 니시오시(西尾市)를 중심으로 하는 지역이다.
기후가 온난하고 배수가 좋은 적색 토양층의 구릉지이다.
이 지역에서는 13세기경부터 차나무의 재배가 시작되었다. 니시오시에 있는 고주원(紅樹院)의 경내에는 지금도 니시오맛차의 기원인 차나무가 남아 있다.

 메이지 시대(明治時代, 1867~1912)에 이르러 교토부 우지에서 맛차 제다법이 전해지면서 본격적인 맛차 생산이 시작되었다. 오늘날 이 지역은 차 생산량의 대부분이 맛차로서 고급 맛차의 산지로 알려져 있다.
맛차의 원료인 덴차(碾茶)의 생산량은 전국에서도 손꼽히는 수준이다.
새싹이 돋아나기 약 20일 전부터 다원은 치광막으로 뒤덮어 햇빛을 차단하는 '피복재배(被覆栽培)'(차광 재배)의 방법이 주류를 이루고 있다.
이렇게 하면 새싹이 부드럽게 자라면서 향이 더욱더 풍부해진다.

맛차
마쓰카제노무카시
(松風の昔)

제조 난잔원(南山園)
품종 사미도리(さみどり) 등
가격 30g/1,000엔
문의처 0566-99-0128
URL http://nanzanen.jp/

🍵 선명한 녹색, 품격 높은 향, 깊은 감칠맛이라는 니시오맛차(西尾抹茶)의 특징을 그대로 즐길 수 있다. 맛차로서는 합리적인 가격도 기쁜 요소이다.
손님 접대나 다도 연습용으로 추천된다.

현재 일본의 차 수확 방식은 기계를 사용하는 것이 일반적이지만, 니시오맛차 (西尾抹茶)는 손으로 직접 따는 전통적인 방식을 사용하는 것이 특징이다.
이렇게 정성이 깃든 수확 방식을 통해 고급 맛차가 생산되는 것이다.

＊ 신차의 수확은 5월 중순부터 시작된다.

- 수색 : 녹 색 ─────── 황 색
- 향 : 배전향 ─────── 약엽향
- 맛 : 우마미 ─────── 떫은맛

주부(中部)

맛차
오우스차 아오이노호마레
(御薄茶 葵の誉)

70℃
없음

제조 아오이 제다(葵製茶)
품종 사미도리(さみどり), 아사히(あさひ)
가격 30g/2,000엔
문의처 0120-101-873
URL http://www.aoiseicha.co.jp/

20세기 초에 창업해 전통을 자랑하는 차 점포에서 맷돌로 갈아서 만든 최고급의 **우스차**(薄茶). 우마미와 단맛의 균형이 훌륭하고, 농도가 진한 고차(濃茶)로도 즐길 수 있는 고품격의 맛차이다.

니시오시에서는 서늘한 차광막 아래에서 지금은 보기 드문 수작업을 통해 찻잎의 수확이 이루어진다.

- 수색 : 녹 색 ◆···· 황 색
- 향 : 배전향 ·◆··· 약엽향
- 맛 : 우마미 ◆···· 떫은맛

맛차 아사히 노히카리
(朝日の光)

제조 아사히원 제다공장
(朝日園製茶工場)
품종 사미도리(さみどり)
가격 40g/1,300엔
문의처 0563-57-2778
URL http://www016.upp.so-net.ne.jp/asahien/

🍵 이 차는 **일본 전국 차 품평회**에서 **7회**나 **농림수산대신상**을 수상한 경력이 있는 다원에서 만들었다. 향이 상쾌하고 맛이 깊이가 있다. 찻잎을 손으로 직접 따서 차 절구로 천천히 곱게 갈아서 부드럽게 마무리하였다.

아이치현(愛知縣)
신시로차 (新城茶)

- 수색: 녹색 ●━━ 황색
- 향: 배전향 ●━━ 약엽향
- 맛: 우마미 ●━━ 떫은맛

 물이 좋은 산에서 재배한 차나무로 만든 센차

아이치현 동부에 자리한 신시로시(新城市)는 아이치현 내에서도 가장 큰 센차(煎茶) 생산지이다. 이 지방의 차 생산 역사는 400년 이상이나 된다.
도요강(豊川)의 맑은 물과 아침 안개가 피어오르면서 일교차가 큰 산간 지역에서 자란 찻잎으로 만든 센차는 상쾌한 풍미로 널리 사랑을 받고 있다.

* 신차의 수확 시기는 4월 하순부터이다.

중부(中部)

센차
후쿠센 (福泉)

- 제조 후쿠타원 제다(福田園 製茶)
- 품종 야부키타(藪北)
- 가격 100g/1,000엔
- 문의처 0536-25-0500
- URL http://www.fukutaen.co.jp/

60~70℃ / 1~2분

이 차는 유기비료를 사용하여 토양 관리부터 신경을 썼다. 다원에서 수확한 새싹을 당일에 바로 가공하여 차의 풍미와 향을 살렸다. 맛이 부드러운 것이 특징이다.

미에현(三重縣)
이세차 (伊勢茶)

- 수색 : 녹 색 ●●●●● 황 색
- 향 : 배전향 ●●●◆● 약엽향
- 맛 : 우마미 ●◆●●● 떫은맛

 현 내의 곳곳에서 개성 있는 차들을 생산하는 차의 명소

미에현(三重縣)은 시즈오카현(静岡縣), 가고시마현(鹿兒島縣) 다음으로 녹차 생산량과 재배 면적이 큰 전국 3위의 차 산지이다. 미에현 내에서는 넓은 지역에서 차나무가 재배되고 있으며, 각 지역의 풍토에 뿌리를 둔 다양한 차들이 생산되고 있다.
이들을 총칭하여 '이세차(伊勢茶)'라고 한다.
그 역사는 약 1000년에 이를 정도로 매우 오래되었다.

이세차(伊勢茶)는 고보대사(弘法大師, 774~835)가 당나라에서 들여온 차의 씨앗을 어느 사찰의 주지가 심은 것이 그 시초로 전해진다.

이세차 중에서도 가장 유명한 것은 욧카이치시(四日市市), 가메야마시(龜山市) 등 북부 지방에서 생산되는 가부세차(かぶせ茶)이다.
이 지역들은 미에현 전체 차 생산량의 약 30%를 차지하며, 광역자치단체 중에서는 전국 1위의 생산량을 자랑한다.

검은 천으로 된 차광막으로 차나무를 뒤덮어 차광 재배하여 만든 가부세차는 풍미가 좋고 맛이 고급스럽기로 유명하다.
이 지역들에서는 두물차까지만 생산하기 때문에 품질을 높게 유지할 수 있다.

이세신궁으로 통하는 구시다강(櫛田川), 미야가와강(宮川) 유역의 오다이정(大台町), 도에정(度会町), 이난정(飯南町) 등 남부 지역에서는 센차나 후카무시 센차가 많이 생산되고 있다.
안개로 인해 향이 풍부한 품질로 유명하며, 전국 차 품평회에서는 다수의 농림수산대신상을 받았다.

미에현은 평균 기온이 14~15도로 비교적 온화하며, 첫물차의 수확은 빠른 곳은 4월 하순부터, 늦은 곳은 5월 중순부터 시작된다.
지역이 남북으로 길게 뻗어나 있어 찻잎의 수확기에 다소 차이가 있다.

가부세차

이세모토 가부세차
(伊勢本 かぶせ茶)

- 🌡 40℃
- ⏱ 5~8분

- 제조 오이세마이리 본포 (お伊勢参り本舗)
- 품종 야부키타(薮北)
- 가격 70g/1,200엔
- 문의처 059-329-2078
- URL http://www.oise.co.jp/

🍵 첫물차만 사용하는 전통적인 농법으로 만든 가부세차이다. 수색은 선명한 녹색을 띠고, 특히 미지근한 물로 우리면 은은한 단맛을 느낄 수 있다.

- 수색 : 녹 색 ●●●●● 황 색
- 향 : 배전향 ●●●●● 약엽향
- 맛 : 우마미 ●●●●● 떫은맛

후카무시 야부키타 고운
(深蒸し薮北光雲)

80℃ / 1분

제조 가와하라 제다 (川原製茶)
품종 야부키타 (薮北)
가격 80g / 1,200엔
문의처 0598-49-3036
URL http://www.kawatea.co.jp/

주로 유기비료를 사용하여 재배한 차나무로 만든 차이다.
강한 불로 덖어 진한 맛이 특징이다. 두 번째 우려내도 맛있게 즐길 수 있다.
적당한 떫은맛 속에서 달콤함이 부드럽다.

80℃	제조 가네키 이토히코치 상점 (かねき伊藤彦市商店) 품종 주로 야부키타(薮北) 가격 100g/1,000엔
1분	문의처 0595-96-0357 URL http://www.kanekiisecha.com/

- 수색 : 녹 색 ●●●◆● 황 색
- 향 : 배전향 ◆●●●● 약엽향
- 맛 : 우마미 ●●◆●● 떫은맛

차 품질의 심사 기술자이자, 차사(茶師)가 직접 만든 블렌딩 센차.
고급 찻잎을 의도적으로 강한 불로 건조하여 이세차 특유의 진한 맛과 우마미,
그리고 고소한 향미를 자아낸다.

센차
덴카이치
(天下一)

미에현(三重縣)
스이자와차 (水沢茶)

- 수색 : 녹 색 ●●●● 황 색
- 향 : 배전향 ●●●● 약엽향
- 맛 : 우마미 ●●●● 떫은맛

 구릉지에서 생산되는 유명한 가부세차

미에현(三重縣) 북부 욧카이치시(四日市市)의 미즈사와(水沢) 지역에서 생산되는 스이자와차(水沢茶). 이 지역은 스즈키산맥(鈴鹿山脈)의 완만한 구릉지에 많은 차밭들이 펼쳐진다. 특히 새싹이 돋아나는 시기에 검은 천이나 **차광막으로 1~2주간 뒤덮어** 두어 **감칠맛** 성분이 풍부한 가부세차(かぶせ茶)를 생산한다.

기부세사
이세모토 가부세차 상품
(伊勢本かぶせ茶 上品)

- 제조 미에차 농업협동조합 (三重茶農業協同組合)
- 60℃ 품종 야부키타(薮北)
- 가격 100g/1,000엔
- 3분 문의처 059-329-3121
- URL http://www.suizawa.net/

🍵 미지근한 물이나 찬물로 우리면 우마미(감칠맛)와 부드러운 단맛을 충분히 끌어낼 수 있다. 차를 우린 뒤에는 다관의 뚜껑을 열어 차광 재배로 인해 느낄 수 있는 독특한 향인 '**오이향**(覆い香)*'을 즐겨 보자.

* **오이향**(覆い香) : 교쿠로나 센차에서 양질의 푸른 김 같은 향. 차나무에 덮개를 씌워서 차광 재배하는 방법으로 생성되어 '덮개 향' 이라고도 한다.

미에현(三重縣)
와타라이차 (度會茶)

- 수색: 녹 색 ●━━━● 황 색
- 향: 배전향 ●━━━● 약엽향
- 맛: 우마미 ●━━━● 떫은맛

 강 안개의 영향으로 생성된 부드러운 맛의 센차

미에현 남부에 있는 와타라이정(度会町)은 이세만(伊勢灣)으로 맑은 물이 흐르는 미야가와강(宮川)의 주위로 차밭이 펼쳐진다. 안개가 많이 끼는 지역으로서 예로부터 차 산지로 유명하다. 또한 이곳 장인들은 각종 차 품평회에서 여러 차례에 걸쳐 수상하는 등 제다 기술이 뛰어나기로 유명하다.

와타라이차는 대부분 향이 훌륭한 센차(煎茶)로 생산된다.

주부(中部)

센차
특상품 센차 하루가스미
(特上煎茶 春がすみ)

70℃ / 1분
제조 신세이와타라이차 (新生わたらい茶)
품종 야부키타(薮北)
가격 80g/1,000엔
문의처 0596-64-0580
URL http://www.wataraicha.co.jp/

유기농법으로 생산된 특상품의 센차. 4월 말에 처음으로 수확한 희귀한 찻잎만 엄선해 사용하였다. 이 차에서만 느낄 수 있는 우마미(감칠맛)와 향을 즐겨 보자.

화과자(和菓子) 미니 도감 ❶

일본 전통 풍속의 과자인
상생과자 (上生菓子)의 세시풍속 (歲時風俗) 이야기

상생과자는 우아한 디자인과 고급스러운 맛을 자랑하는 일본 전통의 차과자(茶菓子)로 사랑을 받고 있다. 섬세하게 표현된 일본 사계절의 세시풍속(歲時風俗)을 즐겨 보길 바란다.

춘 (春)

히미구리가타 (蛤形)
: 서여(薯蕷)로 만듦

이 과자는 참마인 서여(薯蕷)를 반죽해 만든다. 일본의 여자 어린이를 위한 축제, 히나마쓰리(雛祭)에 자주 등장하는 대합조개인 하마구리(蛤)의 모양을 형상화한 것이다.

니오리사쿠라 (手折櫻)
: 양갱(羊羹)으로 만듦

이 과자는 팥과 밀가루 등을 혼합해 찐 양갱(羊羹)으로 만든다. 손으로 집어서 가져가고 싶을 정도로 깜찍하며 벚꽃에 대한 사랑을 표현한 것이다.

오토사쿠라 (遠櫻)
: 긴톤(金團)으로 만듦

긴톤(金團)은 앙금을 공 모양으로 둥글게 만든 뒤 그 주위로 부스러기 모양의 소보로를 토핑으로 입힌 것이다. 멀리서 보이는 벚꽃의 진하고 연한 색을 흰색과 붉은색의 소보로로 표현하였다.

하 (夏)

스이센 나쓰노시모 (水仙夏の霜)
: 갈분(葛粉)으로 만듦

이 과자는 칡가루인 갈분(葛粉)으로 만든 것이다. 갈분 반죽에 붉은 팥을 싸서 여름밤에 서리가 내린 듯이, 달이 밝게 비추어 지상을 비추는 모습을 표현한 것이다.

아오나시 (青梨)
: 물양갱(水羊羹)으로 만듦

이 과자는 요시노산(吉野産)의 녹색 갈분 반죽으로 만든 것이다. 반죽으로 앙금을 감싸고 어린 배를 형상화한 모양이다. 표면에는 참깨를 뿌려 장식하였다.

하라오기 (花扇)
: 호박(琥珀)으로 만듦

호박은 한천 용액에 설탕이나 물엿을 넣고 끓여서 굳힌 것이다. 꽃부채 모양의 호박갱(琥珀羹) 속에 깃발 모양의 붉은색 양갱을 표현한 것이다.

추(秋)

구리코모치 (栗粉餅)
: 긴톤(金團)으로 만듦

이 과자는 체에 거른 밤 가루와 흰 팥을 섞어서 만든다. 가을의 대표적인 열매인 밤의 맛과 향을 즐길 수 있는 과자이다.

겟카노우타게 (月下の宴)
: 서여(薯蕷)로 만듦

이 과자는 달맞이에 맞춰 만든 것이다. 풀밭에서 일어난 토끼가 월광을 즐기는 모습을 표현한 것이다.

야마지노니시키 (山路の錦)
: 양갱(羊羹)으로 만듦

이 과자는 겹겹이 쌓인 단풍잎을 형상화하여 비단에 비유되는 아름다움을 표현하였다. 육계(계피)가 들어간 앙금의 풍미가 독특하다.

동(冬)

시모코바이 (霜紅梅)
: 규히(求肥)로 만듦

규히는 백옥분(白玉粉)에 물과 설탕을 넣고 쪄서 반죽한 것이다. 붉은색 규히로 매화꽃을 본떠 만들고, 꽃잎에 내린 서리를 곱게 간 흰 쌀가루인 신히키코(新引粉)로 표현하였다.

유가타 (柚形)
: 서여(薯蕷)로 만듦

이 과자는 참마인 서여(薯蕷) 가루를 반죽해 만든 것이다. 유자(柚子) 모양을 본떠서 만든 화과자로서 은은한 유자의 향이 느껴진다.

미야마노유키 (深山の雪)
: 긴톤(金團)으로 만듦

겨울이 마을보다 한발 먼저 찾아오는 깊은 산속의 쓸쓸한 풍경을, 눈에 비유한 흰앙금과 고운 팥앙금 소보로로 표현했다.

촬영 협력 / 도라야 (とらや)
무로마치 시대(室町時代) 후기에 교토(京都)에서 창업한, 일본을 대표하는 화과자의 노포(老舖, 오래된 전통 가게). 그중에서도 양갱은 도라야의 대명사이다.

◆ **도라야 아카사카**(赤坂) **본점** 도쿄도(東京都) 미나토구(港區) 아카사카(赤坂) 4-9-22

천혜의 자연환경이 아름답기로 유명한 일본 최대의 차 산지
시즈오카 지방 (静岡地方)

일본을 대표하는 차 산지인 시즈오카현(静岡縣)은 차나무의 재배 면적과 차의 생산량에서 전국 최고를 자랑한다.
이 지역은 **에도 시대**에 차를 각별하게 사랑하였던 **도쿠가와 이에야스**와 깊은 인연이 있어 당시부터 차나무의 재배가 활발하였다.

또한 **온난한 기후와 매우 긴 일조 시간, 큰 일교차** 등 차나무의 재배에 적합한 환경으로서 산간 지역과 구릉지를 비롯해 남부의 평야 지역에서 차나무가 재배되고 있다. **이 지방의 차는 맛이 다양하고, 지역별 브랜드가 형성되어 있는 것이 큰 특징이다.** 이 고장에는 **모토야마차**(本山茶), **가와네차**(川根茶), **가케가와차**(掛川茶) 등 전국적으로 인기가 높은 명차들이 많다.

가와네차 (川根茶) ➡ P.85
- 극상품 덴쿠노카제 (天空の風)
- 특상품 가와네차 (川根茶)

덴류차 (天竜茶) ➡ P.89
- 산간 재배 오차 (山育ちのお茶)

엔슈모리차 (遠州森の茶) ➡ P.94
- 모리노스이 (森の粋)

가케가와차 (掛川茶) ➡ P.87
- 다이세쓰 (大雪)
- 가고요세 (かごよせ)

시즈오카현 (静岡縣)

시미즈오차
(清水のお茶)
➡ P.91

- 시아와세노오차 마치코 (幸せのお茶 まちこ)

모토야마차
(本山茶)
➡ P.90

- 아베카와미도리 (安倍川緑)

시즈오카(静岡)

아사히나교쿠로
(朝比奈玉露)
➡ P.93

- 아사히나교쿠로 (朝比奈玉露)

시즈오카차
(静岡茶)
➡ P.82

- 와카바 (若葉)
- 헤이조신 (平常心)
- 와라카케 덴메이 (わらかけ 天明)

PART 2 좋아하는 차를 찾아볼 수 있는 **지역별 일본차** (日本茶) **도감** ● 81

시즈오카현(靜岡縣)
시즈오카차 (靜岡茶)

- 수색: 녹 색 ●—●—◆—●—● 황 색
- 향 : 배전향 ●—◆—●—●—● 약엽향
- 맛 : 우마미 ●—●—◆—●—● 떫은맛

수많은 명차를 배출하는 일본 최고의 차 산지

기후가 온난한 시즈오카현은 동서로 넓은 지역에 걸쳐 차 산지들이 분포해 있다. 이곳의 차들을 통틀어 '**시즈오카차**(靜岡茶)'라고 한다.

이 지역에서 차나무의 재배는 역사가 약 1240년으로까지 거슬러 올라간다. 그런데 생산량이 확대된 것은 메이지 시대(明治時代, 1867~1912)부터였다. 에도(江戸)에서 도성을 이주한 도쿠가와 가문 휘하의 제후들이 마키노하라(牧之原) 대지를 개간하여 대규모의 차밭을 형성시켰다. 그 뒤부터 시즈오카차는 생명주실과 함께 중요 수출품이 되었다. **그 전통이 계승되어 오늘날 시즈오카차는 생산량이 일본에서 가장 많으며, 전국 차 생산량의 약 절반 가까이를 차지한다.**

또한 시즈오카차의 특징은 각 지역마다 브랜드가 형성, 확립되어 있다.

시즈오카현은 지역마다 해발고도에 차이가 있으며, 기온이 안정된 해안 지역, 일교차가 큰 내륙 지역과 산간 지역, 그리고 겨울에는 이스(伊豆) 지방의 직설광이 많은 **아마기산**(天城山)과 **후지산**(富士山) 기슭 등 차나무의 재배 환경도 매우 다양하다. 그로 인해 지역마다 풍토에 맞게 차의 생산이 이루어지고 있다.

센차
와카바 (若葉)

제조 고야마원 차포(小山園茶舗)
품종 야부키타(藪北)
70℃ 가격 100g/1,000엔
문의처 054-254-2577
1분 URL http://www.koyamaen.co.jp/

산간 지대와 가와정(川根町) 지역의 향기로운 차와 마키노하라(牧之原)의 언덕 지대에서 수확해 만든 깊은 맛의 차를 블렌딩하여 다소 강하게 증청한 상급의 센차(煎茶)이다. 손님 접대용으로도 추천된다.

차의 생산은 산간 지역에서는 증기에 보통 정도로 찌는 무시 센차(蒸し煎茶), 평지나 구릉지에서는 증기에 강하게 찌는 후카무시 센차(深蒸し煎茶)가 주류를 이룬다.

＊ 신차의 수확 시기는 지역에 따라 차이는 있지만, 5월 상순이 일반적이다.

- 수색 : 녹 색 ●━━━━ 황 색
- 향 : 배전향 ━━●━━ 약엽향
- 맛 : 우마미 ●━━━━ 떫은맛

시즈오카(静岡)

센차
헤이조신
(平常心)

90℃ / 30초

제조 야마다이원(山大園)
품종 야부키타(薮北)
가격 100g/700엔
문의처 0545-52-2540
URL http://www.yamadaien.jp

이 차는 맛차(抹茶)가 들어간 상급 센차(煎茶)이다.
뜨거운 물로 빠르게 침출할 수 있는 간편함이 매력적이다. 선명한 초록색을 살려 여름에는 진하게 우려낸 뒤 얼음에 부어 차가운 차로 마셔도 훌륭하다.

PART 2 좋아하는 차를 찾아볼 수 있는 **지역별 일본차**(日本茶) 도감 • 83

시즈오카현 각지에는 광활한 다원이 펼쳐져 있다. 사진은 '오이가와 철도(大井川鉄道)'가 지나가는 가와네(川根) 지역이다.

- 수색 : 녹색 ●●●◆●● 황색
- 향 : 배전향 ●●●◆●● 약엽향
- 맛 : 우마미 ●●●◆●● 떫은맛

센사
와라카케 덴메이
(わらかけ 天明)

제조 다케모도 차점(竹茗堂茶店)
품종 야부키타(薮北)
가격 100g/1,500엔
문의처 054-254-8888
URL http://www.chikumei.com/

75℃
40~50초

얇은 차광막으로 차밭을 뒤덮어 햇빛을 차단하여 재배함으로써 독특하고도 깊이 있는 맛을 끌어낸 상급의 센차(煎茶)이다. * 단맛, 쓴맛, 떫은맛의 균형이 훌륭하다.

시즈오카현 (静岡縣)
가와네차 (川根茶)

- 수색: 녹 색 ●●●◆● 황 색
- 향: 배전향 ●●●◆● 약엽향
- 맛: 우마미 ●●◆●● 떫은맛

 미나미알프스시 (南アルプス市)와 오이강 (大井川)의 대자연이 키운 명차의 산지

오이강의 상류 지역은 원시림이 펼쳐져 비옥한 토양을 자랑하는 차 산지이다.

이곳에서는 가와네차(川根茶)를 400년 이상 생산해 왔다.

1789년부터 이미 센차(煎茶)를 판매한 기록이 남아 있다.

해발고도 600m 지역에 있는 쓰치야 농원(つちや農園). 산과 안개가 조화를 이룬 환상적인 환경이 맛있는 차를 만들어 낸다.

센차

극상품 덴쿠노카제
(極上 天空の風)

45℃
105초

제조 쓰치야 농원(つちや農園)
품종 야부키타(藪北)
가격 90g/2,400엔
문의처 0547-56-0752
URL http://www.tsuchiyanouen.com/

가와네차(川根茶) 중에서도 해발고도가 높은 차밭의 차나무에서 한정적으로 생산한 **고급 센차(煎茶)**이다. 일본 전국 차 품평회에서 수상한 차와 같은 방법으로 차나무를 재배하며, **모든 찻잎은 손으로 직접 수확한다.**

미나미알프스시(南アルプス市)와 오이강(大井川)을 따라 펼쳐지는 산간 지역에서는 낮과 밤의 일교차가 크고, 아침저녁으로 짙게 끼는 강의 안개로 인하여 맛과 향이 부드러운 차가 생산된다. 이러한 차의 특성을 잘 살리기 위하여 **가와네차**(川根茶)는 전통적으로 보통 **무시 센차**(蒸し煎茶)로 만드는 경우가 많다.

맑은 수색과 풍부한 향, 그리고 두드러진 단맛을 자랑하는 가와네정(川根町)의 고급 센차는 일본 전국 차 품평회에서도 수차례에 걸쳐 수상을 기록하였다. **이 지역에는 일본 전국에서도 명성을 떨치는 유명 차 밭들도 많다.**

* 신차의 수확 시기는 4월 하순부터 시작된다.

가와네정(川根町)에서는 지금도 찻잎을 정성스럽게 손으로 직접 따서 수확하는 경우가 많다.

- 수색: 녹 색 ━━━◆ 황 색
- 향 : 배전향 ━━━◆ 약엽향
- 맛 : 우마미 ◆━━━ 떫은맛

센차

특상품 가와네차
(特上川根茶)

제조 단노원(丹野園)
품종 야부키타(薮北)
90℃
가격 100g/1,000엔
문의처 0547-56-0241
1분
URL 없음

일본 전국 차 품평회에서 연달아 상위로 입상하는 단노원(丹野園)의 고집스러운 기풍이 담긴 **센차**(煎茶)이다. **맑고 투명한 금빛의 수색과 상쾌한 향이 특징이다.**

* 단맛과 떫은맛이 잘 어우러져 개성 있는 풍미를 자랑한다.

시즈오카현(靜岡縣)
가케가와차 (掛川茶)

- 수색: 녹색 ━━━◆━━━ 황색
- 향: 배전향 ━━◆━━━ 약엽향
- 맛: 우마미 ━◆━━━━ 떫은맛

마시기에 편한 맛을 추구하여 강한 증청의 '후카무시(深蒸し)' 제다법을 개발한 고장

시즈오카현 서부 **가케가와시**(掛川市)는 증기로 강하게 찐 '**후카무시 센차**(深蒸し煎茶)'의 발상지이다.

이 지역의 찻잎은 온난한 기후로 인해 두껍게 자라기 때문에 예전부터 가케가와차(掛川茶)는 쓴맛이 강하다는 인식이 있었다. 이러한 문제를 해결하기 위하여 부드러운 맛을 끌어내는 연구를 계속하면서 일반적인 센차보다 증기로 더 오래 찌는 후카무시(深蒸し) 제다법이 개발되었다고 한다.

이 제다법의 차는 즉시 인기를 끌었고, 오늘날 후카무시 센차가 가케가와차의 주류를 이루고 있다.

또한 가케가와차의 산지에서는 '**차초장**(茶草場)'이라는 전통적인 농법을 계승하기로 유명하다. 이 농법은 차밭 주변에서 벤 억새 등을 차나무 뿌리가 있는 지표면에 덮어 **유기비료로 활용하는 옛날 방식**으로서 차의 맛과 향이 좋아진다고 하여 '**세계농업유산**(世界農業遺産)'으로 지정되었다.

＊ 신차의 수확 시기는 4월 하순부터 시작된다.

후카무시 센차

(大雪) **다이세쓰**

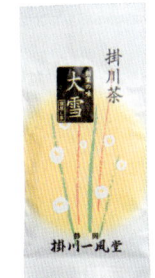

- 제조 가케가와 잇푸도(掛川一風堂)
- 품종 야부키타(薮北)
- 80℃
- 가격 100g/1,000엔
- 문의처 0537-23-6811
- 45초
- URL http://www.kakegawacha.net/

첫물차 수확기의 초반에 딴 찻잎을 증기로 오랫동안 찌는 전통적인 후카무시 제다법으로 완성한 명차이다. 향, 맛, 색상의 균형이 훌륭하여 차를 처음 마시는 초보자도 맛있게 우릴 수 있다.

- 수색 : 녹 색 ●●●●● 황 색
- 향 : 배전향 ●●●●● 약엽향
- 맛 : 우마미 ●●●●● 떫은맛

흐카무시세차

가고요세
(かごよせ)

제조 사사키 제다(佐々木製茶)
품종 야부키타(薮北)
75℃
가격 100g/800엔
문의처 0537-22-6151
90초
URL http://sasakiseicha.com

유럽의 일류 셰프와 소믈리에가 심사하는 '국제품질미각심사회(國際品質味覺審査會) 2017'에서 유일하게 3성(★★★)을 획득하였다. 재배 단계에서부터 비옥한 토양을 만든 뒤 고집스럽게 기풍을 추구하는 명차이다.

시즈오카현(静岡縣)
덴류차 (天龍茶)

- 수색 : 녹 색 ●●●●◆ 황 색
- 향 : 배전향 ●●●◆● 약엽향
- 맛 : 우마미 ●◆●●● 떫은맛

 찻잎을 손으로 직접 따는 전통 방식으로 생산하는 고급차

덴류차(天竜茶)는 하마마쓰시(浜松市)의 덴류강(天竜川) 유역에서 생산된다. **이 지역은 오래전부터 고급차의 산지로 유명하다.** 강을 사이에 둔 경사지에서 재배되는 찻잎은 산간 지대 특유의 신선하고 상쾌한 향미를 풍긴다. 찻잎을 오직 손으로 직접 딴 뒤 **상태가 좋은 새싹만 선별하고**, 보통 정도의 증청을 거쳐 **무시 센차**(蒸し煎茶) 고유의 풍미를 끌어내고 있다.

센차
야먀소다노오차
(山育のお茶)

제조 가네타 오타원(カネタ太田園)
품종 야부키타(薮北)
55℃
가격 30g/1,000엔
문의처 053-928-0007
90초~2분
URL http://www.otaen.jp/

유기비료를 사용하거나 여름철에 토양이 건조해지지 않도록 짚이나 풀을 깔아놓는 등 토양 관리에 신경을 써서 생산한 고급차. ＊ 맛이 상쾌하고 향이 강한 것이 특징이다.

시즈오카현(静岡縣)
모토야마차 (本山茶)

- 수색 : 녹 색 ●●●◆● 황 색
- 향 : 배전향 ●●◆●● 약엽향
- 맛 : 우마미 ●●◆●● 떫은맛

 '시즈오카차의 시초'라 불리는 산간 지역의 상쾌한 차

시즈오카현 중부를 흐르는 아베강(安倍川)과 그 지류가 흐르는 일대의 산간 지역에서 재배하여 만드는 차이다. 이 지역은 **가마쿠라 시대**(鎌倉時代, 1180~1333)에 **시즈오카현에서도 차나무가 처음으로 재배되었을 정도로 역사가 오래된 차 산지이다.**
에도 시대(江戸時代, 1603~1867)에 도쿠가와 가문에 진상되었던 훌륭한 향의 모토야마차는 보통 **무시 센차**(蒸し煎茶)로 만들어진다.

센차
아베카와미도리
(安倍川緑)

- 제조 JA 시즈오카시 차업센터 (JA 静岡市茶業センター)
- 70℃ 품종 야부키타(薮北)
- 가격 100g/1,000엔
- 2분 문의처 054-272-2111
- URL http://www.jashizuoka.or.jp/shizuoka/chagyo/

그 옛날 도쿠가와 이에야스(徳川家康, 1543~1616)도 맛보았다고 전해지는 **모토야마차**(本山茶). 미묘한 떫은맛 뒤로 상쾌한 향이 입안에 퍼진다.
일상적으로 마시기에 좋고, 손님을 대접할 때도 추천되는 차이다.

시즈오카현(静岡縣)
시미즈오차 (清水のお茶)

- 수색 : 녹 색 ●━━━━ 황 색
- 향 : 배전향 ━━━●━ 약엽향
- 맛 : 우마미 ━●━━━ 떫은맛

 지역마다 색다른 풍미를 즐기는 전통적인 센차

주부(中部) 지역의 구 시미즈시(清水市), 현재의 시즈오카시 시즈미구(清水區)에서 생산되는 차이다. **가마쿠라 시대**(鎌倉時代, 1185~1333)**에 에이사이**(栄西, 1141~1215) **선사가 중국에서 차나무의 종자를 들여오고, 묘에**(明恵, 1173~1232) **선사가 일본 전국의 6곳에 전파하였다. 그중 한 곳이 시미즈구의 사찰인 세이킨사**(清見寺) **근처로 알려져 있다.**

에도 시대(江戸時代, 1603~1867)에 '스루가(駿河)의 세이킨차(清見の茶)'가 도카이도(東海道)의 명물로 알려졌고, **메이지 시대**(明治時代, 1867~1912)에 **시미즈항**(清水港)에서 직접 해외로 수출되면서 차나무의 재배가 더욱더 활발해졌다.

 이 지역에서 주로 생산하는 차는 센차(煎茶)**이다.**

시미즈오차(清水のお茶)는 산지가 남북으로 넓게 분포되어 있어 지역마다 향과 맛에 차이가 있다. 그러나 바늘처럼 생긴 형태와 수색이 황금색인 것은 공통된 특성이다. **특히 오키쓰강**(興津川) **상류의 산간 지역은 시즈오카현에서도 유명 차 산지로 널리 알려져 있다.** 스루가만(駿河湾)에 가까운 일본 평야의 주변은 시미즈오차 산지 중에서도 가장 남부에 있는 산지이다. ✽ **신차의 수확기는 4월 중순부터 시작된다.**

벚나무 잎과 비슷한 향기가 나는 신기한 품종, '시즈(静) 7132'

- 수색 : 녹 색 ●━━━━● 황 색
- 향 : 배전향 ●━━━━● 약엽향
- 맛 : 우마미 ●━━━━● 떫은맛

센차
시아와세노오차 마치코
（幸せのお茶 まちこ）

제조 JA 시미즈 안테나숍 키라리(JA 清水 Antenna Shop Kirari)
70℃ 품종 시즈(静) 7132
가격 40g/500엔
1분 문의처 054-365-1600
URL http://www.jashimizu.org/kirari

시미즈(清水) 지역의 차 산지에서만 볼 수 있는 품종의 찻잎으로 생산한 개성적인 센차(煎茶)이다. 벚나무의 잎이나 쑥과 같은 향기 성분인 쿠마린(Coumarin)이 함유되어 있어 한 모금 머금으면 은은한 벚나무 잎의 향과 맛이 입안으로 퍼지면서 행복한 기분이 든다.

시즈오카현(静岡縣)
아사히나 교쿠로 (朝比奈玉露)

- 수색: 녹 색 ●―●―◆―●―● 황 색
- 향: 배전향 ●―●―●―◆―● 약엽향
- 맛: 우마미 ◆―●―●―●―● 떫은맛

  한랭한 산간 지역의 경사지에서 주로 생산되는 교쿠로

시즈오카현 중부의 후지에다시(藤枝市) 오카베정(岡部町)은 교쿠로(玉露)의 생산이 활발한 지역이다.

교쿠로는 찻잎을 수확하기 약 20일 전에 햇빛을 차단하여 재배하여 만드는데, 아사히나교쿠로(朝比奈玉露)의 산지에서는 '고모(菰)'라 불리는 짚으로 차밭 전체를 뒤덮는 전통적인 방식을 계승하고 있다.

이 짚에는 미네랄 성분이 풍부하여 향이 훌륭한 교쿠로(玉露)가 생산된다.

교쿠로
아사히나교쿠로 (朝比奈玉露)

40~45℃ / 2분
제조 JA 오이가와(JA おおいがわ)
품종 야부키타(薮北)
가격 45g/1,000엔
문의처 054-667-0712
URL http://www.gyokuronosato.jp/

교쿠로의 특징으로 여겨지는 **단맛, 떫은맛, 쓴맛이 균형의 조화**를 이루어 맛이 일품이다. 입안에 퍼지는 풍부한 감칠맛과 차광 재배에 기인한 코를 간질거리게 하는 독특한 향인 '**오이향**(覆い香)'을 만끽할 수 있다.

시즈오카현(静岡縣)
엔슈모리차 (遠州森の茶)

- 수색: 녹 색 ◆···· 황 색
- 향: 배전향 ··◆·· 약엽향
- 맛: 우마미 ·◆··· 떫은맛

 산간 지역에서 만드는 후카무시 제다 방식의 고급차

시즈오카현 북서부 산간 지역으로서 오래전부터 무역 중심지로 번창하여 '엔슈(遠州) 지방의 작은 교토(京都)'라고 불리는 모리정(森町). **이곳에서 생산되는 차들은 '엔슈모리차(遠州森の茶)'라 불린다.**
연중 내내 기후가 온화하고 일조 시간이 길어서 맛에 깊이가 있는 찻잎으로 자란다. 이 찻잎을 증기에 오래 찌는 후카무시 제다법으로 생산된 센차(煎茶)는 일본에서도 전국적으로 인기가 높다.

후카부시센치
모리노스이 (森の粋)

제조 스즈키초주 상점(鈴木長十商店)
품종 야부키타(薮北)
60~70°C
가격 100g/2,000엔
문의처 0538-85-2023
1분
URL http://www.100nenmeicha.jp/

메이지 시대(明治時代, 1867~1912) 원년에 창업한 전통 있는 점포가 자랑하는 고급차이다. **4월 하순부터 팔십팔야(八十八夜)에 걸쳐 수확한 어린 새싹을 제다 장인이 정성스럽게 만들었다.**
＊ 제철의 신선한 향이 특징이다.

우지(宇治) 지역을 중심으로 고급차를 많이 생산하는
긴키지방 (近畿地方)

단바차
(丹波茶)
➡ P.113

• 스와미도리 (すわみどり)

교토부
(京都府)

효고현
(兵庫縣)

모시차
(母子茶)
➡ P.114
• 센차미도리 라벨
 (煎茶 綠ラベル)

쓰키가세차
(月ヶ瀬茶)
➡ P.109
• 특상품의 가부세차
 (特上かぶせ茶)

가와조에차
(川添茶)
➡ P.112
• 기리노세이 (霧の精)

오사카부
(大阪府)

와카야마현
(和歌山縣)

긴키(近畿) 지방에서는 교토부(京都府)를 중심으로 예로부터 차나무의 재배와 제다가 이루어져 왔다. 그중에서도 특히 우지차(宇治茶)는 가마쿠라 시대(鎌倉時代, 1185~1333)부터 최고급 차로 알려져 있으며, 재배법이나 제다법에서 여러 지역에 큰 영향을 끼쳤다.

우지차 외에도, 805년에 사이초(最澄)가 전했다고 알려진 시가현(滋賀県)의 아사미야차(朝宮茶), 806년에 고보대사(弘法大師)가 전한 것으로 알려진 나라현(奈良縣)의 야마토차(大和茶) 역시 유서가 깊으며, 이들 또한 여전히 명차로서 인기를 자랑하고 있다.
또한 와카야마현(和歌山縣)의 가와조에차(川添茶)나 효고현(兵庫縣)의 모시차(母子茶) 등은 오래전부터 마셔 온 차들이다.
규모는 작지만, 전통 있는 산지들이 많이 남아 있는 것도 긴키 지방의 특징이다.

우지차
(宇治茶)
➡ P.98

- 스이엔 (瑞苑)
- 시운 (紫雲)
- 나리노 (成里乃)
- 우지교쿠로 간로 (宇治玉露 甘露)
- 미야비노시로 (雅の白)
- 만요노무카시 (萬葉の昔)
- 엔슈노센 (園主の選)

교반차
(京番茶)
➡ P.105

- 교반차 (京番茶)

시가현
(滋賀縣)

아사미야차
(朝宮茶)
➡ P.106

- 아사미야차 (朝宮茶)
- 아사미야노스이 (朝宮の粹)

긴키 (近畿)

나라현
(奈良縣)

쓰치야마차
(土山茶)
➡ P.108

- 쓰치야마차 (土山茶)

야마토차
(大和茶)
➡ P.110

- 가부세차 (かぶせ茶)
- 자연농법 간가부세차 (筧かぶせ茶)

PART 2 좋아하는 차를 찾아볼 수 있는 **지역별 일본차** (日本茶) **도감** ● 97

교토부(京都府)
우지차 (宇治茶)

- 수색 : 녹 색 ●━━━━━ 황 색
- 향 : 배전향 ━◆━━━ 약엽향
- 맛 : 우마미 ●━━━━━ 떫은맛

🍵 최고급 맛차로 유명한 역사적인 산지

교토부(京都府) 남부의 우지시(宇治市)와 그 주변에서 생산되는 우지차(宇治茶).

풍부한 자연의 은혜 속에서 자란 우지차는 예로부터 일본을 대표하는 차로 여겨져 왔다.

우지차의 재배가 시작된 것은 가마쿠라 시대(鎌倉時代, 1180~1333)부터였으며, **무로마치 시대**(室町時代, 1336~1573)에 3대 쇼군인 **아시카가 요시미쓰**(足利義満, 1358~1408)가 **우지 지역에 다원을 개장한 것이 시초이다.**

찻잎을 직접 맷돌에 갈아 만든 맛차(抹茶)

맛차
스이엔 (瑞緣)

85℃
없음

제조 후쿠주원(福寿園)
품종 사미도리(さみどり)
가격 20g/4,000엔
문의처 0774-86-2756
URL http://shop.fukujuen.com/

🍵 숙련된 기술자가 전통적인 방식인 차 절구로 찻잎을 갈아서 만든 진한 농도의 고차(濃茶)에 적합한 우지 맛차. 고급스러운 은은한 향을 아낌없이 끌어낸 것이 일품이다.

✽ 세련되고 우아한 맛을 자랑한다.

그 뒤 우지차(宇治茶)는 그 이름이 전국적으로 알려졌다. **현재 일본 각지에 전해지는 제다 기술도 우지차의 제다법을 본뜬 것이다.** 1738년, 우지의 차농이었던 나가타니 소엔(永谷宗円, 1681~1778)이 불의 열기로 찻잎을 건조시키면서 손으로 비벼 유념하는 '수예(手揉)' 제다법을 개발하였다. **이것이 현재 센차**(煎茶) **제다의 기초가 되었다.**

또한, 차밭을 발이나 짚으로 뒤덮어 햇빛을 차단하는 차광 재배인 '**피복재배**(被覆栽培)'로 만드는 **교쿠로**(玉露) 역시 그로부터 **약 100년 뒤에 우지에서 개발되었다.**

무로마치 시대에 쇼군인 아시카가 요시미쓰(足利義満)가 지정한 '7대 명원(名園)' 중 하나인 오쿠노야마(奥の山) 다원.

현재 우지는 덴차(碾茶)**와 교쿠로의 생산이 중심이지만, 시 외곽의 산간 지역에서는 센차도 생산한다.** 그중에서도 가장 유명한 것은 <u>덴차를 원료</u>로 하는 <u>맛차</u>(抹茶)이다. 우지차는 생산량보다 품질을 중시하여 고급 덴차나 교쿠로는 손으로 직접 딴 첫물 물차를 사용한다. ✽ **신차**(新茶) **수확 시기는 5월 초순부터 시작된다.**

교쿠로

시운 (紫雲)

- 수색: 녹 색 ──── 황 색
- 향 : 배전향 ──── 약엽향
- 맛 : 우마미 ──── 떫은맛

55~65℃ 90초~2분

제조 마루히사고야마원(丸久小山園)
품종 고코(ごこう), 고마카게(こまかげ), 우지히카리(うじひかり)
가격 100g/3,000엔
문의처 0774-20-0909
URL http://www.marukyukoyamaen.co.jp/

에도 시대(江戸時代, 1603~1867) **중기에 창업한 마루히사고야마원**(丸久小山園). **전국 차 품평회에서 1위를 수상하는 등 높은 품질을 자랑한다.** 감칠맛이 풍부한 새싹으로 만든 <u>교쿠로는 **차광 재배**로 '**오이향**(覆い香)'과 **숙성된 단맛**을 내는 것이 특징이다.</u>

긴키(近畿)

· 수색 : 녹 색 ●●●●● 황 색
· 향 : 배전향 ●●●●● 약엽향
· 맛 : 우마미 ●●●●● 떫은맛

아시카가 쇼군이 지정한 7대 명원(名園) 중 유일하게 현존하는 다원의 차.
나리노(成里乃)는 우지차의 뿌리라 할 수 품종으로서 감칠맛 성분이 다른 차보다 2배나 더 많이 함유되어 있다.

맛차
나리노
(成里乃)

70℃
없음

제조 호리이시치메이원(堀井七茗園)
품종 나리노(成里乃)
가격 20g/3,000엔
문의처 0774-23-1118
URL http://www.ujishichimeien.co.jp/

햇빛을 차단하여 우마미(감칠맛)를 응축시키는 차광 재배의 다원

- 수색 : 녹 색 ●●◆●● 황 색
- 향 : 배전향 ●●◆●● 약엽향
- 맛 : 우마미 ●●◆●● 떫은맛

우지교쿠로 간로
(宇治玉露 甘露)

제조 이토큐에몬(伊藤久右衛門)
품종 우지미도리(宇治緑), 사미도리(さみどり), 야부키타(薮北), 고코(ごこう) 등
가격 100g/3,000엔
문의처 0120-27-3993
URL http://www.itohkyuemon.co.jp/

50℃ / 90초

첫물차의 찻잎만 사용한 교쿠로. 일본 각지의 센차도(煎茶道) 유파에서 차회에 사용한다. 차 이름대로 응축되어 깊이 있는 맛과 풍부한 향이 퍼진다.

긴키 (近畿)

다도의 명가들도 즐겨 찾는 메이지 시대에 창업한 오래된 점포(店鋪)

- 수색: 녹 색 ●●●●● 황 색
- 향 : 배전향 ●●●●● 약엽향
- 맛 : 우마미 ●●●●● 떫은맛

맛차
미야비노시로
(雅の白)

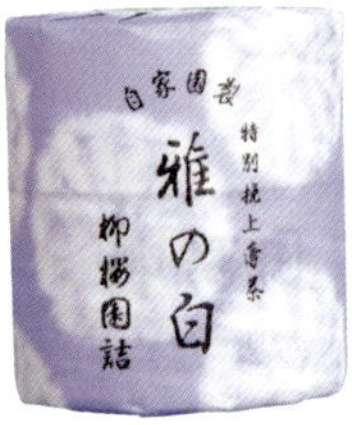

제조 야나기사쿠라엔 차포 (柳桜園茶舗)
품종 아사히(あさひ), 사미도리(さみどり)
가격 40g/2,400엔
문의처 075-231-3693
URL 없음

60℃ / 없음

🍵 신선함을 추구하여 **맷돌에서 갓 갈아 낸 것만 판매**하는 맛차이다. **단맛이 강하게 느껴져 마시기에 좋으며,** 농도가 연한 우스차(薄茶) 중에서 최고의 품질을 자랑한다. 풍취 있는 차 이름도 호평을 받고 있다.

향기로운 우지 덴차(碾茶). 이것을 갈아서 맛차(抹茶)로 만든다.

- 수색 : 녹 색 ●────◆ 황 색
- 향 : 배전향 ●────◆ 약엽향
- 맛 : 우마미 ●────◆ 떫은맛

맛차
만요 노무카시
(萬葉の昔)

- 제조 쓰지리베 본점(辻利兵衛本店)
- 품종 아사히(あさひ), 사미도리(さみどり), 고코에(ごこう)
- 가격 20g/1,600엔
- 문의처 0774-23-1111
- URL http://www.rakuten.ne.jp/gold/tsujirihei/

70~85℃ / 없음

🍵 새싹만을 사용해 진한 농도의 고차(濃茶)에 적합한 맛차(抹茶). 차광 재배 특유의 오이향이 손상되지 않도록 덖기를 최소화하여 상쾌하고 풍부한 향이 돋보이는 것이 일품이다.

* 쓴맛이 적고, 우마미(감칠맛)와 진한 맛이 응축되어 있다.

긴키(近畿)

교토부(京都府) 미나미야마시로촌(南山城村)의 센차 밭

- 수색 : 녹 색 ●━━◆━━● 황 색
- 향 : 배전향 ●━━◆━━● 약엽향
- 맛 : 우마미 ●━━◆━━● 떫은맛

센차

엔슈노센
(園主の選)

제조 쓰지리베 본점
(泉園銘茶本舖)
80℃
품종 오쿠미도리(おくみどり),
야부키타(やぶきた)
가격 100g/3,600엔
90초
문의처 0774-21-2258
URL http://www.izumien.com/

🍵 다원 주인이 정성껏 만든 상품에는 감칠맛 성분인 테아닌이 풍부하다. 단맛, 떫은맛, 쓴맛이 균형을 이루고 있어, 우리는 방법을 달리하면 다양한 맛을 즐길 수 있다.

교토부(京都府)
교반차 (京番茶)

- 수색 : 녹 색 ●━━━●━━━● 황 색
- 향 : 배전향 ●━━━●━━━● 약엽향
- 맛 : 우마미 ●━━━●━━━● 떫은맛

🍵 일상적으로 즐겨 마시는 훈연(燻煙) 향의 차

교토에서 일상적으로 마시는 덖은 차는 '교반차(京番茶)'라고 한다. **우지시를 중심으로 매년 가을에 생산된다.** 봄에 교쿠로나 덴차용으로 새싹을 수확하고 나서 남은 찻잎이 성숙하면 가지째로 잘라 차로 가공한 것이다. **일반적인 반차(番茶)와 구분하기 위하여 예전에는 '가리반차(刈り番茶)'라고 불렀다.**

🍵 **교반차의 특징은 찻잎뿐만 아니라 줄기나 가지도 함께 증기에 찌고, 손으로 비비지 않고 건조하는 것이다.** 이로 인해 찻잎 모양이 온전히 남아 있어 언뜻 보기에 나무에서 그냥 떨어진 잎처럼 보인다. **출하 직전에 고온의 철제 솥에서 덖어서 독특한 훈연(燻煙) 향이 풍긴다.** 최종적으로 완성된 교반차는 카페인이나 타닌의 함유량이 적고 깔끔한 맛이 특징이다. 자극성이 적어서 남녀노소 모두에게 널리 사랑을 받고 있다.

반차 교반차(京番茶)

- 제조 이로쿠원(井六園)
- 품종 야부키타(薮北) 등
- 가격 160g/400엔
- 문의처 075-661-1691
- URL http://www.irokuentea.co.jp/
- 90~100℃
- 1분

🍵 전통 방식의 교반차와 같은 방식으로 제다하였다. 산지 직송으로 안전하고 안심할 수 있는 반차(番茶)이다. 마시면 중독될 정도로 고소한 향이 훌륭하다.

긴키(近畿)

시가현(滋賀縣)
아사미야차 (朝宮茶)

- 수색 : 녹 색 ●━━━◆━● 황 색
- 향 : 배전향 ●━◆━━━● 약엽향
- 맛 : 우마미 ●━◆━━━● 떫은맛

 차 애호가들에게 높이 평가를 받는 향기로운 풍미

시가현(滋賀縣) 남동부, 옛 시가라키정(信楽町) 아사미야(朝宮) 지역에서 생산되는 센차(煎茶)이다. 약 1200년의 역사를 자랑하며, **사야마차**(狭山茶), **우지차**(宇治茶), **가와네차**(川根茶), **모토야마차**(本山茶)와 함께 '**일본의 5대 명차**'로 손꼽힌다.

해발고도 약 400m의 산간 지역은 낮과 밤의 일교차가 크고 안개가 끼는 날이 많아 차나무의 재배에 매우 적합하다.
＊ 신차의 수확 시기는 5월 중순부터 시작된다.

센차
아사미야차 (朝宮茶)

- 70℃
- 1분
- 제조 오미 제다(近江製茶)
- 품종 야부키타(薮北)
- 가격 75g/1,000엔
- 문의처 0748-67-0308
- URL http://www.ohmiseicha-shop.com/

산에서 자란 찻잎 특유의 청량감이 있는 향과 우아한 단맛이 특징이다. 전국차심사기술경기대회(全國茶審査技術競技大会)에서 수상 경력이 있는 일본 차의 감정사가 직접 만든 명품 차이다. 첫물차만을 사용하여 생산된다.

교토부와 현의 경계에 있는 산간 지대에서 차나무가 재배되는 모습

- 수색: 녹색 ●━━━◆━● 황색
- 향: 배전향 ●━━━◆━● 약엽향
- 맛: 우마미 ●◆━━━━● 떫은맛

센차

아사미야노스이
(朝宮の粋)

제조 가타기고코원(かたぎ古香園)
품종 야부키타(薮北)
가격 100g/1,500엔
문의처 0748-84-0135
URL http://www.katagikoukaen.com/

70℃ / 1분

긴키 (近畿)

특별히 관리된 차밭에서 일아이엽(一芽二葉), 일아삼엽(一芽三葉)의 새순을 따서 만든 첫물차이다. 농약을 사용하지 않고 유기비료만 사용해 재배한 찻잎으로 만든 이 센차(煎茶)는 맛과 향이 훌륭하기로 유명하다.

시가현(滋賀縣)	• 수색: 녹 색 ◆ 황 색
쓰치야마차 (土山茶)	• 향: 배전향 ◆ 약엽향
	• 맛: 우마미 ◆ 떫은맛

가부세차로 유명한 전통 있는 '야마차 (山茶)'

'스즈카 산악지(鈴鹿山麓)'의 고카시(甲賀市) 쓰치야마정(土山町)은 시가현에서도 가장 유명한 차 산지이다. 차의 역사는 1356년경으로 거슬러 올라가며, 에도 시대(江戶時代, 1603~1867)부터 차의 생산이 확대되어 도카이도(東海道)의 명물이 되었고, 여행객들의 목을 축이기도 하였다. 산간지에서 찻잎이 서서히 자라서 차의 향과 맛이 진한 것이 큰 특징이다.

센차
쓰치야마차 (土山茶)

70℃
1분

제조 오미 제다(近江製茶)
품종 야부키타(薮北)
가격 100g/1,000엔
문의처 0748-67-0308
URL http://www.ohmiseicha-shop.com/

쓰치야마정(土山町)에서 수확한 첫물차 중에서도 일본차의 감정사가 찻잎을 엄격하게 선별해 만들었다. 어린 새싹의 신선한 향과 달콤한 맛, 떫은맛, 쓴맛이 균형감 있게 조화를 이룬 맛이 일품이다.

나라현(奈良縣)
쓰키가세차 (月ヶ瀨茶)

- 수색 : 녹 색 ◆━━━ 황 색
- 향 : 배전향 ━◆━━ 약엽향
- 맛 : 우마미 ━━━◆ 떫은맛

 경치가 아름다운 산골 마을에서 생산된 고품질의 차

교토부(京都府)와 미에현(三重縣)의 접경지에 있는 나라시(奈良市) 쓰키가세촌(月ヶ瀨村)은 일본에서도 고급차의 산지이다. 오래된 명승지인 쓰키가세바이린(月ヶ瀨梅林)에서는 온화한 기후와 배수가 좋은 토양이 풍부하여 300년 전부터 차나무의 재배가 시작되었다고 한다. 산간지의 경사면에서는 찻잎의 성장이 느리지만, 그만큼 영양성은 축적되어 좋은 찻잎들이 많이 난다.

가부세차
특상품 가부세차
(特上 かぶせ茶)

제조 그린웨이브 쓰키가세
(Green Wave 月ヶ瀨)
70~80℃
품종 야부키타(薮北)
가격 100g/1,300엔
1분
문의처 0743-92-0352 (FAX)
URL http://www.gwtsukigase.jp/

긴키(近畿)

신차의 시기에 첫물차로 수확해 만들어 단맛이 강한 가부세차이다. 차에 소량의 물을 넣고 10분 정도 기다린 뒤 적당한 온도의 물을 부어 우려내는 방법도 추천한다.

나라현(奈良縣)
야마토차 (大和茶)

- 수색 : 녹 색 ●━━━━ 황 색
- 향 : 배전향 ●━━━━ 약엽향
- 맛 : 우마미 ●━━━━ 떫은맛

 고원에서 많이 생산되는 센차와 가부세차

고보대사(弘法大師)가 806년에 당나라에서 가져온 차나무의 씨앗을 심은 것이 기원으로 알려진 **야마토차**(大和茶). 이 차는 나라현(奈良縣) 북동부의 야마토 고원(大和高原)을 중심으로 생산된다. 기후가 온화하고 일교차가 크며 강수량이 많은 산간 지대에 차밭이 펼쳐진다.
일조 시간이 짧아서 찻잎이 느리게 자라 차의 맛이 풍부해진다.
센차 외에도 가부세차와 맛차(抹茶)의 원료인 덴차(碾茶) 등이 생산된다.

제조 야마토차 판매(大和茶販売)
품종 야부키타(藪北)
70℃ **가격** 100g/1,200엔
문의처 0743-82-0562
2분 **URL** http://www.quh.jp/

신차를 수확하기 전에 일정 기간 차밭을 차광막으로 뒤덮어 햇빛을 차단하여 재배한 가부세차. 테아닌^{Theanine}이 풍부하게 함유되어 강한 맛을 느낄 수 있다.

저 너머로는 가부세차(かぶせ茶)를 만들기 위하여 덮개를 씌워 재배하는 모습이 보인다

- 수색 : 녹 색 ●●●◆● 황 색
- 향 : 배전향 ●●◆●● 약엽향
- 맛 : 우마미 ●●●◆● 떫은맛

가부세차

자연농법 간가부세차
(冠かぶせ茶)

- **제조** 다케니시 농원(竹西農園)
- **품종** 야부키타(薮北), 오쿠미도리(おくみどり)
- **가격** 80g/1,400엔
- **문의처** 0742-81-0383
- URL http://www.yamatocha.net/

60℃
90초

 무농약의 자연농법으로 재배해 만드는 차. 토양 관리에도 각별하게 신경을 쓰는데, 뿌리가 상하지 않도록 자체 제작한 '발효 유기농 비료'를 사용하고 있다.

긴키(近畿)

와카야마현(和歌山縣)
가와조에차 (川添茶)

- 수색: 녹 색  황 색
- 향: 배전향  약엽향
- 맛: 우마미 ◆ 떫은맛

🫖 전통적인 방식, '수예 (手揉)' 제다법으로 만든 차

와카야마현(和歌山縣) 남부로 맑은 물이 흐르는 히키강(日置川) 상류 지역에서 생산되는 차. 옛날 전통 방식인 수예 제다법을 기계에 적용하여 차의 본래 맛을 끌어내기 위하여 많은 노력들이 진행되고 있다. 수예 제다로 만든 차처럼 형태가 아름답다.

＊ 신차의 수확 시기는 4월 하순부터이다.

산비탈에 다원이 광활하게 펼쳐지는 모습

센차

기리노세이 (霧の精)

- 제조 JA 기난 (JA紀南)
- 품종 야부키타(藪北)
- 가격 80g/1,200엔
- 문의처 0739-25-4611
- URL http://www.ja-kinan.or.jp/

70℃ / 50초~1분

🍵 독특한 단맛과 부드러운 향이 있는 센차.
찬물로 우려도 맛있게 마실 수 있는 것이 특징이다.

효고현(兵庫縣)
단바차 (丹波茶)

- 수색 : 녹 색 ●――◆――● 황 색
- 향 : 배전향 ●―◆――● 약엽향
- 맛 : 우마미 ●―◆――● 떫은맛

 단바 (丹波) 지역 산간 지대에 펼쳐진 유수의 차밭에서 생산된 차

효고현 중동부의 단바사사야마시(丹波篠山市)에서 생산되는 차.
그 역사는 오래되어 1200년 전의『일본사략(日本史略)』이라는 문헌에도 기록이 남아 있다. 에도 시대(江戶時代, 1603~1867)에 상류 사회에서 소비하는 차의 절반을 담당하였던 큰 산지였다.

이곳은 차 산지로는 평균 기온이 낮고, 낮과 밤의 일교차가 크다. 또한 '단파무(丹波霧)'라는 진한 안개가 오전까지 자욱하게 끼면서 햇빛을 차단한다.
이로 인해 찻잎이 느리게 성장하면서 아미노산 등의 영양분이 풍부하게 축적되어 훌륭한 맛의 차가 생산된다.

이 지역에는 아스카 시대(飛鳥時代)부터 일본 고유의 차나무들이 재배되고 있다

센차
스와미도리
(すわみどり)

85~90℃
1분

제조 스와원(諏訪園)
품종 야부키타(薮北)
가격 200g/723엔
문의처 079-594-0855
URL http://www.suwaen.cc/

긴키(近畿)

🍵 자사 농원에서 재배된 단바차(丹波茶)만 사용해 만든 센차.
산뜻한 향기가 기분을 좋게 하여 폭넓은 세대의 사람들로부터 사랑을 받고 있다.
맛이 상쾌하여 식사 후에 마실 것을 추천한다.

효고현(兵庫縣)	· 수색 : 녹 색 ◆――― 황 색
모시차 (母子茶)	· 향 : 배전향 ―◆―― 약엽향
	· 맛 : 우마미 ――◆― 떫은맛

 기온 차가 큰 롯코 산악지 (六甲山麓)**의 차 산지**

효고현 남동부 산다시(三田市) 최북단에 자리한 모시지구(母子地區).
약 600년 전 이 지역의 승려가 중국에서 차 씨앗을 가져와 차나무의 재배가 시작되었다고 전해진다. 해발고도 약 500m인 서늘한 기후의 경사지로서 안개가 자주 발생하여 차나무의 재배에 적합하다. **이곳에서는 주로 센차**(煎茶)**를 중심으로 생산한다.**

센사
센차 미도리 라벨
(煎茶 線ラベル)

80~85℃
2분

제조 차카후사 기라메키
　　 (茶香房 きらめき)
품종 야부키타(薮北)
가격 80g/500엔
문의처 079-566-1166
URL http://www.kiramekicha.com/

재배에 좋은 토양 만들기부터 제다까지 일관된 과정으로 생산된 차.
모시차는 100%가 센차이다.
잔류 농약 성분이 극히 적어 '효고 안심 브랜드'로 공인된 상품이다.

우지차(宇治茶)가 운송된 오차쓰보도주(御茶壺道中) 경로!

에도 시대(江戸時代, 1603~1867)에는 해마다 쇼군 가문의 **우지차**(宇治茶)를 **에도**(江戸)까지 운반하는 '**오차쓰보도주**(御茶壺道中)'라는 관행이 있었는데, 1613년에 시작된 것으로 알려져 있다. 이는 빈 차호(茶壺)를 든 한 일행이 에도에서 **교토**(京都)로 향하면서 우지(宇治)에서 차를 채운 뒤 중간에 차호를 야마나시현(山梨縣) 다니촌(谷村)에 두고 여름철을 보내고 에도로 돌아가는 방식이었다.
쇼군의 행차에 버금갈 정도로 권위 있는 의식이었다고 한다.
이 모습을 일본에서는 동요에서도 노래하고 있다.
오차쓰보도주가 진행될 때의 긴장감과 끝났을 때의 안도감을 표현하고 있다.

10월 하순에 개최되는 '슨푸(駿府) 차 축제'에서는 에도 시대 의상을 입은 행렬이 '오차쓰보도주'의 행사를 재현한다.

화과자(和菓子) 미니 도감 ❷

 # 건과자 (乾菓子)의 세시풍속 (歲時風俗) 이야기

사계절을 상징하는 다양한 모티브가 형형색색으로 재현된 건과자.
작고 깜찍한 건과자의 세계로 떠나 보자.

춘(春)

가부토 (かぶと)
: 곡물 가루와 설탕 등으로 만든 라쿠간(落雁)

모모노하나 (桃の花)
: 곡물 가루와 설탕 등으로 만든 라쿠간(落雁)

하나후부키 (花吹雪)
: 찹쌀가루인 간바이코(寒梅粉)를 설탕과 섞어 형틀로 압제해 만든 과자, 오시모노(押し物)

초초 (蝶々)
: 한천과 실낭이 제료인 양갱 긴교쿠칸(錦玉羹)을 나비 모양으로 더 단단하게 건조시킨 호시긴교쿠(干錦玉)

하(夏)

긴교 (金魚)
: 곡물 가루와 설탕 등으로 금붕어 모양으로 만든 과자, 라쿠간(落雁)

쓰바메 (つばめ)
: 한천과 설탕 기반의 양갱 긴교쿠칸(錦玉羹)을 제비 모양으로 더 단단하게 건조시킨 호시긴교쿠(干錦玉)

아지사이 (あじさい)
: 설탕으로 수국(水菊) 모양으로 만든 일본 전통 생사탕인 기사토(生砂糖)

아사가와노하 (朝顔の葉)
: 설탕으로 잎 모양으로 만든 일본 전통 생사탕인 기사토(生砂糖)

주요 생과자 및 건과자의 종류

❋ **라쿠간** (落雁)
라쿠간 가루에 꿀을 섞은 뒤 목제 형틀에 넣고 성형해 만든 과자. 중국 명나라 시대에 과자인 남락감(南落甘)에서 유래되었다고 전해진다. 무로마치 시대에는 다과를 여는 차실(茶室)에서 자주 사용되어 전통 과자가 되었다.

❋ **와산본** (和三盆)
알갱이가 곱고 약간 황색을 띠는 일본의 고급 설탕인 와산본. 매우 섬세하여 입안에서 잘 녹는다. 도쿠시마현(徳島縣)이나 가가와현(香川縣)에서 전통적인 방식으로 만들어진다.

❋ **호시긴쿄쿠** (干錦玉)
한천(우무)과 설탕을 함께 끓인 뒤 형틀에 붓고 식혀서 빼내 화로에서 표면을 건조킨 과자. 표면은 사각사각하고, 속은 한천처럼 부드럽다.

❋ **스리코하쿠** (すり琥珀)
양갱인 호시긴쿄쿠(干錦玉, 건금옥)를 만드는 도중에 시럽을 더해 탁한 흰색으로 만든 과자.

❋ **스하마** (州浜)
대두(大豆)를 볶아서 빻은 가루(스하마분)에 물엿을 넣어 만든 반생과자(半生菓子)

❋ **기사토** (生砂糖)
설탕과 찹쌀가루인 간바이코(寒梅粉)를 혼합한 반죽에 물을 넣고 형틀로 찍어 낸 뒤 건조시킨 생사탕.

❋ **소기다네가시** (削種菓子)
쌀을 반죽해 만든 전병(煎餅)을 얇게 깎아 내 앙금이나 양갱 등을 소로 넣은 과자.

❋ **오시모노** (押し物)
찹쌀가루인 간바이코(寒梅粉)를 설탕과 섞어서 형틀로 눌러 굳혀 만드는 과자. 수분이 다소 많아 입안에서 부드럽게 녹는 식감이 특징이다.

촬영 협력 / 간슌도(甘春堂)
에도 시대 창업하여 6대째 이어져 온 교토 화과자의 오래된 점포. 엄선된 재료와 전통 방식의 제조법을 계승하여 전통 화과자를 선보인다.

◆ **간슌도 본점**(甘春堂 本店)
교토부(京都府) 교토시(京都市) 히가시야마구(東山区) 가미호리즈메정(上堀詰町) 292-2

개성이 풍부한 차를 재배, 생산하는
주코쿠 (中國)·시코쿠 (四國) 지방

주코쿠(中國)·시코쿠(四國) 지방은 차의 생산량이 많지 않지만, 풍요로운 자연 속에서 개성 넘치는 차의 음용 문화가 이어져 오고 있다.
특히 고치현(高知縣)에서는 맑은 물과 낮과 밤의 일교차가 큰 산간 지대를 중심으로 강한 맛과 향을 지닌 품종의 차나무들이 재배되고 있다.

또한 최근에는 일반적인 센차 외에 미생물에 의한 후발효차인 고시차(碁石茶) 등의 전통적인 소량 생산 차에도 관심이 증가하고 있다.
오카야마현(岡山縣)에서는 미마사카 반차(美作番茶)를 비롯해 반차(番茶)의 생산이 활발하며, 도쿠시마현(德島縣)에서는 아와반차(阿波番茶)와 간차(寒茶) 등의 독특한 차들이 생산된다. 오래전부터 지역에 뿌리를 내린 소규모의 생산지들이 지금까지도 존재한다는 점이 매우 흥미롭다.

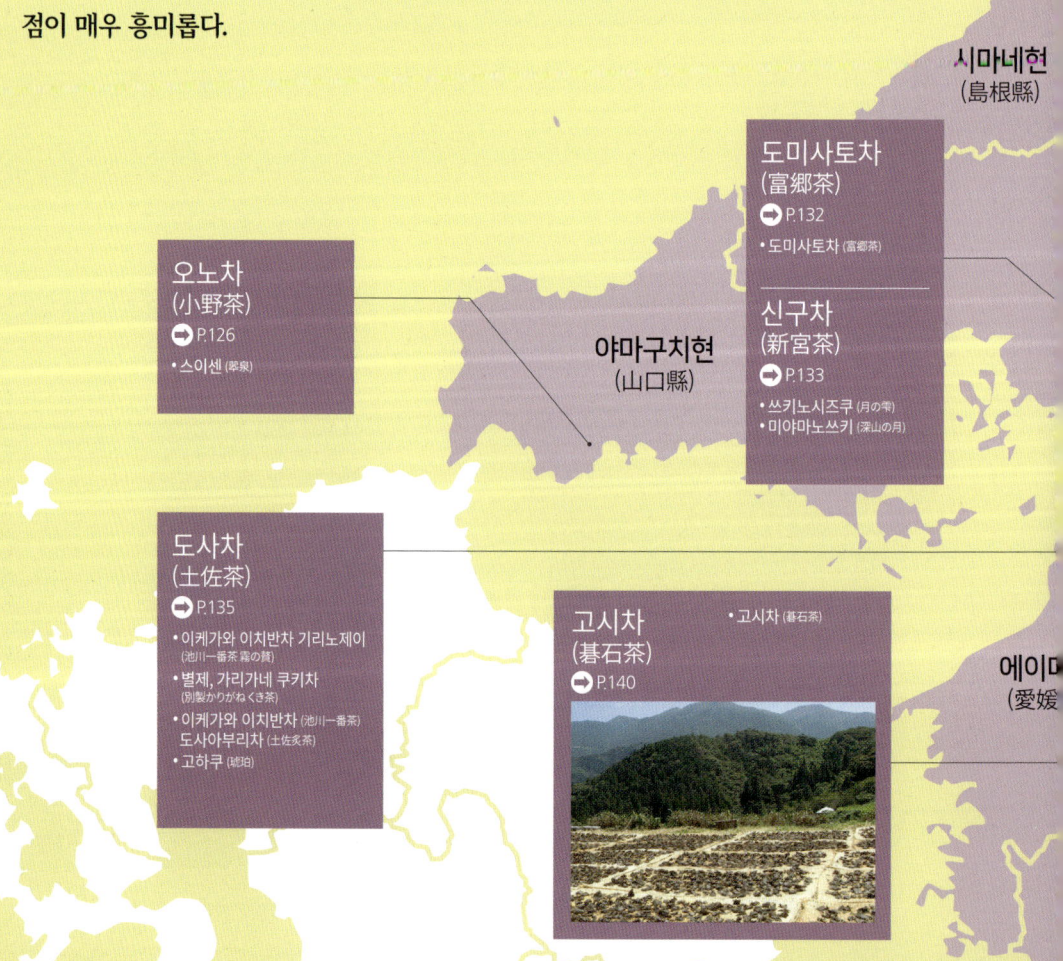

시마네현 (島根縣)

도미사토차 (富郷茶)
➡ P.132
• 도미사토차 (富郷茶)

오노차 (小野茶)
➡ P.126
• 스이센 (翠泉)

야마구치현 (山口縣)

신구차 (新宮茶)
➡ P.133
• 쓰키노시즈쿠 (月の雫)
• 미야마노쓰키 (深山の月)

도사차 (土佐茶)
➡ P.135
• 이케가와 이치반차 기리노제이 (池川一番茶 霧の賓)
• 별제, 가리가네 쿠키차 (別製かりがねくき茶)
• 이케가와 이치반차 (池川一番茶) 도사아부리차 (土佐炙茶)
• 고하쿠 (絁珀)

고시차 (碁石茶)
➡ P.140
• 고시차 (碁石茶)

에이메 (愛媛)

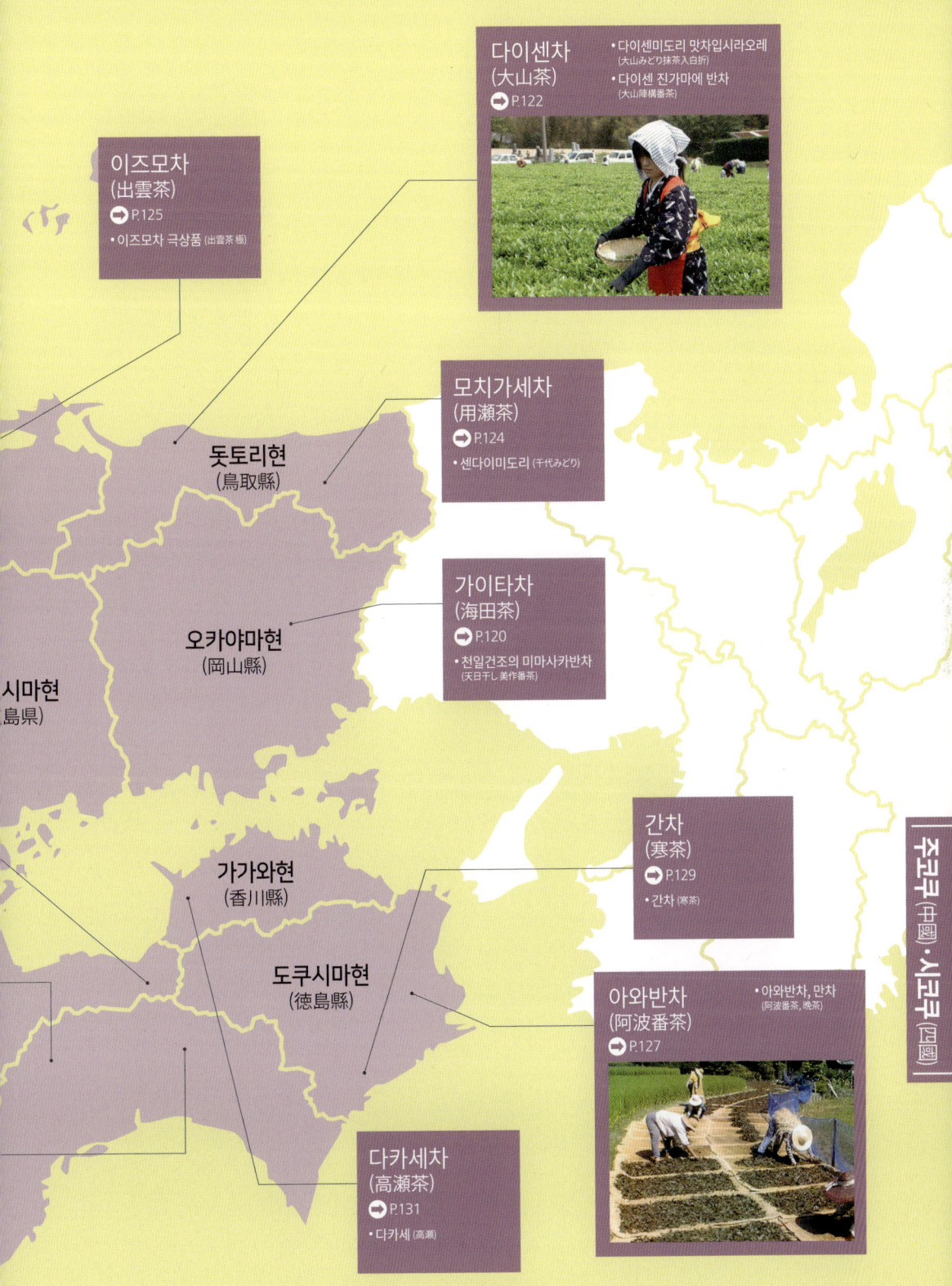

PART 2 좋아하는 차를 찾아볼 수 있는 **지역별 일본차** (日本茶) **도감** • 119

오카야마현(岡山縣)
가이타차 (海田茶)

- 수색 : 녹 색 ●━━━○ 황 색
- 향 : 배전향 ●━━━○ 약엽향
- 맛 : 우마미 ●━━━○ 떫은맛

 햇볕에 말려 만드는 고소한 향미의 반차

오카야마현(岡山縣)을 대표하는 차 산지인 미마사카시(美作市)의 가이타(海田) 지역. 북부에는 주코쿠산계(中國山系)의 숲이 펼쳐져 있으며, 중앙부에는 요시노강(吉野川)과 가지나미강(梶並川)의 풍부한 물줄기가 흐른다.
기후가 온난하고 낮과 밤의 일교차가 큰 덕분에 고품질의 찻잎이 잘 자란다.

이 지역에서는 에도 시대(江戶時代, 1603~1867)부터 지역 산업의 활성화를 목표로 차나무가 재배되기 시작하였다. **그 뒤 센차(煎茶)를 위한 재배가 이루어졌다.**
현재는 '미마사카반차(美作番茶)'라는 반차의 산지로서 유명하다.

미마사카반차는 7월 중순부터 8월 중순까지 가지째로 수확한 찻잎으로 생산된다. **우선 생잎을 커다란 철제 솥에 넣고 증기로 찐 뒤 돗자리 위에 펼쳐 놓고 끓인 국물을 뿌린 뒤 햇볕에 말리는 것이 특징이다.** 햇볕에 말려서 황갈색으로 변한 찻잎은 고소한 향을 띠는데, 지방 향토색이 짙은 **반차(番茶)**로서 인기가 많다.

가지째로 잘라낸 찻잎을 옛날식 철제 솥에 넣고 증기로 찐다.

천일건조의 미마사카반차
(天日干し 美作番茶)

제조 오차노호카원(お茶の芳香園)
품종 재래종
가격 100g/600엔
문의처 0868-72-0350
URL http://www.ochamimasaka.com/

100℃
1~2분

- 오래전부터 전통적으로 햇볕에 말리는 천일건조(天日乾燥) 방식으로 생산된 반차(番茶).
- 찻주전자에서 1~2분간 끓이면 아름다운 다홍빛의 수색이 나온다.
- 고소하고도 부드러운 맛이 큰 특징이다.

주코쿠(中國)·시코쿠(四國)

돗토리현(鳥取縣)
다이센차 (大山茶)

- 수색 : 녹 색 ●●●●● 황 색
- 향 : 배전향 ●●◆●● 약엽향
- 맛 : 우마미 ●◆●●● 떫은맛

 지역민이 하나가 되어 실현한 유기농법의 차

일본의 명산 중 하나인 **다이센산**(大山) 기슭에 펼쳐진 구릉지에서 생산되는 차. **돗토리현 중서부에 자리한 이 지역은 현 내에서도 가장 큰 차 산지이다.** 돗토리현은 산악 지방 중에서도 강설량이 많아 차를 생산하는 지역이 드물다. 특히 **다이센정**(大山町) 지역에서는 산간 지방 특유의 기후와 맑은 숲에서 흐르는 물을 활용하여 약 30년 전부터 차나무를 재배하였다.

이 지역의 차는 '안전하고 안심할 수 있는 차를 만들자'는 지역민들의 뜻을 바탕으로 생산 초기부터 무농약, 유기농법을 도입한 것이 큰 특징이다. **또한 양질의 비료를 사용하여 토양 자체를 건강하게 만드는 노력을 계속하고 있다.** 이 지역에서 정성껏 재배한 찻잎은 센차(煎茶)뿐만 아니라 호우시사(ほうじ茶), 반차(番茶), 와코차(和紅茶) 등으로 가공되는데, 현 내외에서 많은 인기를 끌고 있다.

* 신차의 수확 시기는 5월 초부터 시작된다.

쿠키차

다이센미도리 맛차입시라오레
(大山みどり 抹茶入白折)

제조 나가타 차점(長田茶店)
품종 야부키타(薮北)
가격 80g/572엔
문의처 0120-475-023
URL http://www.nagatachamise.jp/

80℃
1분

🍵 산악 지방에서는 쿠키차(茎茶)에 맛차(抹茶)를 혼입한 시라오레차(白折茶)를 자주 마신다. 요나고시(米子市)의 오래된 점포인 나가타 차점(長田茶店)의 시라오레차는 진가마에(陣構) 지역에서 유기농법으로 재배한 고급 쿠키차를 사용한 상등품이다.

- 수색: 녹 색 ●●●●○ 황 색
- 향: 배전향 ●●●○○ 약엽향
- 맛: 우마미 ●●●●○ 떫은맛

다이센 진가마에 반차
(大山じんがまえ 番茶)

제조 진가마에 차생산조합
(陣構茶生産組合)
품종 야부키타(薮北)
가격 210g/389엔
문의처 0859-54-4292
URL 없음

100℃
3~5분

🍵 40년 전부터 생산이 시작된 이래로 농약을 사용하지 않는 유기농 재배가 계속되어 온 진가마에(陣構) 지역. 일본 홍차인 와코차(和紅茶)로 유명한 지역이지만, 옛 전통 방식으로 만든 반차도 인기가 높은 상품이다.

일본의 명산인 다이센산(大山)이 바라보이는 다원

PART 2 좋아하는 차를 찾아볼 수 있는 **지역별 일본차(日本茶) 도감** ● 123

돗토리현(鳥取縣)
모치가세차 (用瀨茶)

- 수색 : 녹 색 ●●◆●● 황 색
- 향 : 배전향 ●●◆●● 약엽향
- 맛 : 우마미 ●●◆●● 떫은맛

 에도 시대부터 시작된 이나바(因幡) **지방의 차**

3월 삼짇날 저녁때 강이나 바다로 작은 인형을 띄워 보내는 **나가시비나**(流し雛) 축제의 고향, **돗토리시**(鳥取市) **모치가세정**(用瀨町)에서는 오래전부터 가정용 반차가 만들어져 왔다. **1853년경부터는 차나무의 재배가 산업적으로 진행되었다.**

메이지 시대(明治時代, 1867~1912)에는 그런 반차가 해외로까지 수출되었다고 한다. 현재 **센차**(煎茶)와 **호우지차**(ほうじ茶)를 중심으로 정성껏 차를 만드는 전통이 이어지고 있다.

센차
센다이미도리
(千代みどり)

제조 미쓰미원(三角園)
품종 야부키타(藪北)
70℃ 가격 80g/736엔
문의처 0858-87-2137
3분 URL 없음

모치가세차(用瀨茶) 생산지에서 유일하게 제다업(製茶業)을 운영하는 미쓰미원(三角園)이 정성껏 만든 센차(煎茶). **돗토리현으로부터 무농약의 '특별 재배차'로 인증을 받았다.**

시마네현(島根縣)
이즈모차 (出雲茶)

- 수색 : 녹 색 ●●◆●● 황 색
- 향 : 배전향 ●●●◆● 약엽향
- 맛 : 우마미 ●●◆●● 떫은맛

유구한 전통이 길러낸 지방 고유의 차

이즈모마쓰에번(出雲松江藩)의 7대 번주인 마쓰다이라 후마이공(松平不昧公)은 차인(茶人)으로 알려져 있다. 그의 영향으로 현재에도 시마네현(島根縣) 지방에서는 일상적으로 차를 즐기는 관습이 뿌리를 내리고 있다.
그로 인해 시마네현은 차의 소비량이 일본 전국에서도 손꼽힐 정도이다.

오래된 차 산지는 현의 동부 지역인 **이즈모평야**(出雲平野)의 **히이강**(斐伊川)과 **이즈모시**(出雲市) 주변에 많이 있다.
* 신차의 수확 시기는 5월 상순부터 시작된다.

센차
이즈모차 극상품
(出雲茶 極)

제조 도스이원(桃翠園)
품종 사에미도리(さえみどり),
     야부키타(薮北),
     오쿠미도리(おくみどり)
80℃
45초
가격 50g/1,000엔
문의처 0853-72-0039
URL http://tousuien.jp/

🍵 1907년 창업한 오랜 전통의 점포에서 자랑하는 센차(煎茶). 자체 농원에서 5월에 수확한 찻잎만 사용한다. 2010년부터 4년 연속으로 시마네현의 차 품평회에서 최우수상을 받았다.

야마구치현(山口縣)
오노차 (小野茶)

- 수색 : 녹 색 ●●●◆● 황 색
- 향 : 배전향 ●●◆●● 약엽향
- 맛 : 우마미 ●●◆●● 떫은맛

 풍부한 자연의 광대한 차밭에서 생산되는 차

야마구치현 서부, 우베시(宇部市) 오노(小野) 지구에서 생산되는 차.
안개가 자욱한 다카노코(鷹ノ子) 산기슭에는 광대한 차밭이 펼쳐져 있다. 일본 최대의 카르스트 대지인 **아키요시다이**(秋吉台)를 수원으로 하는 **고토강**(厚東川)과 마사토와 적토가 섞인 토양이 만들어 내는 진한 맛의 **센차**가 유명하다.

✽ 신차의 수확 시기는 4월 하순부터 시작된다.

1965년 후반에 대규모로 조성된 100ha의 다원

센차
스이센 (翠泉)

70℃
1분

제조 야마구치 차업(山口茶業)
품종 야부키타(薮北)
가격 80g/1,000엔
문의처 : 0836-64-2116
URL http://www.onocha.com/

쓴맛과 떫은맛, 단맛이 진한 첫물차로서 오노차의 특징을 확연히 느낄 수 있다.

도쿠시마현(德島縣)
아와반차 (阿波番茶)

- 수색 : 녹 색 ●━━━◆━━━● 황 색
- 향 : 배전향 ●━━━◆━━━● 약엽향
- 맛 : 우마미 ●━━━◆━━━● 떫은맛

 옛날 방식 그대로 만든 소박한 맛의 전통 차

아와반차(阿波番茶)는 도쿠시마현(德島縣) 산간 지방에 전해져 오는 독특한 차로서 현재 현 중부의 가미카쓰정(上勝町)과 남부의 나카정(那賀町)에서만 생산되고 있다. 그 역사는 무려 800년이나 되는데, 이 지방에서는 일상적으로 마시는 차로 사랑을 받아 왔다. 일반적인 반차와 달리 첫물차를 사용하여 만드는 것이 특징이다. 하지만 새싹이 돋을 때 곧바로 따지 않고 여름까지 기다렸다가 찻잎이 성숙한 뒤에 첫물차를 수확한다.

이로 인해 사람들은 '반차(番茶)'가 아니라 '만차(晚茶)'로 많이 부른다.

이 차는 제다 방식이 매우 독특하다. 수확한 찻잎을 한 번 찌거나 데친 뒤에 손으로 주물러서 부드럽게 만든 뒤 통 속에 넣어 1~2주간 발효시킨다. 그 뒤 햇볕에 말려서 완성한다. 유산균 발효 방식이라 위장에 부담이 적고 카페인 함량도 적어 건강 차로 인기가 높다. 최근에는 매우 귀한 차로서 많은 주목을 받고 있다.

후발효차
아와반차(阿波番茶, 晚茶), 만차

제조 다테이시원(立石園)
품종 재래종, 야부키타(薮北)
가격 100g/900엔
문의처 088-622-6468
URL 없음

100℃
5분

찻잎을 7~10일간 무거운 돌을 올려 둔 통 속에서 발효시킨다(위). 그 뒤 8월의 맑은 날에 늘어놓고 햇볕에 말린다. 하루 만에 바삭하게 건조시키는 것이 맛을 살리는 핵심이다(아래)

상쾌한 향기 가운데서 후발효로 생성된 은은한 산미를 느낄 수 있다.
떫은맛이 적고 깔끔한 맛이 특징으로서 차갑게 식혀서 마셔도 좋다.

도쿠시마현(德島縣)
간차 (寒茶)

- 수색 : 녹 색 ◆━━ 황 색
- 향 : 배전향 ━◆━ 약엽향
- 맛 : 우마미 ━◆━ 떫은맛

옛날 방식 그대로 만든 소박한 맛의 전통 차

도쿠시마현 최남단인 옛 시시쿠이정(宍喰町) 지역에서 생산되는 개성 있는 반차(番茶). 24절기 중 대한(大寒) 시기에 만들어져 '간차(寒茶)'라고 한다.

이 지역은 기후가 온난하여 예로부터 차나무가 자생해 왔으며, 과거에는 농가의 주부들이 자급자족용으로 차를 직접 가공해 마셨다. 그 과정에서 추운 시기에 만든 차가 맛있다는 사실을 알게 되면서 간차를 만든 것이다.

차나무는 겨울이 되면 휴면기에 들어가면서 영양분을 충분히 축적한다.

그로 인해 감칠맛과 단맛이 더욱 깊어진다.

간차의 제다에서는 농약을 사용하지 않는 자연 재배의 찻잎을 한 장씩 손으로 직접 따서 수확한다. 이를 증기로 쪄서 뜨거울 때 손으로 비벼 준 뒤, 나무통에서 숙성시킨 뒤 꺼내서 햇볕에 말린다. 그 뒤 다시 손으로 비벼 마무리하는 과정을 거친다. 이렇게 완성된 간차는 카페인^{Caffeine}과 타닌^{Tannin} 함량이 적어, 맛이 소박하면서 부드러운 것이 특징이다.

1~3월의 추운 시기에 찻잎을 수확하는 모습

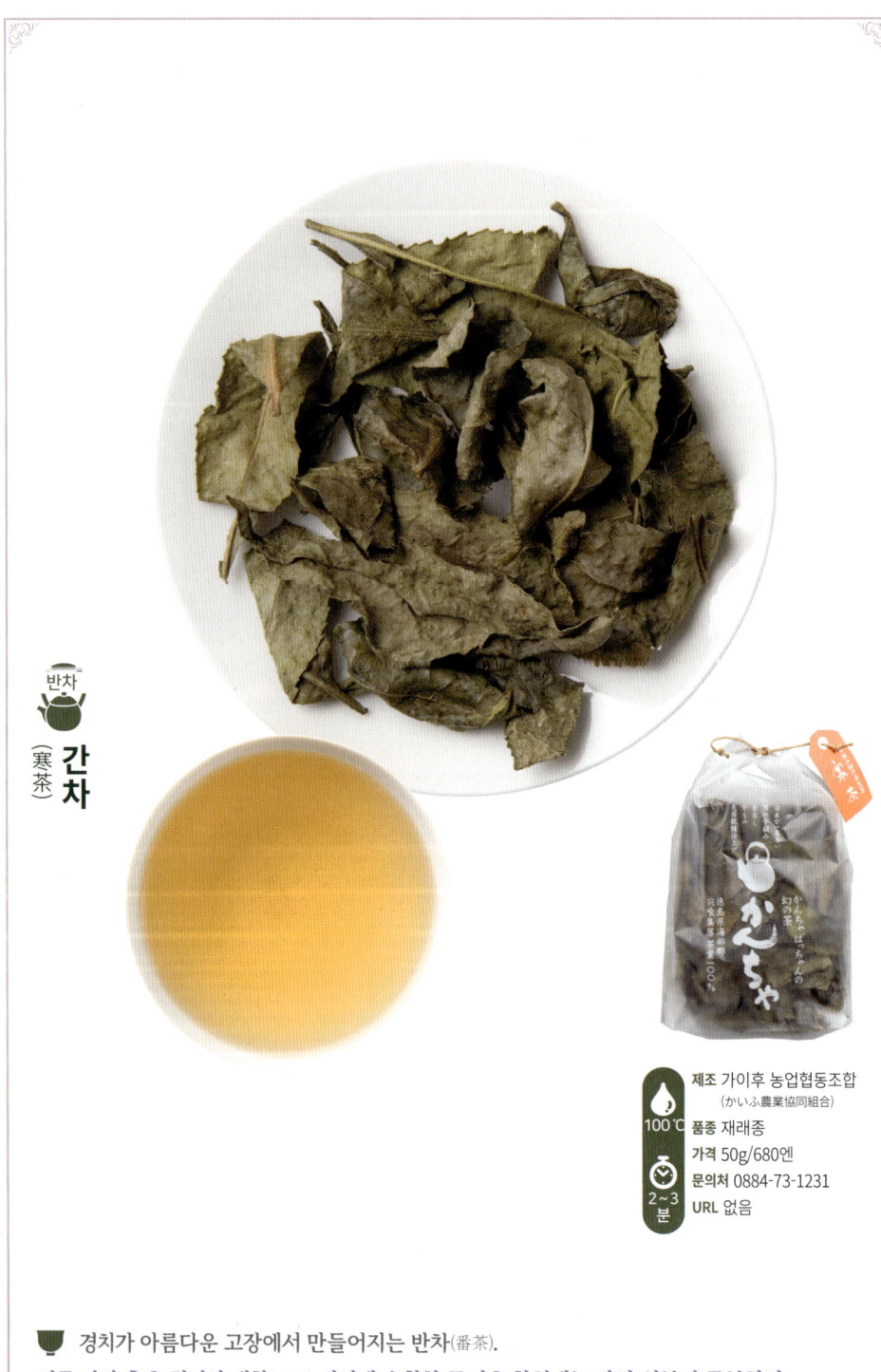

간차 (寒茶)

- 제조 가이후 농업협동조합
  (かいふ農業協同組合)
- 100℃
- 품종 재래종
- 가격 50g/680엔
- 2~3분
- 문의처 0884-73-1231
- URL 없음

경치가 아름다운 고장에서 만들어지는 반차(番茶).
연중 가장 추운 절기인 대한(大寒) 시기에 수확한 두꺼운 찻잎에는 단맛 성분이 풍부하다.
수색이 부드럽고 맛이 순하고 달콤한 것이 특징이다.

가가와현(香川縣)
다카세차 (高瀨茶)

- 수색 : 녹 색 ●━━━ 황 색
- 향 : 배전향 ━━●━━ 약엽향
- 맛 : 우마미 ●━━━ 떫은맛

🍵 풍요로운 기후에서 소량으로 생산되는 고급차

가가와현(香川縣) 남서부에 자리한 미토요시(三豊市)의 다카세정(高瀨町)에서 생산되는 다카세차(高瀨茶). 산간의 구릉지에 차밭이 펼쳐져 있으며, 온난한 기후 덕분에 맛, 색, 향이 훌륭한 센차(煎茶)가 생산된다. 생산량은 적지만 아는 사람들 사이에서는 인기가 높은 명차이다. ✽ 신차의 수확 시기는 4월 하순부터 시작된다.

산간 지대에 아름답게 펼쳐진 다원의 전경

센차
(高瀨) **다카세**

- 70℃
- 1분
- 제조 다카세 차업조합(高瀨茶業組合)
- 품종 야부키타(藪北), 메이료쿠(茗綠)
- 가격 100g/1,000엔
- 문의처 0875-74-6011
- URL http://takasechagyou.jp/

🍵 입춘으로부터 팔십팔야(八十八夜)가 지난 무렵에 찻잎을 수확해 만들어 단맛이 부드럽고 맛있는 센차(煎茶).

PART 2 좋아하는 차를 찾아볼 수 있는 **지역별 일본차(日本茶) 도감** • 131

에히메현(愛媛縣)
도미사토차 (富郷茶)

- 수색: 녹 색 ●●●◆● 황 색
- 향: 배전향 ●●●◆● 약엽향
- 맛: 우마미 ●●◆●● 떫은맛

 아침 안개의 천혜를 받은 산간지의 명차

도미사토차(富郷茶)는 시코쿠 산지 일대인 에히메현(愛媛縣) 동부 시코쿠주오시(四國中央市) 도미사토정(富郷町)에서 생산된다. 아침 안개가 드리우는 산간 지역은 차나무의 재배에 적합하여 1950년대 초반부터 신구정(新宮町)에서 들여온 **야부키타**(藪北) **품종을 재배하기 시작하였다.**
차의 유통량이 적지만, 지역에서 사랑을 받는 센차(煎茶)를 주로 생산한다.

센차
도미사토차
(富郷茶)

제조 JA우마(JAうま)
품종 야부키타(藪北)
가격 100g/1,030엔
문의처 0896-22-0336
URL http://www.ja-uma.or.jp/
60℃
3분

🍵 도잔강(銅山川)의 맑은 물이 흐르는 산간 지역에서 재배된 찻잎을 차업조합의 제다 공장에서 정성스럽게 만든 센차(煎茶).

✽ 차의 맛은 소박하고 쓴맛이 적은 것이 특징이다.

에히메현(愛媛縣)	· 수색 : 녹 색 ◉—◆—◉ 황 색
신구차 (新宮茶)	· 향 : 배전향 ◉—◆—◉ 약엽향
	· 맛 : 우마미 ◉—◆—◉ 떫은맛

 시코쿠의 향기로운 차 산지

신구차(新宮茶)는 에히메현(愛媛縣)의 동단인 시코쿠주오시(四國中央市) 신구정(新宮町)의 산간 지역에서 생산된다. 낮과 밤의 큰 일교차가 차나무의 재배에 적합하다. 산에서 자생하는 산차(山茶)에서 찻잎을 따 손으로 비벼서 유념하는 '수예(手揉)' 방식으로 차를 생산해 왔다.

이 지역에서는 1954년 시즈오카현에서 야부키타(薮北) 품종을 도입하면서부터 차가 본격적으로 생산되었다.
그 뒤 꺾꽂이법에 의한 묘목 재배에도 성공하면서 차의 생산이 확대되었다.

이 지역은 차의 향을 좋게 하는 것으로 알려진 연니편암(緣泥片岩)이 토양에 풍부한데, 그로 인해 신구차는 '일본 최고의 향'이라 불린다. 현재 지역 전체가 무농약 재배를 진행하면서 향기로운 센차(煎茶)를 중심으로 생산하고 있다.

센차
쓰키노시즈쿠
(月の雫)

야부키타(薮北) 품종의 도입에 힘썼던 와키 구고로(脇久五郎) 선생의 동상

- 제조 와키 제다장(脇製茶場)
- 품종 야부키타(薮北), 아사쓰유(あさつゆ)
- 50℃
- 가격 100g/2,000엔
- 문의처 0896-72-2525
- 3분
- URL http://www.waki-tea.co.jp/

신구차(新宮茶)의 창시자 와키 구고로(脇久五郎) 선생의 기술과 뜻을 계승하는 차밭에서 만든 최고급 센차. 이 센차는 향이 훌륭하기로 유명하다.

＊ 수색은 약간 옅고 맑으며, 맛은 품격이 있는 쓴맛이 특징이다.

- 수색 : 녹 색 ●──── 황 색
- 향 : 배전향 ●──── 야연향
- 맛 : 우마미 ●──── 떫은맛

센차

미야마노쓰키 (深山の月)

- 제조 JA우마(JAうま)
- 품종 야부키타(薮北)
- 75~80℃
- 가격 100g/800엔
- 문의처 0896-24-2311
- 2~3분
- URL http://www.ja-uma.or.jp/

낮과 밤의 일교차가 큰 산간 지역 특유의 풍미로 가득한 센차(煎茶). 지역 전체가 무농약 재배에 힘쓰고 있는데, 건강상 안전한 차는 이곳 사람들의 큰 자랑거리이다.

고치현(高知縣)
도사차 (土佐茶)

- 수색: 녹 색 ●━━━◆━● 황 색
- 향: 배전향 ●━◆━━━● 약엽향
- 맛: 우마미 ●━◆━━━● 떫은맛

전국적으로 인정을 받는 고품질의 야마차 (山茶)

고치현(高知縣)에서 생산되는 모든 차는 '도사차(土佐茶)'라고 한다.
예로부터 '**야마차**(山茶)'(산차)라는 야생 차나무가 자생하였던 만큼, 고치현의 산간 지역은 차나무의 재배에 적합한 환경이다.

그로 인해 **에도 시대**(江戶時代, 1603~1867)부터 고치현에서는 차의 생산이 시작되었다고 전해진다.

주요 차 산지는 **니요도강**(仁淀川)과 **시만토강**(四万十川) 등 큰 강의 상류 지역에 밀집되어 있는데, 산의 가파른 비탈에 차밭이 펼쳐져 있다.
산간 지역에서 자란 도사차는 일조 시간이 적고, 강에서 피어오르는 아침 안개의 영향으로 인해 쓴맛이 적고 향이 풍부한 차로 만들어지는 까닭에 전국적으로도 높은 평가를 받고 있다.

지금까지는 차 생산량의 약 80%가 시즈오카현 등으로 운송되어 고급차 블렌딩용으로 사용되었지만, 최근 '도사차' 브랜드로 출시되는 제품이 증가하고 있다.
이곳에서 주로 생산되는 것은 **센차**(煎茶)이지만, **무시세이 다마료쿠차**(蒸し製玉綠茶), **반차**(番茶), **호우지차**(ほうじ茶) 등도 생산된다.
2013년에 '**도사아부리차**(土佐炙り茶)'라는 새로운 호우지차 브랜드가 탄생하여 큰 주목을 받고 있다. * 신차의 수확 시기는 4월 하순부터 시작된다.

센차
이케가와 이찌반차 기리노제이
(池川一番茶 霧の贅)

- 제조 이케가와 차업조합(池川茶業組合)
- 품종 야부키타(薮北)
- 가격 100g/1,000엔
- 문의처 0889-34-3877
- URL http://www.ikegawacha.jp/

80℃ / 2분

물이 맑기로 유명한 니요도강(仁淀川) 주위로 펼쳐진 차밭

고치현 북서부의 산골짜기인 니요도정(仁淀町)은 대표적인 차 산지이다. 니요도강에서 피어오르는 아침 안개 속에서 자란 찻잎은 향기로운 센차로 완성된다. 기리노제이(霧の贅)는 첫물차(一番茶)를 사용한 고급 센차이다.

- 수색 : 녹 색 ●●◆●● 황 색
- 향 : 배전향 ●●●◆● 약엽향
- 맛 : 우마미 ●●◆●● 떫은맛

쿠키차

별제, 가리가네 쿠키차
(別製 かりがね くき茶)

- 제조 와카쿠사원(若草園)
- 품종 야부키타(薮北)
- 가격 100g/740엔
- 문의처 088-823-2962
- URL http://www.wakakusaen.com/

80℃ / 40초

고치시(高知市) 시내에 점포를 두고 있는 80여 년 역사의 와카쿠사원(若草園). 오직 첫물차만을 취급하는데, 쿠키차도 또한 현 내에서 생산된 첫물차의 줄기만 사용한다.

- 수색 : 녹 색 ◆———— 황 색
- 향 : 배전향 ——◆—— 약엽향
- 맛 : 우마미 ◆———— 떫은맛

이케가와 이찌반차 도사아부리차
(池川一番茶 土佐炙茶)

호우지차

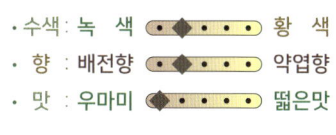

- 제조 이케가와 차업조합 (池川茶業組合)
- 품종 야부키타(薮北)
- 가격 100g/500엔
- 문의처 0889-34-3877
- URL http://www.ikegawacha.jp/

90℃ / 2분

도사차의 신규 브랜드인 '도사아부리차(土佐炙茶)'. 현 내에서 100% 생산된 아라차(荒茶)를 덖어서 만든 호우지차이다. 엄격한 심사를 거쳐 인증되었다.

* 고소하면서 깔끔한 맛이 특징이다.

찻잎은 우마미(감칠맛)가 날아가지 않도록 세심한 주의를 기울여 두 번 덖는다.

- 수색 : 녹 색 ◆——— 황 색
- 향 : 배전향 ◆——— 약엽향
- 맛 : 우마미 ◆——— 떫은맛

호우지차
고하쿠 (琥珀)

제조 도사차 공방 모리키큐지로 상점
(土佐茶工房 森木久次郎商店)
품종 야부키타(藪北)
가격 100g/1,345엔
문의처 088-831-5599
URL http://www.kyujiro.com/

80~90℃ / 30~40초

🍵 창업 95년 역사의 도사차(土佐茶) 전문 점포가 맛을 자랑하는 호우지차.
상등급의 찻잎을 두 번 덖어서 우마미(감칠맛)가 훌륭하다.
향도 뛰어나며, 차갑게 우려내도 맛과 향을 충분히 즐길 수 있다.

찻물에 뿌옇게 떠 있는 것의 정체는?

우려낸 찻물의 수면을 잘 보면 하얀 잔털이 뿌옇게 떠 있는 모습을 볼 수 있다. 이것은 먼지가 아니라 '**모용**(毛茸)'이다.
모용은 찻잎을 포함해 식물 잎의 뒷면에 나 있는 잔털을 말한다.
상등급의 차일수록 어린 새싹이 사용되어 찻물의 수면에 이러한 흰 잔털이 떠 있다. 이는 품질이 좋은 차라는 증거이다.

모용은 찻잎이 성장하면서 굳어진 찻잎에는 생기지 않는다. 이 점은 찻잎을 따는 시점에서 성숙한 정도를 파악하는 데에 도움이 된다. 앞으로 차를 마실 때 수면을 유심히 살펴보는 것도 흥미로울 것이다.

만약 방문한 곳에서 하얀 잔털이 떠 있는 차를 선보인다면 이는 상등급 차로서 정성껏 대접하고 있다는 증거이다.

찻물의 수면에 떠 있는 것이 모용(毛茸)이다. 상등급 차를 나타내기에 그대로 마셔도 좋다.

고치현(高知縣)
고시차 (碁石茶)

- 수색 : 녹 색 ●━━━○━━━○ 황 색
- 향 : 배전향 ●━━━○━━━○ 약엽향
- 맛 : 우마미 ●━━━○━━━○ 떫은맛

 전통 제다법으로 만들어 산미 (酸味)가 나는 후발효차

시코쿠(四國) 산지의 중앙부인 요시노강(吉野川) 유역에 자리한 오토요정(大豊町) 지역에서만 생산되어 **세계적으로도 희귀한 후발효차 중 하나**이다.

제다 과정에서 3cm 크기로 잘라서 멍석 위에 널어서 말리는 모습이 마치 바둑판의 바둑돌처럼 보이는 데서 '**고시차**(碁石茶)'라는 이름이 붙었다.

이 고시차는 여름철에 생산되어 판매된다.

고시차는 우선 갓 딴 찻잎을 찜통에서 약 2시간 동안 증기에 찐 뒤 발효실에서 며칠간 숙성시키면서 발효시킨다. 그 뒤 찻잎 덩어리를 풀어 헤치지 않고 네모난 형태로 잘라서 덩어리째 건조시키는 것이 특징이다.

고시차의 기원은 확실하지 않지만, 에도 시대(江戶時代, 1603~1867)**부터 이미 생산이 시작되었고, 세토나이카이**(瀨戶內海) **지방의 여러 섬으로 출하되었다는 기록이 남아 있다.**
당시에는 차로 우려내 마시기보다 '차죽(茶粥)'으로 끓여서 마셨다.
현재는 생산량이 적어 '환상의 차'로 불린다.

후발효차
고시차 (碁石茶)

 100℃

 7~10분

제조 오토요정 고시차 협동조합
　　　(大豊町碁石茶協同組合)
품종 야마차(山茶) 2종,
　　　야부키타(薮北)
가격 50g/2,800엔
문의처 0887-73-1818
URL http://514.or.jp

찻잎을 통에 담가 숙성을 통해 후발효시킨다

숙성이 끝나면 찻잎 덩어리를 잘라서 햇볕에 말린다

식물성 유산균에서 생성되는 새콤달콤한 산미(酸味)와 향이 특징이다.
유산균의 양은 보이차보다 20배나 많다고 한다. 설탕이나 꿀을 넣어 마셔도 맛있다.

우레시노차
(嬉野茶)
➡ P.151
- 특상품 가마이리차 (特上釜いり茶)
- 우레시노 명차 유다케 (嬉野銘茶 湯品)
- 쿠키호우지차 (茎ほうじ茶)

야메차
(八女茶)
➡ P.144
- 배로식 교쿠로 고노미히사키치 (焙炉式玉露 許斐久吉)
- 야메시라차 (八女白茶)
- 극상품 센차 미도리 (極煎茶 翠)

호시노차
(星野茶)
➡ P.147
- 전통본 교쿠로 (傳統本 玉露)
- 호시노 맛차 세이주 (星の抹茶 星授)
- 호시노 교쿠로 (星の玉露)
- 호시노 비원 (ほしの秘園)

세치바루차
(世知原茶)
➡ P.155
- 미네노쓰유 (峰の露)

소노기차
(彼杵茶)
➡ P.154
- 나가사키 가마이리차 (長崎釜いり茶) 특상품

다케마차
(岳間茶)
➡ P.159
- 아사기리 (朝霧)

고토차
(五島茶)
➡ P.156
- 유기녹차 이부키 (有機綠茶 息吹)

구마모토차
(熊本茶)
➡ P.157
- 유가노 고코치 (湧雅のここち) (숙성 창고에서 줄시)

가고시마차
(鹿兒島茶)
➡ P.164
- 오쿠키리시마차 (奧霧島茶)
- 유타카미도리 센료 (ゆたかみどり 千両)
- 유키후카 콘 (雪ふか 紺)

지란차
(知覽茶)
➡ P.168
- 지란차 사쓰마야부키타 하나 (知覽茶 さつまやぶきた 華)
- 지란산 아사쓰유 (知覽産 あさつゆ)

에이차
(知覽茶)
➡ P.170
- 가이몬미도리 (かいもんみどり)

미야코노조차
(都城茶)
➡ P.162
- 가리노센차 (香りの煎茶) 요카니세 (よかにせ)

후쿠오카현 (福岡縣)
사가현 (佐賀縣)
나가사키현 (長崎縣)
오이타현 (大分縣)
구마모토현 (熊本縣)
미야자키현 (宮崎縣)
가고시마현 (鹿兒島縣)

국내 유수의 차 산지는
규슈 (九州)·오키나와 (沖繩) 지방

규슈(九州) 지방은 기후가 온난하여 차나무의 재배가 매우 활발하다. 오키나와현(沖繩縣)을 제외한 규슈 지방의 7개 현은 차의 생산량이 일본 전국 차 생산량의 40% 이상을 차지하고 있다.

규슈 지방은 생산량뿐만 아니라 차의 종류도 매우 다양하다. 가고시마현(鹿兒島縣)의 센차(煎茶)를 비롯해 후쿠오카현(福岡縣)의 교쿠로(玉露)와 덴차(碾茶)도 유명하다.

또한 규슈는 예로부터 중국, 한국과 교류가 활발하였던 덕분에 가마솥에 찻잎을 덖어서 만든 가마이리차(釜炒り茶)나 증기에 찐 무시세이 다마료쿠차(蒸し製玉綠茶)와 같은 독특한 차 문화가 생겨났다. 이러한 전통은 지금까지도 이어지고 있고, 이는 규슈 차만의 큰 매력이라고 할 수 있다.

야바케이차
(耶馬溪茶)
➡ P.160
• 야바케이차 (耶馬溪茶)

인비차
(因尾茶)
➡ P.161
• 인비차 (因尾茶) 상등품

야베차
(矢部茶)
➡ P.158
• 가마이리 야베차 마로미
(釜炒り矢部茶まろみ)

고카세가마이리차
(五ヶ瀬釜炒り茶)
➡ P.163
• 특상품 미야마노쓰유
(特上 深山の露)

얀바루차
(やんばる茶)
➡ P.171
• 오쿠미도리 인자쓰
(奧みどり いんざつ)

오키나와현
(沖繩縣)

후쿠오카현(福岡縣)
야메차 (八女茶)

- 수색 : 녹 색 ●━━━● 황 색
- 향 : 배전향 ●━━━● 약엽향
- 맛 : 우마미 ●━━━● 떫은맛

🍵 지쿠고평야(筑後平野)의 남부에 자리한 온난한 기후의 차 산지

야메차(八女茶)는 후쿠오카현 남동부 야메시(八女市)를 중심으로 지쿠고시(筑後市), 히로가와정(広川町) 등의 지역에서 생산되는 차의 총칭이다.

그 기원은 1423년 중국 명나라에서 귀국한 슈바(周端) 승려가 현재의 야메시 구로기정(黒木町) 지역에 사찰을 세우고 차나무를 재배한 것이 시초로 알려져 있다.

 지쿠고평야의 남부에 자리한 이 지역은 온난하면서도 낮과 밤의 일교차가 크고, 야베강(矢部川) 유역에서는 안개가 쉽게 발생한다.

이러한 환경은 고품질의 찻잎이 자라는 데 최적의 조건을 갖춘 지역이라 할 수 있다. 이곳에서는 주로 센차(煎茶)를 생산하지만, 가부세차(かぶせ茶)를 비롯해 산간 지역에서는 교쿠로(玉露)도 생산한다. 교쿠로의 생산량은 일본 전국에서 1위를 차지하며, 전국 차 품평회에서 12년 연속으로 농림수산대신상을 수상하는 등 전국적으로 유명하다.

배로식(焙炉式) 배전(焙煎) 작업장의 모습. 숯불을 피우고, 튼튼한 야메화지(八女和紙) 위에서 정성스럽게 마무리된다.

신차의 수확 시기는 4월 중순부터 시작되며, 5월 상순에 절정을 맞이한다. 6월 중순에는 두물차를, 온난한 평야 지역에서는 7월 하순에 세물차를 수확할 수도 있는 환경이지만, 실제로는 두물차까지만 수확하는 차밭이 대부분이다. 그 이유는 차나무의 가지와 잎이 크게 자라게 하여 다음 해에 첫물차의 품질을 높일 수 있기 때문이다.

관광명소로 유명한 야메중앙대다원(八女中央大茶園). 약 65ha에 달하여 후쿠오카현 내에서 가장 큰 규모의 집단 차 재배지이다.

배로식 교쿠로 고노미히사키치
(焙炉式玉露 許斐久吉)

- 제조 고노미원(このみ園)
- 품종 야부키타(薮北), 오쿠미도리(おくみどり)
- 가격 80g/3,000엔
- 문의처 0943-24-2020
- URL http://www.konomien.jp/

65℃ / 3분

🍵 1700년대 초에 창업하여 야메 지역에서도 가장 오래된 차 도매상이 자랑하는 교쿠로(玉露). 야메차(八女茶)의 기원이라 할 배로식(焙炉式)의 배전법(焙煎法)으로 만들어진 교쿠로는 옛 그대로의 향인 '배로향(焙炉香)'도 함께 즐길 수 있다.

- 수색 : 녹 색 ●●●◆● 황색
- 향 : 배전향 ●●●◆● 약엽향
- 맛 : 우마미 ●◆●●● 떫은맛

센차

야메시라차
(八女白茶)

제조 고가 차업(古賀茶業)
품종 야부키타(薮北)
60~70℃
가격 50g/1,500엔
문의처 0944-63-2333
1분
URL http://www.kogacha.co.jp/

🍵 하얀 은빛의 잔털로 뒤덮인 '백호은침(白毫銀針)'이라는 귀한 중국 배차를 야메(八女) 시역의 찻잎으로 재현해 만든 차. 은은한 단맛이 나는 교쿠로(玉露)풍의 향미를 맛볼 수 있다. 두 번째 우려내어도 맛있게 즐길 수 있다.

- 수색 : 녹 색 ●●◆●● 황색
- 향 : 배전향 ●●●◆● 약엽향
- 맛 : 우마미 ●◆●●● 떫은맛

센차

극상품 센차 미도리
(極煎茶 翠)

제조 이리에 다원(いりえ茶園)
품종 야부키타(薮北),
75℃
사에미도리(さえみどり)
가격 100g/1,500엔
문의처 0943-42-0881
1분
URL http://www.irie-chaen.com/

🍵 이리에 다원(いりえ茶園)의 해발고도 약 450m인 고지대에서 약 30년 넘게 무농약으로 차나무를 재배하여 만든 인기 상품. 우마미(감칠맛)와 쓴맛의 균형이 훌륭하고, 뒷맛이 깔끔하다.

후쿠오카현(福岡縣)
호시노차 (星野茶)

- 수색 : 녹 색 ◆——— 황 색
- 향 : 배전향 ◆——— 약엽향
- 맛 : 우마미 ◆——— 떫은맛

 아름다운 마을 산에서 만들어지는 고품질의 교쿠로

호시노차(星野茶)는 야메차(八女茶)의 일종으로서 오이타현(大分縣)과 그 경계에 접한 야메시(八女市)의 '오쿠야메(奧八女)'라 불리는 호시노(星野) 지역에서 생산되는 차이다. **이 지역에서 차나무가 재배되기 시작한 것은 약 800년 전으로 거슬러 올라간다.** 중국에서 차의 씨앗을 들여온 **에이사이**(榮西, 1141~1215) 선사가 현재의 **구루메시**(久留米市)에 사찰을 창건하였고, 그 말사가 **호시노촌**(星野村)에 있었던 데서 차나무의 재배 방법이 전해졌다고 한다.

호시노촌 일대는 해발고도가 높은 산지로서 별이 잘 보이는 장소로 알려질 만큼 자연이 깨끗한 환경이다. 마을의 중앙부에는 맑은 물줄기인 호시노강(星野川)이 흐르고, 그 주위로는 차밭이 펼쳐진다. 이러한 지형은 아침 안개가 자주 발생하고, 서늘하면서 맑은 공기에 둘러싸여 있어 고품질의 차가 만들어진다.

그중에서도 전국적으로 유명한 차는 옛 전통의 재배 방식으로 생산되는 **교쿠로**(玉露)이다. 새싹을 따기 전 약 20~30일간 차밭 전체를 볏짚으로 뒤덮어 햇빛을 차단하면서 차광률을 조절한다.

이렇게 차광률을 조절하면서 정성스럽게 재배된 찻잎으로 만든 교쿠로는 독특한 단맛과 풍부한 향기를 지니고 있어 인기가 높다.
참고로 야메시 지역에서는 독자적인 기준을 정하여 자연 상태의 차밭에서 천연 자재로 차광 재배하면서 찻잎을 정성껏 손으로 따 만든 차를 전통적인 방식으로 만들었다고 하여 '**전통본 교쿠로**(傳統本玉露)'로 지정하고 있다.

＊ 신차의 수확 시기는 4월 하순부터 시작된다.

볏짚으로 덮은 차광 재배 차밭

호시노촌(星野村)의 교쿠로(玉露) 차밭과 센차(煎茶) 차밭. 교쿠로 차밭은 볏짚으로 뒤덮여 있다

- 수색 : 녹 색 ────── 황 색
- 향 : 배전향 ────── 약엽향
- 맛 : 우마미 ────── 떫은맛

(傳統本玉露) 전통본 교쿠로

제조 가와사키 제다원(川崎製茶園)
품종 히메미도리(ひめみどり)
65℃
가격 50g/2,700엔
문의처 0943-52-2025
2분
URL http://www.mfj.co.jp/kawasaki/

🍵 첫물차 수확기 약 30일 전에 볏짚으로 차밭을 뒤덮어 차광 재배하고 찻잎을 손으로 직접 따서 만든 전통본 교쿠로(傳統本玉露).

GI 인증 상품으로서 '오이향(覆い香)'으로 불리는 김과 같은 해초 풍미가 특징이다.

- 수색 : 녹 색 ●━━━━● 황 색
- 향 : 배전향 ●━━━━● 약엽향
- 맛 : 우마미 ●━━━━● 떫은맛

맛차

호시노맛차 세이주
(星の抹茶 星授)

제조 호시노 제다원(星野製茶園)
품종 오쿠미도리(おくみどり),
아사히(あさひ),
사에미도리(さえみどり) 등
80℃
가격 20g/1,500엔
없음
문의처 0943-52-3151
URL https://www.hoshitea.com/

맛차(抹茶)에 적합한 품종을 엄선해 재배한 뒤 전통본 교쿠로 제다법으로 만든 최고급 맛차.
농도가 진한 고차(濃茶)용이지만 연한 농도의 우스차(薄茶)로도 즐길 수 있다.
차 절구로 곱게 간 맛차는 신선감과 향이 뛰어나다.

50℃	제조 호시노 제다원(星野製茶園)
	품종 오쿠미도리(おくみどり), 사에미도리(さえみどり), 오쿠미도리(おくみどり)
90초	가격 50g/2,000엔
	문의처 0943-52-3151
	URL https://www.hoshitea.com/

- 수색: 녹 색 ●———— 황 색
- 향 : 배전향 ————● 약엽향
- 맛 : 우마미 ●———— 떫은맛

호시노 제다원(星野製茶園)의 인기 상품이다.
감칠맛과 향이 뛰어난 '전통본 교쿠로(傳統本玉露)'를 대표하는 최고급 교쿠로이다.
부드러운 감칠맛으로 마시기 좋으며, 찬물로 우려내 마시는 것도 추천된다.

호시노교쿠로 호시노비원
(星の玉露 ほしの秘園)

사가현(佐賀縣)
우레시노차 (嬉野茶)

- 수색 : 녹 색 ●――◆―● 황 색
- 향 : 배전향 ●―◆――● 약엽향
- 맛 : 우마미 ●―◆――● 떫은맛

 가마이리차의 발상지에서 무시세이 다마료쿠차도 생산!

사가현(佐賀縣) 남서부에 자리한 우레시노정(嬉野町) 주변의 산간 지역에는 오랜 역사의 차 산지가 펼쳐져 있다. 이곳은 1504년 중국 명나라 시대 때 난징(南京)에서 가마솥(釜)이 전해지면서 일본에서 처음으로 찻잎을 가마솥에서 덖는 가마이리차(釜炒り茶) 제다법이 시작된다.

약 400도의 고온으로 가마솥 뚜껑에서 찻잎을 덖어서 산화를 중단시키는 가마이리차는 생산량은 적지만 우레시노차(嬉野茶)만의 독특한 차로서 꾸준한 인기를 얻고 있다.

오늘날에는 증기에 쪄서 만드는 녹차인 무시세이 다마료쿠차(蒸し製玉緑茶)의 생산도 활발하게 이루어지고 있다. 무시세이 다마료쿠차는 찻잎의 색이 깊고 윤기가 돌며, 맛과 향도 강한 것이 특징이다.

✽ 신차의 수확 시기는 봄의 4월 중순부터 시작되며, 가을, 겨울까지 총 4회에 걸쳐 수확이 이루어진다.

가마이리차
특상품 가마이리차
(特上釜いり茶)

제조 야마키원(山輝園)
품종 야부키타(薮北)
85℃
가격 100g/1,500엔
문의처 0954-43-3360
1분
URL http://www.yamakien.jp/

우레시노시(嬉野市)에서 매년 열리는 가마이리차(釜炒り茶)의 수작업 초청(炒青)의 시연 모습

🍵 500년 전통을 자랑하는 가마이리차는 향이 풍부하고 수색이 황금빛으로 영롱한 것이 특징이다. 목 넘김이 깔끔하여 많은 차인들을 사로잡고 있으며, 옛 전통 방식 그대로 만들어지는 매우 희귀한 차이다.

• 수색 : 녹 색 ──●── 황 색
• 향 : 배전향 ──●── 약엽향
• 맛 : 우마미 ──●── 떫은맛

우레시노 명차 유다케
무시세이 다마료쿠차
(嬉野銘茶 湯岳)

우레시노차(嬉野茶) 발상지의 비석

제조 이데료쿠 훈원(井手綠薫園)
품종 야부키타(薮北), 사에미도리(さえみどり)
80℃
가격 100g/1,500엔
문의처 0120-410-690
30~50초
URL http://www.ureshino-tea.co.jp/

🍵 창업 150년 전통을 자랑하는 오래된 점포의 무시세이 다마료쿠차(蒸し製玉綠茶). 떫은맛이 적고, 목 넘김이 부드러워 식사와 함께 즐겨도 잘 어울린다. 향이 고급스럽고 수색이 아름다워 매력적이다.

산간 지역에 계단식으로 펼쳐진 우레시노정(嬉野町)의 다원

- 수색 : 녹 색 ●━━━━● 황 색
- 향 : 배전향 ●━━━━● 약엽향
- 맛 : 우마미 ●━━━━● 떫은맛

쿠키호우지차
(茎ほうじ茶)

호우지차

95℃ / 1분

제조 야마키원(山輝園)
품종 야부키타(薮北)
가격 100g/600엔
문의처 0954-43-3360
URL http://www.yamakien.jp/

🍵 현재는 보기 드문 전통적인 '샤이리 제법(砂炒り製法)' 방식으로 만드는 호우지차. 샤이리 제법은 고온의 모래 속에 찻잎을 넣고 덖어 원적외선 효과로 감칠맛이 돋보이는 차로 만들어 준다.

PART 2 좋아하는 차를 찾아볼 수 있는 **지역별 일본차**(日本茶) 도감 • 153

나가사키현(長崎縣)
소노기차 (彼杵茶)

- 수색: 녹 색 ●●●●◆ 황 색
- 향 : 배전향 ◆●●●● 약엽향
- 맛 : 우마미 ●●●◆● 떫은맛

 나가사키현에서 차를 수출하였던 오래된 차 산지

나가사키현 중부에 자리한 히가시소노기정(東彼杵町)은 오래된 차 산지이다. 무시세이 다마료쿠차(蒸し製玉綠茶)를 중심으로 생산하지만, 전통적인 가마이리차(釜炒り茶)도 생산한다. 이곳에는 찻잎을 수확하기 전 며칠 동안 차광 재배하는 차밭들이 많다.

햇빛을 차단하여 품격 있는 향과 맛을 끌어낸다.

＊ 신차의 수확 시기는 4월 중순부터 시작된다.

가마이리차

나가사키 가마이리차 특상품
(長崎釜いり茶 特上)

- 제조 우에노하라 제다원 (上ノ原製茶園)
- 70℃ 품종 야부키타(藪北)
- 가격 100g/1,000엔
- 1분 문의처 0956-63-2712
- URL 없음

고토열도(五島列島)와 히라도섬(平戸島)이 바라보이는 계단식 밭에서 재배한 찻잎을 가마솥에 덖는 방식으로 차를 만든다. 증기로 찌는 무시세이 다마료쿠차(蒸し製玉綠茶)가 생산의 주를 이루는 지역에서 전통에 따라 부드러운 맛을 고집하며 만든다.

나가사키현(長崎縣)
세치바루차 (世知原茶)

- 수색: 녹 색 ●━━━◆━●━━━● 황 색
- 향: 배전향 ●━━◆━━━● 약엽향
- 맛: 우마미 ●━━◆━━━● 떫은맛

 서늘하면서 안개가 짙고 풍요로운 자연환경의 차 산지

1191년 에이사이(榮西) 선사가 송나라에서 나가사키현(長崎縣)의 히라도(平戶)로 **차 씨앗을 들여오면서 일본 각지에 차 문화가 퍼졌다.**

사세보시(佐世保市)의 산간 지역에 자리한 세치바루정(世知原町)은 히라도와 가까워 오래전부터 차나무가 자생하고 있었다고 한다. **서늘하고 안개가 짙은 기후는 차나무의 재배에 적합하여 메이지 시대**(明治時代, 1867~1912)**부터 차의 생산이 확대되었다.** 현재 **무시세이 다마료쿠차**(蒸し製玉綠茶)를 중심으로 차를 생산하고 있다.

산간 지역에 펼쳐진 아름다운 다원

무시세이 다마료쿠차
미네노쓰유 (峰の露)

- 제조: 마에다 제다(前田製茶)
- 품종: 야부키타(薮北)
- 가격: 100g/1,000엔
- 문의처: 0956-78-2627
- URL: 없음

60~70℃ / 80초

수색이 맑은 황록색으로 아름답고, 맛도 가볍게 마시기에 좋다.
뒷맛은 산뜻한 감칠맛이 이어진다.

PART 2 좋아하는 차를 찾아볼 수 있는 **지역별 일본차**(日本茶) **도감** • 155

나가사키현(長崎縣)
고토차 (五島茶)

- 수색: 녹색 ●●●◆● 황색
- 향: 배전향 ●◆●●● 약엽향
- 맛: 우마미 ●◆●●● 떫은맛

 섬의 환경을 활용한 새로운 차 산지

나가사키현(長崎縣)의 서부, 동중국해를 바라보는 고토열도(五島列島)에서는 온난한 기후를 활용하여 1997년부터 차나무의 재배가 시작되었다.
본래 고토 지방은 소의 축산지로도 유명한데, 퇴비를 풍부하게 사용할 수 있었기에 자연농법으로 차나무의 재배도 진행되었다.
고토차(五島茶)는 단맛이 강하고 목 넘김이 부드러운 것이 특징이다.

무시세이 다마료쿠차
(息吹) 유기녹차 이부키

제조 그린티 고토(Green Tea 五島)
품종 야부키타(薮北)
70~80℃
가격 100g/1,000엔
문의처 0959-72-4426
90초
URL http://tsubakicha.jp/

🍵 토양의 조성부터 각별하게 신경을 써서 차나무를 재배해 만든 고토차의 인기 상품. 찻잎을 **수확하기 일주일 전에 차밭을 덮개로 뒤덮어 차광 재배로 우마미**(감칠맛)**를 끌어낸 무시세이 다마료쿠차이다.** ✽ 맛은 쓴맛이 적고 풍미가 깊다.

구마모토현(熊本縣)
구마모토차 (熊本茶)

- 수색: 녹 색 ◆━━━ 황 색
- 향 : 배전향 ━◆━━ 약엽향
- 맛 : 우마미 ◆━━━ 떫은맛

🍵 규슈 지방 특유의 무시세이 다마료쿠차로 유명한 차 산지

구마모토현(熊本縣)은 일본의 주요 차 산지 중 하나이다. 차의 산지는 평야에서부터 산간 지역에 이르기까지 광범위하게 분포하고 있다. **각 지역의 자연환경을 활용하여 다양한 차들이 생산되는데, 이러한 차를 총칭하여 '구마모토차(熊本茶)'라고 한다.** 특히 무시세이 다마료쿠차의 생산이 활발하며, 그 생산량은 전국의 4분의 1을 차지한다.

무시세이
다마료쿠차

유가노고코치
(湧雅のここち)/(숙성 창고에서 출시)

80℃
1분

제조 JA 구마모토 경제연 차업센터
　　 (JA熊本経済連茶業センター)
품종 사에미도리(さえみどり),
　　 야부키타(薮北), 오쿠유타카(おくゆたか),
　　 오쿠미도리(おくみどり) 등
가격 80g/1,000엔
문의처 0964-33-5715
URL http://kumamotocha.jp/

🍵 구마모토현에서 3성(★★★) 등급으로 인증한 차. **차나무의 재배 방식, 품질, 수령, 함유 성분 등에서 높은 기준을 설정하고, 이 모든 조건을 충족한 차만 출시된다.**
* 맛이 부드러운 것이 특징이다.

구마모토현(熊本縣)
야베차 (矢部茶)

- 수색: 녹 색 ●━━◆━━● 황 색
- 향: 배전향 ●━━◆━━● 약엽향
- 맛: 우마미 ●━◆━━━● 떫은맛

 가마이리차와 무시세이 다마료쿠차의 생산이 활발한 차 산지

구마모토현(熊本縣) 중부의 야마토정(山都町)에서는 가마솥에 찻잎을 덖는 제다법이 전해진 시기부터 차 산업이 발전해 왔다. **에도 시대**(江戶時代, 1603~1867)**에는 차가 히고 번**(肥後藩)**에 헌상되기도 했다.** 현재는 가마이리차와 무시세이 다마료쿠차를 중심으로 생산하고 있다.

높은 해발고도로 낮과 밤의 일교차가 커서 단맛과 향이 강한 차들이 생산된다.

가마이리차
가마이리야베차 마로미
(釜炒り矢部茶 まろみ)

- 제조 시모다 다원(下田茶園)
- 품종 오쿠유타카(おくゆたか)
- 가격 50g/1,000엔
- 문의처 0967-72-0244
- URL 없음

80℃ / 2분

🍵 약 30년 이상을 무농약으로 재배해 온 시모다 다원(下田茶園)이 독자적으로 개발한 시모다식의 덖기 기계를 사용해 오쿠유타카(おくゆたか) 품종의 일아삼엽(一芽三葉)만 따서 정성스럽게 만들었다.

✱ 향이 매우 풍부하여 긴 여운을 남기는 것이 특징이다.

구마모토현(熊本縣)
다케마차 (岳間茶)

- 수색 : 녹 색 ●----● 황 색
- 향 : 배전향 ●----● 약엽향
- 맛 : 우마미 ●----● 떫은맛

호소카와 번주에 헌상된 차

다케마(岳間)는 구마모토현(熊本縣) 최북부에 자리한 야마가시(山鹿市) 가호쿠정(鹿北町)의 지명이다. 에도 시대(江戸時代, 1603~1867)에는 히고번(肥後藩) 번주인 호소카와(細川) 가문에 다케마차(岳間茶)가 헌상되었다는 이야기가 전해진다. **낮과 밤의 일교차가 크고, 사계절의 변화도 뚜렷하여 찻잎이 두껍게 자라는 것이 특징이다.** 후카무시 센차(深蒸し煎茶)와 무시세이 다마료쿠차(蒸し製玉緑茶)로 가공된다.

후카무시 센차
아사기리 (朝霧)

제조 다케마 제다(岳間製茶)
품종 야부키타(藪北)
60℃ 가격 100g/1,500엔
문의처 0968-32-2526
1분 URL http://takema-tea.biz/

- 겨울에 눈이 많이 쌓이는 해발고도 300m의 다원에서 자란 찻잎은 두꺼워서 증기로 깊게 찌는 방식이 적합하다. **수색은 짙은 녹색을 띤다.**
* 쓴맛이 적고, 우마미(감칠맛)가 풍부하여 깊은 맛을 느낄 수 있다.

오이타현(大分縣)
야바케이차 (耶馬溪茶)

- 수색 : 녹 색 ◆・・・ 황 색
- 향 : 배전향 ・・◆・ 약엽향
- 맛 : 우마미 ・◆・・ 떫은맛

 대자연이 길러 낸 안전하고 안심할 수 있는 차

오이타현(大分縣) 북서부의 기암괴석이 펼쳐지는 명승지로 유명한 니카쓰시(中津市) 야바케이정(耶馬溪町) 지역에는 깊은 계곡 속에서 차밭이 펼쳐진다. **이러한 지리적 환경으로 인해 차량의 출입이 제한되어 자동차 배기가스에 영향을 받지 않아 맑은 공기 속에서 새싹들이 자란다.** 또한 낮과 밤의 일교차가 크고 아침 안개가 자주 껴서 향이 훌륭한 차들이 생산된다.

＊ 신차의 수확 시기는 5월 초순부터 시작된다.

가부세차
야바케이차 (耶馬溪茶)

- 제조 야바케이 제다(耶馬溪製茶)
- 품종 야부키타(薮北)
- 가격 80g/1,000엔
- 문의처 0979-27-4881
- URL http://www.yabakeitya.com/
- 70℃
- 1분

이 가부세차는 농업용 차량 외에는 일절 차량이 다니지 않는 해발고도 약 400m의 청정한 자연환경 속에서 정성스럽게 재배된 찻잎으로 만들었다.
차광막을 씌워 재배한 찻잎으로 만든 차는 부드러운 감칠맛이 특징이다.

오이타현(大分縣)
인비차 (因尾茶)

- 수색: 녹색 ●━━━━● 황색
- 향: 배전향 ●━━━━● 약엽향
- 맛: 우마미 ●━━━━● 떫은맛

 가마이리차의 전통을 계승하고 있는 차 산지

오이타현(大分縣) 남부 사에키시(佐伯市) 혼쇼인비(本匠因尾) 지역에서 생산된다. 반딧불이의 서식지이자 물이 맑기로 유명한 반죠강(番匠川) 주위로 해발고도 약 300m의 산간 지대에 차밭이 펼쳐진다.

이 지역에는 에도 시대(江戶時代, 1603~1867) **중기에 가마이리차 제다법이 전해졌으며, 오늘날에도 차 생산이 주를 이루고 있다. 생잎을 약 300도로 가열한 철제 가마솥 뚜껑에 놓고 덖는 것이 특징이다.**

＊ 신차의 수확 시기는 약 5월 상순부터 시작된다.

가마이리차
인비차 상등품
(因尾茶 上選)

제조 기마리(きらり)
품종 야부키타(薮北)
80℃ 가격 100g/800엔
문의처 0972-56-5262
1분 URL 없음

철제 솥뚜껑에서 덖은 가마이리차이다. 수색이 맑고 아름다운 황색을 띠고, 향은 고소하고 은은한 것이 특징이다. 목 넘김이 깔끔하여 일상적으로 즐기기에 좋은 차이다.

미야자키현(宮崎縣)
미야코노조차 (都城茶)

- 수색: 녹 색 ◆···· 황 색
- 향: 배전향 ··◆·· 약엽향
- 맛: 우마미 ··◆·· 떫은맛

🫖 우지 지역에서 센차 제다법이 전해진 차 산지

미야자키현 남서부 기리시마연산(霧島連山)이 바라보이는 미야코노조분지(都城盆地)는 유서 깊은 차 산지로 유명하다.

미야코노조분지의 기후는 분지 특유의 큰 일교차를 보인다. 이로 인해 차나무의 생육에 적합하여 예로부터 차나무가 자생하였던 것으로 전해진다.

 이곳에 차나무가 본격적으로 재배된 것은 에도 시대(江戶時代, 1603~1867) 이후의 일이다.

당시 대표적인 차 산지였던 교토부의 우지 지역과 기후와 지형이 비슷하다는 점에 주목한 미야코노조(都城) 시마즈번(島津藩)의 전속 의사인 번의(藩醫)가 우지에서 센차 제다법을 익혀서 돌아와 번 내로 보급했다고 전해진다.

그 뒤 미야코노조의 센차는 품질이 높기로 유명하였으며, 1757년에는 일본 황실에 헌상되어 국화 문장이 새겨진 찻잔을 받는 영예를 얻었다고 한다.

센차
가리노센차 요카니세
(香りの煎茶 よかにせ)

제조 오차노사카모토(お茶のさかもと)
품종 야부키타(薮北), 오쿠미도리(おくみどり)
가격 100g/1,000엔
문의처 0986-52-0304
URL http://www.ochasaka.com/
70℃ / 30초

🍵 미야코노조 지역의 방언으로 '호남아'라는 뜻을 지닌 이름의 차이다.
이름에 남성의 시원시원한 느낌을 표현한 차이다.
보통 정도로 증기에 찐 센차로서 향이 신선하고 감칠맛이 깔끔하여 인기가 매우 높다.

미야자키현(宮崎縣)
고카세 가마이리차(五ヶ瀬釜炒り茶)

- 수색 : 녹 색 ●●●●◆● 황 색
- 향 : 배전향 ●●●◆●● 약엽향
- 맛 : 우마미 ●●●◆●● 떫은맛

 야생 차나무가 자생하는 오래된 차 산지

미야자키현 북서부 구마모토현과 경계에 있는 니시우스키군(西臼杵郡)의 고카세정(五ヶ瀬町)은 해발고도 500m~800m의 산간 지역에 차밭이 펼쳐져 있다. **이 지역에는 예로부터 야생 차나무가 자생해 왔고, 전통적으로 가마이리차(釜炒り茶)를 생산하고 있다.** 서늘한 기후로 인해 해충이 적어 차나무의 재배에 유리하여 **가마이리차의 특산지로 유명하다.**

고카세정(五ヶ瀬町)의 찻잎 수확기 모습

가마이리차
특상품 미야마 노쓰유
(特上深山の露)

- 제조 사카모토원(坂本園)
- 품종 야부키타(薮北)
- 가격 100g/1,000엔
- 문의처 0982-82-1073
- URL http://teafarmsakamoto.com/

70℃ / 1분~90초

● 황금빛으로 윤기가 도는 수색이 특징인 최상급의 가마이리차.
산간 지역에서 생산되어 향이 매우 풍부하고 찬물로 우려내도 향이 훌륭하다.
* 은은한 떫은맛과 단맛의 뒷맛이 매력적이다.

가고시마현(鹿兒島縣)
가고시마차 (鹿兒島茶)

- 수색 : 녹 색 ●━━━━━━ 황 색
- 향 : 배전향 ━━●━━━━ 약엽향
- 맛 : 우마미 ━━━●━━━ 떫은맛

🫖 다품종 재배로 오랜 기간 수확이 가능한 차 산지

규슈(九州) 본토의 최남단, 가고시마현(鹿兒島縣)에서 생산되는 차를 통틀어 이르는 말인 가고시마차(鹿兒島茶). 가고시마현에서 차나무의 재배가 시작된 것은 800년 전이라고 하지만, 산업으로서 본격적으로 생산되기 시작한 것은 메이지 시대(明治時代, 1867~1912)**부터이다.**

가고시마현은 차를 해외로 수출하기 위해 새로운 차밭을 잇따라 개간하였는데, 지금처럼 규모가 큰 차밭이 펼쳐진 풍경은 가고시마현만의 독특한 모습이며, 그 광경은 압도적이다. 현재는 일본 전국에서도 차 생산량이 2위를 자랑한다.

 가고시마차의 생산지는 북쪽에서 남쪽까지 광범위하게 퍼져 있으며, 대부분이 일조 시간이 긴 평탄지에 있다. 그로 인해 신차의 수확 시기는 3월 하순부터 4월 초순에 시작된다.
조생종부터 만생종까지 다양한 품종이 재배되고 있어 수확 기간이 다른 지역보다 긴 것이 특징이다. 또한 첫물차, 두물차뿐만 아니라 세물차, 네물차에 뒤이어 가을, 겨울까지 수확하는 곳도 있다.

수령 100년인 기리시마시(霧島市)의 대차수(大茶樹). 기리시마시의 천연기념물로 지정되어 있다.

센차

(奧霧島茶)

오쿠기리시마차

제조 가고시마 제다(鹿兒島製茶)
품종 야부키타(藪北), 사에미도리(さえみどりなど)
가격 100g/1,000엔
문의처 0120-353-204
URL http://birouen.com

70℃
1분

- 130년 역사와 전통을 자랑하는 오래된 점포에서 만든 품격 있는 센차(煎茶). 기리시마산(霧島山)에서 자란 찻잎을 엄선하여 향에 특별히 신경을 써서 완성한 차이다.
* 떫은맛과 단맛의 균형이 훌륭하고, 깔끔한 뒷맛이 특징이다.

싱그러운 새싹의 수확은 3월 하순부터 시작된다.

- 수색 : 녹 색 ●●●◆● 황 색
- 향 : 배전향 ●◆●●● 약엽향
- 맛 : 우마미 ●◆●●● 떫은맛

후카무시센차

유타카미도리 센료
(ゆたかみどり 千両)

제조 시모도원(下堂園)
품종 유타카미도리
　　　(ゆたかみどり)
가격 100g/1,000엔
문의처 0120-25-2337
URL http://www.shimo.co.jp/

70~80℃
1분

🍵 가고시마차를 대표하는 차나무 품종인 유타카미도리(ゆたかみどり)의 찻잎을 증기로 깊게 찐 센차(煎茶). 향이 강한 것이 특징이기에 향을 즐기고 싶은 사람에게 추천된다.

✼ 포근하고 깊은 우마미(감칠맛)가 느껴지는 맛이다.

가이몬산(開聞岳)이 바라보이는 광대한 다원

- 수색 : 녹 색 ●─●─●─● 황 색
- 향 : 배전향 ●─●─●─● 약엽향
- 맛 : 우마미 ●─●─●─● 떫은맛

후카무시센차
유키후카 콘
(雪ふか献)

제조 도코원(特香園)
품종 유타카미도리(ゆたかみどり),
사에미도리(さえみどり),
아사쓰유(あさつゆ)
80℃
가격 100g/1,000엔
문의처 0120-012679
1분
URL http://www.tokkoen.co.jp/

가고시마현에서 사랑을 받는 세 품종의 차나무에서 찻잎을 따서 블렌딩하여 증기로 깊게 찐 센차(煎茶). 각 품종의 장점을 끌어낸 선명한 수색, 깊이 있는 맛, 단맛의 긴 여운이 인상적이다.

가고시마현(鹿兒島縣)
지란차 (知覽茶)

- 수색: 녹 색 ◆―――― 황 색
- 향: 배전향 ――◆―― 약엽향
- 맛: 우마미 ――◆―― 떫은맛

🍵 전국적으로 유명한 가고시마현의 명차 (名茶) 산지

사쓰마반도(薩摩半島) 남부에 자리한 미나미큐슈시(南九州市)의 지란정(知覽町)은 가고시마현 내에서도 특히 차나무의 재배로 유명한 지역이다. **센차**(煎茶)**나 증기로 깊이 찐 후카무시 센차**(深蒸し煎茶)**의 생산이 주를 이룬다.**

지란정 중부에서 남부에 걸쳐 펼쳐진 온난한 평야 지대에는 차를 효율적으로 생산할 수 있는 대규모 다원이 펼쳐진다. **신차의 수확 시기가 이르며, 특히 4월 초에는 첫물차가 수확된다.** 한편, 북부의 산간 지역에서는 낮과 밤이 일교차로 인해 귀한 고급 차가 생산된다.

완만한 산비탈에 아름답게 펼쳐지는 다원

센차

지란차 사쓰마야부키타 하나
(知覽茶 さつまやぶきた華)

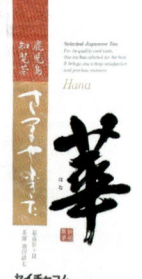

제조 이케다 제다(池田製茶)
품종 야부키타(薮北), 사에미도리(さえみどりなど), 아사쓰유(あさつゆ), 유타카미도리(ゆたかみどり), 오쿠미도리(おくみどり)
80℃
1분
가격 100g/1,000엔
문의처 099-267-8980
URL http://www.seicha.com

차심사기술 최고위(茶審査技術最高位)인 10단의 차 장인이 다섯 품종의 찻잎을 블렌딩해 만든 지란차. 떫은맛을 줄이고 화려함을 살렸으며, 긴 여운의 달콤한 불 향이 특징이다.

＊ 목 넘김이 부드럽고 깔끔하다.

가이몬산의 기슭에 펼쳐지는 다원의 전경

- 수색 : 녹 색 ●━━━━ 황 색
- 향 : 배전향 ━━●━━ 약엽향
- 맛 : 우마미 ━●━━━ 떫은맛

센차

지란산 아사쓰유
(知覧産 あさつゆ)

70℃ / 1분

제조 가고시마 제다(鹿兒島製茶)
품종 아사쓰유(あさつゆ)
가격 100g/1,300엔
문의처 0120-353-204
URL http://birouen.com

밤이나 에다마메(枝豆)(풋콩)를 떠올리게 하는 풍미와 눈이 번쩍 뜨일 정도로 선명한 수색이 특징인 아사쓰유(あさつゆ). * 천연 교쿠로(玉露)로 불리는 희귀한 품종의 센차이다.

가고시마현(鹿兒島縣)
에이차 (えい茶)

- 수색 : 녹 색 ●●●●● 황 색
- 향 : 배전향 ●●●●● 약엽향
- 맛 : 우마미 ●●●●● 떫은맛

풍요로운 자연환경이 길러낸 향기로운 센차 (煎茶)

사쓰마반도(薩摩半島) 남부 산기슭의 미나미큐슈시(南九州市) 에이정(頴娃町)은 가고시마현에서 지란정과 더불어 이름난 명차 산지이다. **해발고도 100m~400m의 구릉지에 차밭이 펼쳐져 있다.** 기후가 온난하면서도 낮과 밤의 일교차가 큰 환경 속에서 차나무들을 정성스럽게 재배하여 센차를 주로 생산한다. 이 지역 특유의 조생종 차나무도 재배되는데, 4월 초부터 찻잎의 수확이 시작된다.

후카무시 센차
가이몬미도리
(かいもんみどり)

가이몬산의 기슭에 펼쳐지는 다원의 전경

80℃
제조 고이소 제다(小磯製茶)
품종 야부키타(薮北), 아사쓰유(あさつゆ),
가격 100g/1,500엔
30초 문의처 099-258-8832
URL 없음

선명한 수색을 지닌 품종인 사에미도리(さえみどり)와 야부키타(薮北)의 찻잎을 블렌딩하여 증기로 깊게 찐 센차. 우마미(감칠맛)가 부드러워 기분이 좋다.

오키나와현(沖繩縣)
얀바루차 (やんばる茶)

- 수색 : 녹 색 ◆◆◆◆ 황 색
- 향 : 배전향 ◆◆◆◆ 약엽향
- 맛 : 우마미 ◆◆◆◆ 떫은맛

 소량으로 한정 생산되는 '환상의 차'

오키나와섬 최북단의 있는 작은 마을인 구니가미촌(國頭村)의 깊숙한 지역.
이곳은 3월 초에 첫물차를 수확할 수 있어 신차 출시가 가장 빠르다.
1929년부터 차나무가 본격적으로 재배되었는데, 주로 센차를 중심으로 생산한다.
그 생산량은 비록 적지만 다양한 품종의 차나무들이 재배되고 있다.

3월 신차를 위해 찻잎을 수확하기 전의 다원

센차

오쿠미도리 인자쓰
(奧みどり いんざつ)

제조 오쿠 차업조합(奧茶業組合)
품종 인자쓰(いんざつ)
80℃ 가격 100g/575엔
문의처 0980-41-8101
1분 URL 없음

차나무인 인자쓰(いんざつ)는 인도 아삼계 품종으로서 일본 내에서 차의 생산량이 매우 적다.
꽃과 같은 화려한 향이 입안에서 코로 퍼지는 희소가치가 높은 센차가 만들어진다.

차의 전문가가 엄선!
차의 명인 (名人)이 추천하는 차

수많은 차들 중에서도 엄선된 차를 제공하며,
차 업계에서도 주목을 받는 명인들.
그들에게 차에 대한 집념과 함께 강력히 추천하는 명차에 대하여 들어 보았다.

명인(名人) / 차상(茶商)

 ## 다카우 마사미쓰 (高宇政光)/시게쓰원 (思月園)

일본 각지에 남아 있는 재래종에도 주목하고 싶다!

자신의 차 상점을 '차(茶)의 실렉션 숍'이라고 말하는 다카우 씨는 도쿄라는 거대한 소비지의 차 상인으로서 지금까지 수많은 차 산지를 찾아다녔다. 그중에는 "이런 곳에서도 차가 만들어지다니!" 하고 깜짝 놀랄 만한 작은 차 산지들도 있었는데, 그는 그런 산지의 차에 깃든 헤아릴 수 없는 다양성을 자신의 상점을 통해 알리고 싶다고 한다.
그가 특히 중요하게 여기는 것은 각 지역에 남아 있는 재래종의 차나무들이다.

"현재 일본에서 재배되는 차나무의 약 80%는 생산성이 높은 '야부키타(藪北)'라는 품종이에요. 그렇기에 토양에 뿌리를 내린 재래종을 지켜 나가야 한다는 인식이 필요해요."

재래종 차나무는 차의 품질을 일정하게 유지하기 어려워 생산자들 입장에서는 단점도 많다고 말하자, 그는 다음과 같은 입장을 밝혔다.

"그래도 좋은 차를 만들기 위해 애쓰는 생산자들이 있어요. 저는 차 상인의 입장에서 그들을 조금이라도 응원하고 싶어요."

이번에 그가 선택한 '고미나미(こみなみ)'도 그런 차 중의 하나이다.
이외에도 차의 다양성을 배울 수 있는 다양한 브랜드를 소개해 주었다.

"이게 맛있는 차라고 굳이 말하지 않겠어요. 많은 선택지 중에서 자신이 좋아하는 차를 발견한다면 그걸로 충분하답니다."

차의 상품이 100종류 이상 항상 진열되어 있는 다카우 씨의 상점

◆ **다카우 마사미쓰**
(高宇政光)

차상(茶商). 일본차 인스트럭터. 일본차를 올바로 우려내는 방법의 보급에도 힘쓰면서 국내외의 티 세미나에서 강사로 활동하고 있다.

시게쓰원 (思月園)
주소 도쿄도(東京都) 기타구(北区) 아카바네(赤羽) 1-33-6
문의처 03-3901-3566
URL http://teashop-shigetuen.la.coocan.jp

좀처럼 만날 수 없는 희소 품종
센차 **고미나미** (こみなみ)

🌡 80℃
⏱ 30초

시즈오카현에서도 단 두 농가에서만 생산하는 희소 품종으로 만든 차이다. 떫은맛이 없고 부드러운 맛이 특징이다. 품종이 서리에 약해 수확이 불가능한 해도 있다.

품종 고미나미(こみなみ)/미등록
가격 100g/2,000엔

- 수색 : 녹 색 ◆──── 황 색
- 향 : 배전향 ───◆─ 약엽향
- 맛 : 우마미 ───◆─ 떫은맛

차 본연의 풍미를 온전히 즐길 수 있는
센차 **천연 아라즈쿠리차** (天然 荒づくり茶)

🌡 80℃
⏱ 30초

찻잎과 줄기를 모두 사용하여 맛이 독특하다. 부위마다 알맞은 방식으로 건조하여 구수한 향과 아름다운 수색을 끌어냈다. 시즈오카산 찻잎을 사용해 만든다.

품종 야부키타(薮北)
가격 200g/1,500엔

- 수색 : 녹 색 ◆──── 황 색
- 향 : 배전향 ─◆─── 약엽향
- 맛 : 우마미 ◆──── 떫은맛

독자적인 제다법으로 더욱 고소하게 만든 일품
호우지차 **쿠키호우지차** (茎ほうじ茶)

🌡 100℃
⏱ 1분

차 상인이 직접 원적외선을 사용하여 푹신하게 덖어 낸 쿠키차(茎茶)와 직화로 진하게 덖은 메차(芽茶)를 블렌딩한 것이다. 정성을 다해 향과 맛의 균형을 잡은 호우지차이다.

품종 야부키타(薮北)
가격 100g/800엔

- 수색 : 녹 색 ───◆─ 황 색
- 향 : 배전향 ◆──── 약엽향
- 맛 : 우마미 ───◆─ 떫은맛

각 지역에서 추천하는 차를 간편하게 체험하는
티백 4개의 팩

🌡 80℃
⏱ 1분

시즈오카현, 우지시, 가고시마현의 센차와 아라즈쿠리차가 든 티백 4개의 팩은 차의 품종도 다양한 구성을 자랑한다. 찻주전자가 없어도 간편하게 비교 시음을 즐길 수 있다.

가격 3g × 4개/430엔

명인(名人) / 차사(茶師)

마에다 후미오 (前田文男) / 마에다 고타로 상점 (前田幸太郎商店)

산지 특색을 살린 궁극의 블렌드

'블렌딩하면 더 좋아지는 차'는 경험을 쌓아야만 알 수 있다. 이는 차의 품질을 꿰뚫어 보는 명인(名人)으로 차 업계에 널리 알려진 마에다 씨가 원료를 고르는 일의 어려움에 대해 설명한 말이다. 예를 들어 값비싼 차는 원료 찻잎인 아라차(荒茶)의 단계에서부터 형태가 정돈되어 있어 누가 보아도 좋은 차라고 할 수 있다. 그러나 그런 외형이 아닌 차 속에서도 빛이 나는 차들이 있다. 마에다 씨가 찾은 것이 바로 그런 차이다. **마에다 씨가 블렌딩에 사용하는 것은 주로 세 산지의 차들이다.** 그에 따르면, 신차의 출시 시기가 시즈오카현(静岡縣)에서도 가장 빠르고, 수색이 맑게 나오는 **하쓰쿠라정(初倉町)의 차**, 깔끔한 맛이 특징인 **미야자키현(宮崎縣)의 차**, 여기에 맛이 진한 **고치현(高知縣)의 차**를 조합하면 부드러우면서도 인상 깊은 맛의 차로 완성된다고 한다.

마에다 씨는 블렌딩에 대하여 다음과 같이 말한다.

"무조건 최선을 다해 차를 살핍니다. 좋은 부분을 갈고닦아 맛있게 완성하는 것이 제 일이에요."

같은 산지의 차라도 수확 시기나 차밭의 상태에 따라 품질이 달라진다. 이러한 상황 속에서 그는 수많은 아라차(荒茶) 중에서 향기를 감별해 낸다. 그 뒤 마지막 공정인 '불 조절'을 통해 차의 개성을 최대한 발휘하고, 또한 각 찻잎들의 특징을 잘 살리도록 블렌딩을 진행한다. 이에 대해 그는 부연 설명을 한다.

"불 조절은 온도 1도의 차이로 향과 맛이 달라져 매우 신경을 쓴답니다. 신경을 많이 쓸수록 더 섬세한 차를 만들 수 있어요."

그가 만든 깊이 있는 차의 향미를 꼭 한 번 음미해 보길 추천한다.

신차의 계절이 되면 차들로 가득 차는 나무 상자와 차 가공 공장 실내 모습

◆ **마에다 후미오**
(前田文男)

샐러리맨 생활을 거쳐 조부 때부터 이어져 온 제다 도매상에서 제다 기술을 익혔다. 1997년 전국차심사기술경기대회(全國茶審査技術競技大會)에서 사상 최초로 10단을 획득하였다.

마에다 고타로 상점
(前田幸太郎商店)

주소 시즈오카현(静岡縣), 시즈오카시(静岡市), 아오이구(葵區), 기타반정(北番町) 15
문의처 054-271-1950
URL http://www.geocities.jp/yamahachi_cha/

제철의 맛을 가득 담아 풍미 깊은 일급품
센차 차사의 극치, 미야비노카가야키
(茶師の極 雅の輝)

60~70℃
1분

희소한 신차만 블렌딩한 고급차. 신선한 새싹의 상쾌한 향과 품격 있는 맛이 긴 여운을 남긴다. 시즈오카현의 명차로서 이름이 높다. 모토야마차(本山茶)도 블렌딩되어 있다.

품종 야부키타(薮北)
가격 100g/1,500엔

- 수색: 녹 색 ━━━━━ 황 색
- 향 : 배전향 ━━━━━ 약엽향
- 맛 : 우마미 ━━━━━ 떫은맛

향, 단맛, 쓴맛, 떫은맛의 균형이 절묘한
센차 일엽에 혼을 담은 미도리노시즈쿠
(一葉入魂 緑の雫)

70℃
1분

부드럽고 편안하게 휴식을 취할 수 있는 온화한 향미의 센차. 단맛이 산뜻하여 식후에도 즐기기에 좋다. 고급차에 뒤지지 않는 풍부한 향을 느낄 수 있다.

품종 야부키타(薮北)
가격 100g/1,000엔

- 수색: 녹 색 ━━━━━ 황 색
- 향 : 배전향 ━━━━━ 약엽향
- 맛 : 우마미 ━━━━━ 떫은맛

두 차례나 우려내 즐길 수 있는 맛차 함유의 티백
명인 손맛의 '오모테나시'
(名人仕立て おもてなし)

70~90℃
1분

깊은 맛의 녹차에 니시오시(西尾市)에서 생산된 맛차(抹茶)를 뿌려 감칠맛과 색감을 더하였다. 첫 번째 우릴 때는 빠르게 우려내 맛차의 맛을 즐기고, 두 번째 우릴 때는 센차의 우마미(감칠맛)를 즐길 수 있다.

품종 야부키타(薮北)
가격 22개/600엔

- 수색: 녹 색 ━━━━━ 황 색
- 향 : 배전향 ━━━━━ 약엽향
- 맛 : 우마미 ━━━━━ 떫은맛

명인(名人) / 차사(茶師)

야마구치 신야 (山口眞也)/호시노 제다원 (星野製茶園)

최고의 기술로 완성한 신선한 차

고급 교쿠로(玉露) 산지인 후쿠오카현(福岡縣) 호시노촌(星野村)에서 차 산업에 종사하는 야마구치 씨는 차에 대하여 이렇게 설명한다.

"차를 좋아하는 분들은 마음에 드는 차만 계속 마시는 경우가 많아 상품의 품질 관리가 매우 중요하답니다. 이 품질 관리가 곧 신뢰로 이어지기 때문입니다."

그에 따르면, 브랜드에 따라서는 1년에 10회 이상이나 가공하지만, 단 한 번이라도 향이나 맛이 크게 달라지면 고객의 신뢰가 무너진다고 한다. 원료를 엄선하고 신선도를 중요하게 여기면서 가공을 마무리해야 한다는 것이다.

"요리에서도 일본인은 회 같은 생식을 즐깁니다. 이는 신선도에 대한 의식이 매우 높다는 방증이 아닐까요?"

호시노 제다원(星野製茶園)에서는 영하 30도까지 얼릴 수 있는 냉동고를 자체적으로 갖추고 항상 신선한 원료를 사용한다. 이것이 핵심 마무리 공정에서 가장 큰 역할을 한다. 계절에 따라서 덖기 과정에서 불의 세기를 절묘하게 조절하여 마시기에 좋은 차를 만드는 것도 차 장인의 기술이다.

◆ **야마구치 신야**
(山口眞也)

호시노 제다원(星野製茶園)의 차사(茶師)로서 지역 생산자들과 협력하여 야메차의 품질 향상에 힘쓰고 있다. 일본차 인스트럭터이며, 2011년에는 차심사기술(茶審査技術) 10단으로 공인을 받았다.

호시노 제다원 (星野製茶園)
주소 후쿠시마현(福岡縣) 야메시(八女市) 호시노촌(星野村) 8136-1
문의처 0943-52-3151(보틀링 티 전용 : 0466-29-9591)
URL https://www.hoshitea.com/

야메차 (八女茶) 특유의 풍부한 맛

🍃 센차 **호시노사쓰키** (星野さつき)

🌡 70℃
⏱ 1분

호시노 제다원(星野製茶園)의 대표 브랜드 센차(煎茶). 엄선한 아라차를 독자적인 방식으로 불의 맛을 더해 향기, 우마미(감칠맛), 떫은맛을 충분히 살려냈다. 매일 마셔도 질리지 않는 맛이다.

품종 야부키타(薮北), 사에미도리(さえみどり)
가격 100g/1,000엔

- 수색: 녹 색 ●━━━●━━━ 황 색
- 향: 배전향 ━━━●━━━ 약엽향
- 맛: 우마미 ●━━━━━━━ 떫은맛

향미를 중요시하는 전문가 취향의 차

🍃 센차 **야메 특급 센차 S 인증** (八女特煎S印)

🌡 70℃
⏱ 1분

의도적으로 노지 재배한 힘찬 찻잎을 엄선하여 만들었다. 우마미(감칠맛)와 함께 뚫고 나갈 듯한 상쾌한 향이 느껴진다.

품종 야부키타(薮北), 쓰유히카리 등(つゆひかり) (해마다 달라짐)
가격 100g/1,000엔

- 수색: 녹 색 ━━●━━━━ 황 색
- 향: 배전향 ━━━●━━━ 약엽향
- 맛: 우마미 ━━●━━━━ 떫은맛

와인처럼 즐기는 지극히 훌륭한 교쿠로

🫖 교쿠로 **King of Green HIRO**
(프리미엄 나무상자 포함)
HIRO 프리미엄 병입 차 (보틀링 티)

💧 없음
⏱ 없음

손으로 직접 딴 찻잎으로 만든 교쿠로를 3일에 걸쳐 물로만 우려낸 뒤 가열하지 않고 필터 방식으로 살균한 고급차이다. 차의 개념을 뛰어넘는 깊고 풍부한 맛을 자랑한다.

품종 사에미도리(さえみどり)
가격 750mL/26,000엔

- 수색: 녹 색 ━━━●━━━ 황 색
- 향: 배전향 ━━━●━━━ 약엽향
- 맛: 우마미 ━━●━━━━ 떫은맛

명인(名人) / 차사(茶師)

히루마 요시아키 (比留間嘉章) / 차공방 히루마원 (茶工房比留間園)

향기로운 사야마차 (狹山茶) 특유의 맛을 끌어낸 차

사이타마현(埼玉縣) 이루마시(入間市)에서 차나무의 재배에서부터 제다, 판매까지 직접 담당하는 히루마 씨는 손으로 비비는 유념을 통해 차를 만드는 '수예차(手揉茶)'의 명인이다. 그는 수예차를 고집하는 이유에 대해 다음과 같이 설명한다.

"기계로 만든 차 중에서도 맛있는 것이 많지만, 손으로 찻잎을 직접 비벼서 차를 만드는 수예차 제다법을 본보기로 삼는 이상은 수예차를 능가하는 것은 없답니다."

하나를 만들기 위하여 이틀간의 시간이 걸린다는 최고급 수예차는 히루마 씨가 정성을 다해 만드는 최고의 걸작이다. 그리고 히루마 씨가 오랫동안 힘써 온 또 하나의 새로운 장르는 **경미산화차**이다. 이에 대해서도 히루마 씨는 설명해 준다.

"사이타마 육성 품종의 특징은 향기에 있어요. 찻잎에 햇빛 등의 스트레스를 가하는 위조(萎凋) 과정을 거치면 향이 더욱더 강해진답니다."

위조는 부분 산화차를 만들 때 진행하는 과정이다. 이번에 소개하는 차 상품인 '세이카코(淸花香)'나 '티백'도 그런 사야마차(狹山茶)의 개성을 잘 드러낸 제품이다.

독자적으로 개발한 시스템으로 찻잎에 자외선을 쬐는 모습

◆ **히루마 요시아키**
(比留間嘉章)

연구심과 도전 정신으로 매력적인 사야마차를 만들어 내는 일본차 인스트럭터. 2013년 전국 수제차품평회에서 농림수산대신상을 수상하였다.

차공방 히루마원 (茶工房比留間園)
주소 사이타마현(埼玉縣) 이루마시(入間市) 가미야누키(上谷ヶ貫) 616
문의처 04-2936-0491
URL http://gokuchanin.com/

장인의 기술이 만들어 내는
최고의 수예차 (手揉茶)

 **일본에서 최고가의 차**

50℃ / 2분 30초

전국 수제차(手製茶) 품평회에서 1위를 차지하고, 연간 300g만 한정 판매하는 수예차(手揉茶). 수색이 맑고 투명하며, 찻물에서는 상상할 수 없을 만큼의 풍부한 우마미(감칠맛)와 어린 새싹의 신선한 향이 느껴진다.

품종 야부키타(薮北)
가격 3g/5,000엔

- 수색 : 녹 색 ●━━◆━━● 황 색
- 향 : 배전향 ●━━◆━━● 약엽향
- 맛 : 우마미 ◆━━●━━● 떫은맛

사이타마현에서 탄생한
'향기를 마시는 차'

경미산화차 **세이카코** (淸花香)

80℃ / 20초

히루마 씨가 직접 개발한 자외선조사방향장치(紫外線照射芳香裝置)를 통하여 일반적인 센차 제다 공정으로는 만들기 어려운 꽃이나 잘 익은 과일 향기를 끌어낸 차이다.

품종 사야마카오리(さやまかおり)
가격 60g/1,000엔

- 수색 : 녹 색 ●━━◆━━● 황 색
- 향 : 배전향 ●━━◆━━● 약엽향
- 맛 : 우마미 ●━━◆━━● 떫은맛

찻잔에 넣은 채로 두어도
맛있게 마실 수 있는 차

 교쿠로 **차를 맛있게 마시기 위해 고안된 티백**

100℃ / 30초 이상

떫은맛이 잘 나지 않는 찻잎을 사용하여 찻잔에서 꺼내는 것을 잊어도 맛은 그대로인 티백 차. 찬물이나 뜨거운 물에서 모두 우려내도 맛이 OK!

품종 유메와카바(夢わかば), 호쿠메이(ほくめい), 후쿠미도리(ふくみどり)
가격 3g x 15개/600엔

- 수색 : 녹 색 ●━━◆━━● 황 색
- 향 : 배전향 ●━━◆━━● 약엽향
- 맛 : 우마미 ●━━◆━━● 떫은맛

PART 2 좋아하는 차를 찾아볼 수 있는 **지역별 일본차**(日本茶) **도감**

명인(名人) / **차장**(茶匠)

야마시나 야스야 (山科康也) / 제다소 야마시나 (製茶所山科)

녹차 왕국, 규슈에서 감칠맛이 극에 달하는 엄선된 차

오늘날 일본에서 가장 큰 차 산지로 자리를 잡은 규슈(九州) 지방의 차를 누구보다 잘 아는 차 장인인 야마시나 씨는 규슈차의 매력을 이야기한다.

"같은 차라도 홍차는 향을 즐기지만, 일본차는 깊은 맛과 우마미(감칠맛)를 음미할 수 있는 차입니다. 규슈의 차는 특히 그 성향이 강하답니다."

야마시나 씨에 따르면, 규슈에서는 다양한 품종의 차나무가 재배되고 있어 각 품종의 개성을 어떻게 살리는지가 실력 발휘의 핵심이라고 한다. 신차 시즌이 되면 각지를 돌며 잘 만들어진 차를 엄선하고, 그 목록에 따라 블렌딩 방식을 정한다. 특히 좋은 품종의 찻잎이 있으면 '숨은 맛'으로 사용할 때도 있다고 한다. 이런 정성이 담긴 그의 차는 규슈 녹차 중에서도 다양한 맛의 차이를 즐길 수 있는 선택지이다.

"차에는 단 하나의 맛만 있는 것이 아니에요. 규슈의 차를 통해 다양한 향미의 차이와 개성을 즐겼으면 합니다."

◆ **야마시나 야스야**
(山科康也)

규슈 각지를 돌아다니면서 차를 엄선한다. 운영하고 있는 야마시나 찻집에서 덖기, 제다, 블렌딩 작업을 진행하고 있다. 일본차 감정사이자 일본차 인스트럭터이다.

제다소 야마시나 (製茶所山科)
주소 후쿠오카현(福岡縣) 아사쿠라시(朝倉市) 이마기(甘木) 1642
문의처 0946-22-2647
URL http://www.e-ochaya.net/

숙성 차만의 깊이 있는 맛

센차 등
창고 숙성으로 진득한 맛의
야메 교쿠로 블렌드 (八女玉露ブレンド)

- 70℃
- 1분

숙성시킨 야메산(八女産) 고급 교쿠로(玉露)를 풍미가 진한 규슈산(九州産) 센차(煎茶)와 블렌딩하였다. 고품격의 향과 깊은 맛을 즐길 수 있다.

품종 사에미도리(さえみどり), 아사쓰유(あさつゆ), 유타카미도리(ゆたかみどり), 야부키타(薮北) 등

가격 100g/1,200엔

- 수색 : 녹 색 ●━━━━●━━ 황 색
- 향 : 배전향 ━━━━◆━━ 약엽향
- 맛 : 우마미 ━━◆━━━━ 떫은맛

우마미(감칠맛)에 초점을 맞춘 후카무시 센차

센차
야마시나의 부드러운 야마시나 오리지널
블렌드 (山科とろり 山科 オリジナルブレンド)

- 70℃
- 40초

제다소 야마시나에서 가장 인기 있는 상품. 가고시마현의 농후한 차 여러 종류에 야메차(八女茶)를 블렌딩하여 달콤한 맛과 풍부한 맛이 널리 퍼지는 것이 일품인 센차이다.

품종 사에미도리(さえみどり), 아사쓰유(あさつゆ), 유타카미도리(ゆたかみどり), 오쿠미도리(おくみどり) 등

가격 100g/1,000엔

- 수색 : 녹 색 ●━━━━●━━ 황 색
- 향 : 배전향 ━━━◆━━━ 약엽향
- 맛 : 우마미 ◆━━━━━━ 떫은맛

산지의 개성을 절묘하게 블렌딩한

센차 · 가마이리차
규슈 세븐 티
(九州 Seven Tea)

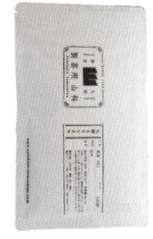

- 80℃
- 40초

감칠맛이 진한 후카무시 센차, 향이 좋은 야마차(山茶) 등 규슈 지방 7개 현의 개성적인 녹차를 혼합한 오리지널 블렌드.

품종 사에미도리(さえみどり), 유타카미도리(ゆたかみどり), 야부키타(薮北) 등

가격 100g/1,000엔

- 수색 : 녹 색 ━━━◆━━━ 황 색
- 향 : 배전향 ━━━◆━━━ 약엽향
- 맛 : 우마미 ●━━━━●━━ 떫은맛

일본차를 우리는 방법 〈사전 준비〉
일본차의 선택 방법

차를 맛있게 우리려면 먼저 좋은 품질의 차를 고르는 것이 중요하다.
좋은 차를 고르는 데 도움이 되는 몇 가지 사항을 알아 두자.

차의 외관과 맛을 확인

차는 일본차 전문점을 비롯해 다양한 장소에서 구입할 수 있다. 그런데 수많은 종류의 차 중에서 자신의 취향에 맞는 차를 고르는 일은 쉽지 않다. **차에 처음 입문하거나 접하는 사람이라면 일본차 인스트럭터와 같이 차에 대한 지식이 풍부한 직원에게 조언을 받을 수 있는 매장에서 살 것을 추천한다.**
우선은 일본차 전문점이나 일본차 카페에 가 보는 것이 좋다.

포장지만으로는 판단할 수 없는 차의 외형이나 색감 등을 직접 확인하거나,
시음을 통해 차가 자신의 입맛에 맞는지 확인해 보아야 한다.

일본차 전문점에서의 구입 방법

차를 전문적으로 취급하는 일본차 전문점에서는 포장 상품 차를 판매하는 일 외에도 차를 필요한 무게만큼 파는 '중량 판매'도 많이 한다. 이러한 전문점의 매력은 마실 만큼만 조금씩 신선한 차를 자주 살 수 있고, 또 다양한 차를 조금씩 사서 마실 수 있다는 점이다. 또한 전문 스태프에게 상담하면 그 자리에서 차를 시음해 볼 수 있고, 차에 대한 다양한 지식도 얻을 수 있다.

한편 일본차 전문점에서는 각자의 방식으로 차의 품질 관리에 세심하게 신경을 쓴다. 예를 들면 진열대에 직사광선이 닿지 않도록 하거나, 매장 내의 온도와 습도를 관리하여 차의 품질을 철저하게 유지하는 것이다.
이 점은 좋은 가게를 고르는 데 참고가 된다.
또한 상품 회전율이 높고, 같은 가격대이면서 다양한 종류의 차들이 잘 진열된 가게를 선택하는 것이 바람직하다.

🫖 인터넷 쇼핑몰에서의 구입 방법

만약 자신의 취향에 맞는 차를 알았다면, 인터넷 쇼핑몰에서 주문을 통해 구입하는 것도 하나의 방법이다. 실물을 직접 볼 수 없는 만큼, 차에 대한 설명이나 가게의 기풍, 차의 보관 방식 등이 명확하게 기재되어 있는지 꼼꼼하게 확인한 뒤에 사는 것이 바람직하다.

가능하다면, 일본차 전문점이 직접 운영하는 온라인 몰에서 사는 것이 더 안심할 수 있다.

🫖 일반 마트에서의 구입 방법

일본차 전문점처럼 차를 시음해 보고 판단하거나 차를 고르는 데 도움을 줄 수 있는 직원이 있는 것은 아니지만 일반 마트의 차 코너에도 어느 정도 다양한 종류의 차들이 갖춰져 있다.

포장지에 적힌 정보를 잘 확인하면서 자신이 원하는 차를 찾아서 사면 된다.

🫖 일본차 카페에서의 구입 방법

카페 주인의 고집이 담긴 다양한 일본차를 맛볼 수 있는 곳이 바로 일본차 카페이다. 메뉴에 있는 차를 판매하는 경우가 많아 마음에 드는 차를 기념품으로 구매하는 일도 하나의 큰 즐거움이다.

이런 경우에는 카페 직원에게 맛있게 우리는 방법도 함께 물어보는 것이 좋다.

포장지에 적힌 정보 확인하기

포장되어 판매되는 차는 포장 용기에 적힌 정보를 꼼꼼히 살펴보자!
식품 표시 외에도 차를 우리는 적당한 방법, 개봉 뒤 보관 방법,
문의처 등이 기재되어 있는데, 정보를 잘 활용하자!

식품 표시

포장지에 표시된 식품 표시는 '**식품표시법**' 등의 엄격한 기준에 따라 기재된 것으로서 차를 고를 때 참고하는 것이 좋다.

차의 종류
센차(煎茶), 후카무시 센차(深蒸し煎茶), 교쿠로(玉露), 호우지차(ほうじ茶) 등

내용량
티백 등 개별 포장의 경우에는 100g (○g × ○개입) 등의 형태로 표기 된다.

원재료나 산지
'차(茶)' 또는 '녹차(綠茶)'라는 표기가 들어간다. 괄호에는 '국산', '외국산(국가명 등)'의 구분이 함께 표시된다.
국산인 경우, 도도부현(일본의 지방 행정단위) 이름이나 일반적으로 잘 알려진 지명이 표시된다. 이 경우에는 그 산지의 원료 사용 비율이 100%여야 한다.
'○○차 블렌드'라고 표기된 경우는 그 이름의 ○○차가 50% 이상 사용되었다는 의미이다. 또한 식품첨가물이 포함된 경우는 그 명칭(예: 아미노산 등)이 명확히 표기된다.

명칭	센차
원재료명 (원료 원산지명)	녹차(시즈오카현)
내용량	100g
유통 기한	○년○월○일
보관 방법	고온다습한 장소를 피해 보관하고, 다른 냄새가 배지 않도록 주의하세요.
제조사	○○제다 주식회사 시즈오카현 시즈오카시 ××123-45

유통 기한
개봉하지 않은 상태에서 맛있게 마실 수 있는 기간의 기준이다.
포장재의 밀봉 성능을 바탕으로 제조사가 설정한 것이다.
'**연월일**' 또는 '난 외의 표기 위치' 등이 엄격히 기재되어 있다.

보관 방법
개봉하기 전에 적당하게 차를 보관하는 방법이 기재되어 있다.

제조사
식품위생법에 따라 반드시 표기해야 하는 항목이다. 판매자가 최종 책임자인 경우, **판매자의 정보**가 여기에 기재되기도 한다.
기호(또는 코드)로 표기되어 있는 경우, 사전에 소비자청 장관에게 신고한 '**제조사 고유 기호**'를 의미한다.

좋은 차를 식별하는 방법

차를 실제로 볼 수 있다면, 겉모습만 보고도 알 수 있는 정보가 많다.
차의 종류별로 어떤 점을 살펴보면 좋은지 미리 알아 두자!

교쿠로 (玉露)
찻잎이 가늘고 진한 녹색을 띠면서 윤기가 있는 것, 촉촉한 느낌이 있는 것,
형태가 많이 부서지지 않고 크기가 고르며, 무게감이 있는 것을 선택하는 것이 좋다.

맛차 (抹茶)
차 절구로 곱게 가루로 간 것은 입자가 섬세하고 고와서 고급으로 여겨진다.
입자가 선명한 녹색을 띠는 것이 좋다.

호우지차 (焙じ茶)
덖어서 만든 차로서 겉모습이 갈색이다.
지나치게 검지 않고, 너무 강하게 덖지 않은 것을 골라야 한다.
가루처럼 부스러진 부분이 적은 것이 좋다.

센차 (煎茶)
찻잎이 가늘게 꼬인 바늘 모양이다.
부서진 잎이나 줄기가 적고, 윤기 있는 진녹색을 띠면 좋은 것이다.
손으로 쥐었을 때 묵직한 느낌이 드는 것을 고르자.

후카무시 센차 (深蒸し煎茶)
찻잎이 색감이 깊고 약간 누르스름한 빛을 띤다.
가루가 너무 많은 것은 피하는 것이 좋다.
손으로 쥐었을 때 묵직한 느낌이 드는 것이 좋다.

쿠키차 (茎茶)
센차의 쿠키차인지, 교쿠로의 쿠키차인지 등 원료에 따라 품질이 다양하다.
하지만 약간 납작한 줄기는 부드러워서 고급 제품인 경우가 많다.

# 일본차를 우리는 방법 〈사전 준비〉
다기의 기초 지식

일본차를 맛있게 우려내려면 어떤 다기가 필요할까?
일상 속에서 부담 없이 즐길 수 있도록 처음에 갖춰 두면 좋은 기본적인 다기들을 소개한다.

꼭 필요한 다기!

처음에 갖춰 두어야 할 것은 일본식 티팟인 '**큐스**(急須)'와 '**찻잔**'이다. 특히 큐스는 일본차를 우리는 데 없어서는 안 될 필수 다기이다.
크기나 종류가 다양하며, 자주 마시는 차에 맞는 것을 선택하자.

찻잔

차의 종류에 따라서 적당한 크기와 형태, 그리고 재질이 있다.
입에 닿는 촉감도 맛에 영향을 주기 때문에 자신의 취향에 맞는 것을 선택한다.

큐스 (急須)
: 일본식 티팟
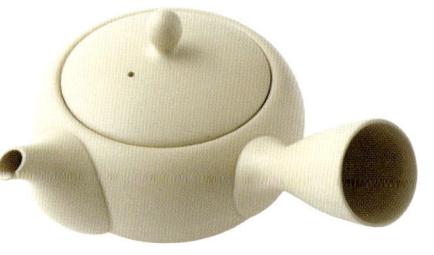
큐스는 크기 재질, 내부의 거름망 형태에 따라 다양한 종류가 있다.
우려내는 차의 종류에 따라서 구분해서 사용하는 것이 좋다.

유자마시 (湯冷まし)
: 일본식 숙우(熟盂)
끓인 물을 식히기 위한 용기이다.
주입구가 있는 타입을 추천하지만, 머그잔 등으로 대체할 수도 있다.

있으면 편리한 다기!

다른 물건으로 대신할 수도 있지만, 갖춰 두면 차를 우리는 일이 훨씬 더 편리하고 즐거운 다기이다.
기능성은 물론 디자인에도 신경을 써서 마음에 드는 것을 골라 준비해 두자!

타이머 (Timer)

일본식 티팟인 큐스(急須)에 찻잎과 뜨거운 물을 붓고 우리는 시간을 타이머로 적당히 맞춰 두면 안심할 수 있다.

차통 (茶筒)

개봉한 차를 보관하기 위한 용기. 빛이 통하지 않고, 뚜껑이 완전히 닫히는 것을 고른다.

티스푼 (Tea Spoon)

차를 계량하여 일본식 티팟인 큐스에 넣을 때 사용하는 도구. 1티스푼 당 차가 몇 그램인지 확인해 두자.

차 (茶)의 종류별 기본 다기

여기서는 차의 종류별 기본적인 다기의 예를 소개한다.
자세한 선택 방법은 210~215쪽을 참조하길 바란다

호우지차 (焙じ茶)

호우지차는 뜨거운 물로 넉넉히 우리는 경우가 많아 재질이 두껍고 크기가 큰 '**도빈**(土瓶)(일본식 토기 찻주전자)'을 사용하는 것이 좋다.
별도로 제작된 손잡이가 위에 부착되어 있어 뜨거운 물이 가득 차 있어도 쉽게 들 수 있다.

센차 (煎茶)

찻주전자인 큐스(急須) (일본식 티팟)는 250mL, 찻잔은 약 100mL 용량의 다기를 추천한다.
찻잔은 수색이 잘 돋보이는 백자 제품이 좋다.

맛차 (抹茶)

다도에서는 다양한 다기들을 사용하지만, 가정에서 즐기는 정도라면 차선(茶筅)과 맛차용 차완(茶碗)만 있으면 충분하다.
차완은 바닥이 둥근 그릇으로 대체할 수 있다.

교쿠로 (玉露)

차를 조금씩 마시면서 진한 우마미(감칠맛)와 단맛을 천천히 음미하는 교쿠로의 경우
큐스(일본식 티팟)와 찻잔 모두 크기가 상당히 작은 것을 사용한다.
큐스는 약 90mL, 찻잔은 약 40mL 용적의 것이 사용하기에 편리하다.

차의 종류별로 사용하는 큐스(일본식 티팟)와 찻잔

일본차를 우리는 데에는 차의 종류에 따라서 각각 사용하기에 편리한 다기가 있다. 그런데 모두 갖추는 일은 부담될 수도 있다.
우선은 자신이 좋아하는 차에 맞는 다기부터 준비해 보자.

센차(煎茶)**에는 큐스**(急須)(일본식 티팟)를,
뜨거운 물로 우려내 넉넉히 마시는 호우지차(焙じ茶)나 반차(番茶)에는 '**도빈**(土瓶)(일본식 토기 찻주전자)'을,

조금씩 마시면서 음미하는 교쿠로(玉露)나 고급 센차에는 작은 크기의 일본식 티팟인 **큐스**를 준비하는 것이 좋다.

다기가 너무 크면 물의 온도가 쉽게 내려가기 때문에 차를 우릴 양에 맞는 크기를 선택하는 것이 바람직하다.
**찻잔은 색상이나 형태에 따라서 수색이나 향의 전달 방식이 달라지고,
입술에 닿는 두께감이나 재질감에 따라 맛이 느껴지는 방식도 달라진다.
따라서 우릴 차에 맞게 다기를 준비하는 것이 이상적이다.**

이외에도 다양한 다기가 있지만,
우선은 두 가지 다기, 즉 큐스(일본식 티팟)와 찻잔만 있어도 일본차를 간편하게 즐길 수 있다.
자세한 방법은 210~215쪽을 참고하길 바란다.

일본차를 우리는 방법 〈사전 준비〉
적정 온도의 물 준비하기

차를 맛있게 우리는 핵심 중 하나가 물이다.
차 고유의 향미를 잘 살리려면 어떤 물로 어떤 온도에서 우려내야 하는지 알아야 한다.

 차의 향미를 좌우하는 물!

물은 차의 맛과 향에 직접적인 영향을 준다.
따라서 차를 우릴 때 사용하는 물은 신중히 선택해야 한다.

일반적으로 일본차에는 경도(硬度)**가 낮은 '연수**(軟水)**'가 적합하다.**
여기서 경도는 물에 포함된 마그네슘과 칼슘의 양으로 결정된다.
유럽의 물에는 마그네슘, 칼슘 성분들이 많이 함유되어, **마시면** 미네랄 성분 특유의 맛이 느껴진다.
반면 일본이나 한국의 물은 연수이기에 맛에 강한 개성이 없어 담백하다.
일본차를 우리는 데에는 일본의 수돗물을 끓여서 사용하는 것이 간편하고 편리하다.

 **뜨거운 물은 다른 용기에 옮길 때마다
온도가 5~10도씩 내려간다!**

기온이나 다기의 재질에 따라 다르지만, 뜨거운 물은 용기에 옮길 때마다 온도가 5~10도씩 내려간다.
이런 사실을 잘 활용하면 차를 우리는 물의 온도를 잘 조절할 수 있다.
차의 종류에 따라 적당한 온도가 있는데, 이를 기준으로 물의 온도를 바꾸는 것이 좋다.

차의 종류에 따라 다른 물의 적정 온도

일본차는 우릴 때 사용하는 물의 온도에 따라 맛과 향이 달라진다.
센차의 경우, 끓는 물로 우리면 떫은맛이 강해지고, 저온의 물로 서서히 우리면 우마미(감칠맛)를 느낄 수 있다. 단 향은 고온의 물로 우렸을 때 더 잘 올라온다.
또한 감칠맛을 즐기고 싶은 교쿠로, 가부세차, 고급 센차는 저온의 물로 우리는 것이 좋고, 저급 센차, 반차, 호우지차는 끓는 물로 짧게 우려서 적당히 떫은맛과 향을 즐기는 것이 좋다.

끓인 직후의 물은 **약 100도**

90~100도에 적합한 차
- 가마이리차 (釜炒り茶)
- 반차 (番茶)
- 호우지차 (焙じ茶)
- 겐마이차 (玄米茶)
- 고나차 (粉茶)

적정 온도까지 식힌다!
옮기기
약 5~10도씩 온도 하강

물의 온도에 따른 침출 성분의 비
(센차의 예)

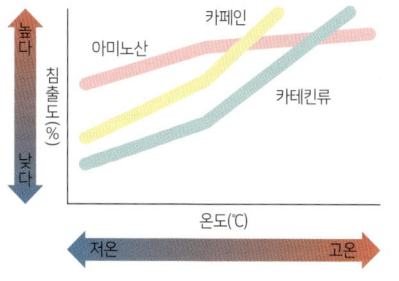

온도가 높으면 카테킨이 많이 침출되어 쓴맛이 강해진다!

차의 감칠맛 성분인 아미노산은 온도 약 50도부터 침출되고, 쓴맛의 성분인 카테킨은 약 80도부터 침출된다.
따라서 저온의 물로 우리면 쓴맛이 약하고, 고온의 물로 우리면 쓴맛이 강하다.

1~2분간 기다리면 온도가 5도 하강

물의 온도는 용기에 옮길 때 외에도 기다리는 것으로 조절할 수 있다.
이 경우 1~2분간 기다리면 물의 온도는 약 5도가 내려간다.

70~80도에 적합한 차
- 센차 (煎茶)
- 후카무시 센차 (深蒸し煎茶)
- 무시세이 다마료쿠차 (蒸し製玉緑茶)
- 쿠키차 (茎茶)
- 메차 (芽茶)
- 맛차 (抹茶)

50~60도에 적합한 차
- 교쿠로 (玉露)
- 가부세차 (かぶせ茶)

옮기기 → 약 5~10도씩 온도 하강

옮기기 → 약 5~10도씩 온도 하강

 일본차를 우리는 방법
차를 맛있게 우리는 핵심 포인트!

먼저 일본차를 우리는 기본적인 방법을 익히자. 그 뒤에 자신이 평소에 사용하는 다기의 크기 등에 맞춰 차를 쉽게 우리는 방법을 찾아보자!

 물은 반드시 끓인 후 적정 온도로 낮춰 사용! ➡ P.192

일본의 수돗물은 위생을 목적으로 염소가 첨가되어 있어 소독약 냄새가 난다.

차를 우리기 위해서는 3~5분 정도 끓여서 소독약 냄새를 없애는 것이 중요하다.

끓인 물은 차의 종류의 맞게 적정 온도로 식혀서 사용하자.

끓인 물을 유자마시(일본식 숙우) 등에 넣어 적정 온도로 식힌다

 차의 종류별로 우리는 기준

비고	교쿠로(玉露)	상급 센차(上級煎茶) 100g에 1000엔 이상인 상품	중급 센차(中級煎茶) 100g에 1000엔 이하인 상품	반차(番茶) 호우지차(焙じ茶)
인수	3인분	3인분	5인분	5인분
찻잎의 양	10g	6g	10g	15g
물의 양	60mL	170mL	430mL	650mL
온도	50도	70도	90도	끓는 물
침출 시간	2분 30초	2분	60초	30초

 인원수에 맞게 차의 양을 조절!

1인분은 2~3g을 기준으로 인원수에 맞게 곱하면 된다! 단 1인분만 우릴 경우에는 약간 많은 5g으로 정하면 두 번째 우려내도 맛있게 즐길 수 있다. 반대로 5인분 이상을 우릴 경우에는 1인당 2g 정도로 조금 적게 잡는다. 매번 차의 양을 저울로 재는 일은 매우 번거로우므로 평소 사용하는 티스푼이나 찻숟가락 1스푼으로 떴을 때 찻잎 양을 미리 알아 두면 편리하다.

실물 크기 — 보통 센차(煎茶) 2g

후카무시 센차 2g

일본차는 종류에 따라서 형태가 달라 같은 무게라도 부피가 다르다.

POINT 3 돌려 따르기로 차의 농도를 균일하게 조절!

여러 찻잔에 차를 따를 때는 각각의 찻잔에 담긴 차의 농도와 양이 같게 하는 일이 중요하다. 그런데 일본식 티팟인 큐스(急須)에서 나오는 찻물은 처음엔 연하고 나중엔 진해지는 경향이 있다.

이를 고려해 먼저 모든 찻잔에 찻물을 조금씩 나눠서 따르고, 마지막 찻잔을 반환점으로 역순으로 다시 조금씩 따라 나간다. 큐스 안의 찻물이 다 없어질 때까지 이 과정을 반복하면 모든 찻잔의 수색과 맛이 균일해진다.

이를 일본에서는 '돌려 가며 붓기'라는 뜻으로 '마와시쓰기(廻し注ぎ)'라고 한다.

한 잔만 따를 때는 한 번에 다 따르지 말고, 몇 번에 나눠서 주전자의 기울기를 눕히고 세우기를 반복해 따르는 것이 좋다.

차의 수색과 양을 보면서 소량으로 1->2->3 순서로 따르고, 다시 3->2->1의 역순으로 돌아가면서 따른다. 이때 반환점인 3번 찻잔에는 연속으로 두 번 따르는 것이 핵심 포인트이다. 이렇게 하면 차의 양과 농도가 고르게 된다.

1잔만 따를 때도 나눠 붓는 것이 요령!

손목을 돌려 가면서 3회로 나눠 따라 낸 후카무시 센차 / 한 번에 따라 낸 후카무시 센차

POINT 4 최후의 한 방울까지 모두 따르기!

차의 마지막 한 방울에는 맛있는 성분이 담겨 있어 끝까지 따라 내는 것이 차를 맛있게 즐기는 비결이다. 또한 차를 우리는 찻주전자인 큐스 안에 뜨거운 물이 남아 있으면 차의 성분이 계속 침출되어 점점 더 쓰고 떫어져 두 번째 우리면서부터는 맛이 없어지게 된다.

이 점을 주의하자!

마지막 한 방울은 '골든 드롭 Golden Drop'이라고 한다

POINT 5 깨끗한 다기를 사용하기! ➡P.213

거름망에 지난번에 우리고 남은 찻잎이 붙어 있거나 큐스에 냄새가 남아 있으면 아무리 좋은 차를 우리더라도 풍미가 떨어진다.

다기는 사용할 때마다 그때그때 제대로 씻고 충분히 건조시킨다.

 차의 종류별로 일본차를 우리는 방법 실전

센차 (煎茶)

센차(煎茶)는 가장 대중적인 차이다.
다양한 차에도 응용할 수 있는 센차를 우리는 기본적인 방법에 대하여 익혀 두자!

1인분 기준 재료 및 레시피
- 뜨거운 물 ─── 70mL
- 센차 ─── 2g
- 1회째: 70도
- 2회째: 80도
- 1회째: 1~2분
- 2회째: 30초

필요한 다기
- 큐스(急須) [일본식 티팟]
- 유자마시 [일본식 숙우]
- 찻잔
- 티스푼

이 방법으로 우릴 수 있는 차의 종류
- 후카무시 센차 (深蒸し煎茶)
- 무시세이 다마료쿠차 (蒸し製玉緑茶)
- 가부세차 (かぶせ茶)
- 쿠키차 (茎茶)

1 물을 적정온도로 식히기 ➡ P.192

끓인 물을 일본식 숙우인 '유자마시'에 붓고, 인원수에 맞춰 찻잔에 찻물을 나누어 따른다. 물을 다른 용기로 옮길 때마다 온도가 약 5~10도씩 내려가며, 큰 그릇에서 작은 그릇으로 옮길수록 효율적으로 식는다. 찻잔을 손으로 들고 있을 수 있는 온도는 약 70도이다.

POINT
손으로 들 수 있는 온도는 약 70도

 차의 종류에 따라 온도와 시간에 변화를 주는 것이 중요!

일본차 중에서도 가장 많이 마시는 것이 센차(煎茶)이다.
그러나 같은 센차라고 해도 품질에 차이가 있고, 또한 일반적인 센차, 후카무시 센차 등과 같이 증기로 찌는 시간에 차이도 있다.
이렇듯 센차들은 기본적으로 우리는 방법이 같지만, 찻잎의 형태나 성분의 차이에 따라 우리는 방법을 달리 조절하면 더 맛있게 우릴 수 있다.

감칠맛과 단맛의 성분이 많은 상급 센차는 약 70도의 물로 1~2분 정도 우린다.
중급 센차는 상급 센차보다 온도가 조금 더 높은 약 80도의 물로 1분 정도 우리면 떫은맛이 있으면서 상쾌한 맛도 난다.
또한 후카무시 센차는 일반적인 보통 센차보다 입자가 더 곱다.
따라서 보통 센차를 우리는 시간의 절반 정도인 시간으로 우리면 떫은맛이 적고 부드러운 맛을 경험할 수 있다.
쿠키차는 센차의 줄기인지, 교쿠로의 줄기인지 등의 원료에 따라 우리는 온도와 시간이 달라진다. 일단 중급 센차와 같은 방식으로 우려내 본 뒤에 차츰 온도와 시간을 조절해 나가면 된다.

2 찻잎을 찻주전자에 넣기

POINT 티스푼을 가장자리에 대고 차통을 움직인다

찻잎의 양은 티스푼을 사용해서 잰다. 차통에서 찻잎을 들어낼 때 티스푼을 마구 넣으면 찻잎이 부서질 수 있으니 주의하자! 차통 안쪽의 가장자리에 티스푼을 댄 채로 차통을 비틀 듯이 돌리면 티스푼에 찻잎이 자연스럽게 담긴다. 그 뒤 큐스(일본식 티팟)에 찻잎을 넣는다.

4 차를 균등하게 따르기
➡ P.195

찻잔을 인원수만큼 나란히 배치하고, 큐스(일본식 티팟)에서 차를 조금씩 따른다. 모든 찻잔에서 수색과 찻물의 양이 같아지도록 나눠서 따르며, 마지막 한 방울까지 남김없이 따른다.

5 2회째 우릴 차를 준비하기
➡ P.195

POINT 큐스(일본식 티팟)를 톡톡 두드린다!

POINT 뚜껑을 살짝 비켜 놓기!

큐스의 주둥이 반대쪽을 가볍게 두드려서 거름망에 붙은 찻잎을 떼어 낸다.
찻주전자 속에 열기가 갇히지 않도록 뚜껑을 살짝 비켜 놓는 것이 좋다.

3 뜨거운 물을 붓고 기다리기

적당한 온도로 식힌 물을 큐스(일본식 티팟)에 붓는다. 나중에 물을 추가로 붓게 되면 맛에 균일함이 없어지기 때문에 인원수에 맞춰 빠르게 붓는 것이 핵심 포인트이다.
큐스의 뚜껑을 닫고 1~2분간 기다린다.

1회째 우렸을 때, 이 정도면 OK!

🍵 2회째 우린 차부터는…

센차는 2~3회째 우려내도 즐길 수 있다.
찻잎이 이미 펴져 있기에 여러 회에 걸쳐 우리는 경우에는 **고온의 물로 재빨리 우리는 것이 핵심 포인트이다.**

1회째 우릴 때 물의 양을 기억한 뒤,
2회째는 유자마시(일본식 숙우)에 필요한 양의 물을 넣고 다시 곧바로 큐스에 부으면 된다!
3회째는 전기포트의 뜨거운 물을 직접 찻주전자인 큐스에 부어도 좋다.

 차의 종류별로 일본차를 우리는 방법　

교쿠로 (玉露)

교쿠로(玉露)는 천천히 정성스럽게 우리는 것이 포인트이다.
맛이 진하여 소량의 찻잎으로도 충분히 맛을 즐길 수 있다.

1인분 기준 재료 및 레시피
- 뜨거운 물 ·········· 20mL
  (2회째는 30~40mL)
- 교쿠로 ············ 3g
- 💧 1회째 : 50도
  2회째 : 60도
- ⏱ 1회째 : 2분~2분 30초
  2회째 : 1분 30초

필요한 다기
- 교쿠로용 큐스(急須) [일본식 티팟]
- 교쿠로용 찻잔 호빈(寶瓶) [일본식 개완]
- 유자마시 [일본식 숙우]
- 티스푼

 이 방법으로 우릴 수 있는 차의 종류
- 수예차 (手揉茶)

1 물을 적정 온도로 식히기 ➡ P.192

끓인 물을 일본식 숙우인 유자마시(湯冷まし)에 붓고 인원수에 맞춰 찻잔에 나누어 따른다. 찻잔의 물을 다시 유자마시로 옮기고 50도로 식을 때까지 기다린다.
온도가 높으면 떫은맛이 나기 때문에 서서히 충분히 식히는 일이 중요하다.
체온보다 약간 따뜻할 정도로 쉽게 찻잔을 들 수 있을 정도면 적정한 온도이다.

POINT
온도 조절에 익숙지 않을 때는 온도계를 사용하자!

미지근한 물로 천천히 우리는 것이 핵심!

목의 갈증을 해소하기보다는 아주 적은 양의 찻물을 입안에서 굴리면서 맛을 음미하고 즐기는 차가 **교쿠로(玉露)**이다.

물의 양이 센차 등에 비하여 훨씬 적기 때문에 가능하다면 교쿠로를 즐기기에 적합한 큐스와 찻잔을 준비하는 것이 좋다.

약간 걸쭉한 느낌이 들 정도로 진한 맛을 내는 비결은 물의 온도와 우리는 시간에 숨어 있다. 차의 우마미(감칠맛) 성분인 아미노산은 저온에서도 잘 침출되지만, 쓴맛 성분인 카테킨은 저온에서 잘 침출되지 않는다.

특히 **우마미(감칠맛)**를 즐기는 **교쿠로**의 경우, **50~60도**가 차를 우리는 물의 적정 온도이다. 물을 준비할 때 뜨거운 물을 유자마시 등으로 여러 회에 걸쳐 옮겨 담으면, 물의 온도를 짧은 시간 내에 효과적으로 낮출 수 있다.

우리는 시간은 2분~2분 30초 정도로 길게 잡지만, **쿄쿠로용 큐스를 흔들거나 돌리면 잡미(雜味)**가 생길 수 있어 가만히 기다리는 편이 낫다.
품질이 훌륭한 '수예차(手揉茶)'도 이 방법으로 즐길 수 있다.

2 찻잎을 찻주전자에 넣기

티스푼으로 찻잎을 계량해 사용한다.
적은 양의 물로 진한 우마미(감칠맛)를 끌어내기 위하여 찻잎의 양은 넉넉하게 사용하는 것이 좋다.

3 뜨거운 물을 붓고 기다리기

POINT 물을 조용히 따른다!

적당 온도로 식힌 물을 찻주전자인 큐스에 넣는다. 이때 물의 흐름으로 찻잎이 거세게 움직이지 않도록 큐스의 가장자리에 조심스럽게 붓는다. 찻잎이 잠길 정도로 물을 붓고 찻잎이 부드럽게 펴지도록 약 2분간 기다린다.

4 차를 균등하게 따르기
➡ P.195

POINT 맛이 진하여 소량으로 따르는 것이 적당하다.

모든 찻잔에 차의 수색과 양이 같도록 골고루 조금씩 따른다. 1인분은 약 15mL 정도로 양이 적다. 우마미(감칠맛)가 응축된 마지막 한 방울까지 남김없이 따르는 것이 핵심이다.

🫖 호빈(일본식개완)의 사용법

호빈(寶瓶)은 손잡이가 달리지 않은 큐스, 즉 일본식 개완으로서 저온에서 우려내는 교쿠로 등의 차를 우리는 데 사용된다. 기본적인 사용법은 일반 큐스와 같지만, 입구가 넓어서 찻잎 찌꺼기를 꺼내기가 쉽다.

호빈으로 찻잔에 차를 따를 때는 뚜껑 윗부위를 오른손으로 덮듯이 쥐고, 왼손은 뚜껑을 고정하듯이 누른다.

🫖 2회째 우린 뒤에는……

물의 온도는 1회째 우릴 때보다 약간 높은 60~70도로 한다. 물의 양은 1회째 우릴 때보다 약간 많게 하고, 우리는 시간은 더 짧게 한다. 1회째 우린 차의 진한 우마미(감칠맛)에 비하여 2회~3회째 우린 차에서는 약간 쓴맛과 김과 같은 해초 향을 즐길 수 있다.

🫖 먹을 수 있는 찻잎 찌꺼기!

교쿠로(玉露)의 잎은 매우 부드러워 찻잎 찌꺼기도 먹을 수 있다. 등자(橙子) 즙인 폰스Pons 소스와 조미료인 시로다시(白だし), 소금 등으로 살짝 간을 해서 무쳐서 먹거나, 멸치와 함께 밥에 섞어서 먹을 수도 있다. 건강에 유익한 영양소도 풍부하게 들어 있다!

차의 종류별로 일본차를 우리는 방법 실전

맛차 (抹茶)

1인분 기준 재료 및 레시피	필요한 다기
• 뜨거운 물 ······ 60mL • 맛차 ················ 2g 💧 70~90도	• 맛차용 차완 (茶碗) • 차선 (茶筅) • 유자마시 [일본식 숙우] • 티스푼 • 차 거름망

맛차(抹茶)는 진입 장벽이 높다는 선입견 때문에 꺼리는 사람이 많다.
그러나 일반 가정에서 마시는 맛차는 자유롭게 즐기면 된다.

1 다기와 맛차 준비

POINT
차선을 미지근한 물에 담가 두기!

POINT
맛차를 차 거름망으로 걸러 두기!

차선은 바짝 마르면 끝부분이 쉽게 부러진다. 이를 막기 위해 사용하기 전에는 미지근한 물에 담가서 유연하게 만든다. 맛차는 1티스푼이나 가루용 티스푼인 '**차사쿠(茶杓)**'로 1스푼 반이 1인분(2g)의 기준이다. 덩어리가 생기지 않도록 차 거름망으로 걸러서 맛차용 차완에 넣는다.

* 차사쿠(茶杓) : 맛차(말차)용 티스푼

 세밀한 거품이 맛의 비결!

찻잎 그 자체를 마시는 맛차는 차의 풍미와 영양분을 온전히 즐길 수 있다.
맛차를 즐기는 방법에는 '고차(濃茶)'와 '우스차(薄茶)'의 두 가지가 있다.

먼저 고차는 물의 양보다 맛차의 양이 많고, 품질도 고급 맛차를 사용하는 것이다. 우스차는 고차보다 물의 양을 더 많이 넣어 묽게 마시는 것이다. 여기서는 일반 가정에서 쉽고 간편하게 즐길 수 있는 우스차를 즐기는 방법에 대하여 소개한다.

 먼저 맛차를 준비할 때는 **차선(茶筅)**을 반드시 준비한다.
차완에 대해서는 반드시 맛차 전용일 필요는 없다. 그러나 차선으로 휘저어 맛차에 거품을 내기 때문에 반드시 바닥은 어느 정도 크고 깊이가 있으며 둥근 것을 선택하는 것이 편리하다. 예를 들면, 깊이가 있는 카페오레 볼 Café Au Lait Bowl 은 맛차의 차완으로 사용하기에 편리하다.

2 차완(茶碗)에 소량의 물을 넣기

POINT 물은 페트병 뚜껑에 들어갈 정도로 소량으로 넣기!

맛차용 차완에 적당량의 물을 넣고 맛차와 잘 섞이도록 한다. 물의 양은 1큰술 또는 페트병 뚜껑에 한 컵(약 10mL)이 기준이다. 격불(擊拂)하기 전에 물을 추가하면 덩어리가 생기지 않으면서 맛차의 맛 성분도 잘 추출할 수 있다. 그러나 물을 너무 많이 넣으면 완성된 맛차의 온도가 미지근해져 주의해야 한다.

3 차선으로 맛차를 부드럽게 만들기

POINT '이(い), 나(な), 리(り)'의 글자를 쓰듯이 조심스레 젓기!

맛차 가루가 덩어리지지 않도록 차선을 사용해 반죽하듯이 섞는다. 신선한 향과 녹색 광택이 나면서 녹은 초콜릿과도 같은 질감이 되면 섞기를 멈춘다.

4 뜨거운 물 붓기

미리 준비한 1인분 50mL의 뜨거운 물을 차완에 서서히 조심스레 붓는다.

5 차를 섞고 거품 내기 / 다테루(点てる)*, 격불(擊拂)

POINT '천(川)'의 글자를 쓰듯이 젓기!

차선으로 차완의 바닥을 긁지 않도록 약간 띄워서 휘저어 조심스레 차를 뒤섞는다. 마치 공기를 섞는 느낌으로 부드럽게 거품을 낸다. 힘을 너무 주지 않도록 주의하면서 차선의 끝부분이 손상되지 않도록 휘저어 차를 섞는다.

* 다테루(点てる): 차완의 맛차를 휘저어 거품을 내는 작업

6 마무리하기

POINT '노(の)'의 글자를 쓰듯이 마무리!

세밀한 거품이 올라오면 맛차가 완성된다. 완성된 맛차의 양은 차완 1/3잔 정도이다. 마지막으로 '노(の)'의 글자를 쓰듯이 차선을 움직여 차완 중심부에서 차선을 살짝 위로 끌어올린다.

🫖 차선(茶筅)을 쥐는 방법

위에서 차선을 손으로 뒤덮듯이 검지, 중지, 엄지로 가볍게 쥔다.

차선을 휘저을 때는 손목을 앞뒤로 부드럽게 움직인다.

 차의 종류별로 일본차를 우리는 방법

호우지차 (焙じ茶)

고소한 향이 매력적인 호우지차는 고온의 물로 빠르게 우릴 수 있다.
호우지차를 직접 만드는 데 도전해 보자!

1인분 기준 재료 및 레시피
- 뜨거운 물 ········ 120~130mL
- 호우지차 ·········· 3g
- 💧 90~100도
- ⏱ 30초

필요한 다기
- 도빈(土瓶) [토기 찻주전자]
- 찻잔
- 큰 스푼

 이 방법으로 우릴 수 있는 차의 종류
- 겐마이차 (玄米茶)
- 반차 (番茶)

1 차를 넣고 물을 붓기

POINT 큰 스푼을 사용!

POINT 끓인 물을 직접 부어도 OK!

찻잎을 계량하여 토기 찻주전자인 '**도빈**(土瓶)'에 넣는다. 호우지차는 가볍지만 크고 부피가 있어 큰 스푼을 사용하는 것이 편리하다. 찻잎 큰 스푼 하나는 약 3g이다. 끓는 물은 인원수만큼 한 번에 넣어 향을 살린다. 끓는 물을 도빈에 직접 부어도 좋다.

 끓는 물로 빠르게 우려내 향을 끌어내는 호우지차!

호우지차는 카페인의 함량이 비교적 적다. 따라서 남녀노소 누구나 즐길 수 있는 차이다. 이 차는 입안을 상쾌하게 만들어 기름진 식사를 한 뒤 후식으로 즐겨도 좋다. 무엇보다도 호우지차의 큰 매력은 고온에서 덖어서 생성된 고소한 향이다.
이 특징을 잘 살리기 위해서는 끓는 물이 식기 전에 곧바로 한 번에 **30초간** 우려내 찻잔에 따라 내는 것이 좋다.

🪭 다기는 일본식 티팟인 큐스(急須)를 사용해도 되지만, 재질이 두껍고 커서 보온성이 좋은 **도빈**(土瓶)(토기 찻주전자)을 추천한다. 찻잔은 두껍고 큰 것이 적합하다.

또한 끓는 물로 차를 우리면 1회째에서 대부분 성분이 침출된다. 따라서 호우지차는 한 번 우린 것을 여러 회에 걸쳐 재차 우려내 마시기보다 차를 새로 바꾸어 넣고 다시 우려내 마시는 것이 맛이 더 좋다. 참고로 호우지차와 같은 방법으로 우릴 수 있는 반차나 겐마이차도 여러 회에 걸쳐 우려내지 않고 차를 그때그때 새로 넣고 다시 우려내 마시는 것이 좋다.

2 차를 재빨리 나눠 붓기

찻잎을 주전자에서 끓일 경우

반차(番茶)와 같이 간편하게 마시고 싶은 차는 한 번에 넉넉하게 끓여서 두는 것도 좋다. 주전자에 1.5L 정도의 물을 넣고 끓인 뒤에 불을 약하게 하고 반차를 손으로 두 줌 정도 쥐어 넣고 1~2분간 끓인다. 그 뒤 식혀서 그대로 마셔도 훌륭하다.

도빈(土瓶) (토기 찻주전자)의 뚜껑을 덮고 30초간 기다린다. 끓는 물을 사용하면 호우지차의 성분이 재빨리 침출되면서 고소한 향이 난다. 더 진한 맛을 원하면 취향에 맞게 우리는 시간을 늘려도 된다. 인원수만큼 찻잔에 나눠서 따르고 수색과 양이 같도록 한다.

일반 가정에서 호우지차 (焙じ茶) 만드는 방법

시간이 지나서 풍미가 떨어진 차를 덖어서 향이 고소한 호우지차로 만들어 보자!
호우지차를 만드는 방법은 아주 간단하다.
차를 체로 걸러서 타기 쉬운 부분을 제거한 뒤, 프라이팬에서 덖기만 하면 된다.

'중간 불의 간접 열기'를 염두에 두고, 프라이팬을 조금 들어서 흔들어 주는 것이 좋다. 찻잎이 갈색을 띠기 시작하면 불을 끄고 잔열로 마무리한 뒤에 향이 올라오면 완성된다. '인덕션 히팅 스토브^{Induction Heating Stove}'를 사용하는 경우에는 젓가락으로 휘저으면서 덖어서 타는 것을 방지한다.

준비물
- 차 (센차나 쿠키차 등)
- 프라이팬이나 두꺼운 냄비
- 차 거름망

차는 차 거름망으로 걸러서 놓는다.

찻잎이 타지 않도록 프라이팬을 흔들면서 덖는다. 찻잎은 냄새를 매우 잘 흡수하기 때문에 가능하면 깨끗한 프라이팬을 사용하거나 프라이팬에 포일^{Foil}을 깔고 사용할 것을 추천한다.

완성!

차의 종류별로 일본차를 우리는 방법 〈실전〉
가마이리차 (釜炒り茶)

향이 특징인 가마이리차(釜炒り茶)는 뜨거운 물로 우리는 것이 비법이다.
잘 우려내서 '**가마카**(釜香)'*라는 **향**을 즐겨 보길 바란다.

* 가마카(釜香) : 찻잎을 가마솥 뚜껑에서 덖을 때 나는 독특한 덖음 향

1인분 기준 재료 및 레시피	필요한 다기
• 뜨거운 물 ······ 70mL • 가마이리차 ······ 2g 💧 80~85도 ⏱ 30초	• 큐스(急須) [일본식 티팟] • 유자마시 [일본식 숙우] • 찻잔 • 티스푼

1 차를 넣고 물을 붓기

인원수만큼 계량한 찻잎을 큰 큐스(일본식 티팟)에 넣는다.
티스푼에 찻잎이 산더미처럼 담기면 **2인분** (2g)의 기준이다.
끓인 물은 한 번 유자마시(일본식 숙우)로 옮겨서 식힌 뒤 큐스에 붓는다.

2 마지막 한 방울까지 모두 따르기

찻주전자인 큐스의 뚜껑을 덮고 **30초간** 기다린 뒤 찻잎이 펼쳐진 것이 보이면 완전히 우린 것이다. 인원수만큼 찻잔에 조금씩 차를 따르는데, 이때 각 찻잔에 담긴 차의 수색과 양이 같도록 골고루 따른다. 그리고 마지막 한 방울까지 차를 모두 찻잔에 따른다.

뜨거운 물로 고소한 향을 끌어내기

가마이리차는 주로 규슈 지방에서 생산되는 전통 녹차이다.

대부분의 녹차는 생잎을 증기로 찌고 가공하는데, **가마이리차는 생잎을 철제 가마솥 뚜껑에서 덖어서 만든다.** 그 형태는 둥근 모양을 띠며, 센차보다 부피가 커서 티스푼으로 계량할 때는 산더미처럼 펴서 사용한다.

이 차를 맛있게 우려내는 가장 중요한 핵심 포인트는 **물의 온도**이다.
철제 솥에 덖어서 생성된 고소한 향을 끌어내기 위해서는 **80~85도 정도의 다소 뜨거운 물로 우려내야 한다.** 또한 가마이리차는 큰 큐스(일본식 티팟)에서 넉넉하게 우려내야 향이 더 잘 발산된다.
맛이 깔끔하고 질리지 않아 일상에서 즐기는 차로 적합하다.

 차의 종류별로 일본차를 우리는 방법
고나차 (粉茶)

초밥집에서 흔히 보는 고나차(粉茶).
가루차로서 찻주전자 없이도 간편하게 우릴 수 있어 차를
빨리 마시고 싶을 때 추천한다.

1인분 기준 재료 및 레시피	필요한 다기
• 뜨거운 물 ······ 120mL	• 차 거름망 (세밀한 것)
• 고나차 ······ 2~3g	• 찻잔
💧 80~85도	• 티스푼
⏱ —	

1 차 거름망 준비하기

(POINT) 차 거름망 찻잔 위에 놓기!

망이 촘촘한 거름망을 찻잔 위에 놓고 고나차를 넣는다. 1티스푼이 1인분 (2g)이다. 차 거름망은 찻잔의 입구 부분에 올릴 수 있는 크기이면 적당하다.

2 뜨거운 물 붓기

(POINT) 거름망이 촘촘한 것을 사용하기!

전기포트에서 차 거름망으로 직접 뜨거운 물을 붓는다.
뜨거운 물이 고나차에 골고루 닿도록 차 거름망을 가볍게 흔들면서 우리면 효율적이다.

찻주전자를 사용하지 않고 간편하게 우리는 방법

고나차(粉茶)는 진한 쓴맛과 우마미(감칠맛)가 특징이며, 특히 쓴맛은 회나 초밥과 같은 날음식을 먹은 뒤에 입안을 깔끔하게 정리해 준다.

고나차를 우리는 방법은 아주 간단하다. 금속제나 대나무 재질의 차 거름망을 찻잔 위에 올려놓고 그 위로 직접 뜨거운 물을 부으면 된다.

찻주전자인 큐스를 사용하지 않고 차 거름망만으로 우릴 수도 있다.

🪭 또한 큐스(일본식 티팟)를 사용하는 경우 바구니형 거름망(212쪽 참조)이 내장된 것이나 후카무시 센차용 거름망이 내장된 것을 사용해도 된다.
이때 거름망 틈새 사이에 분말이 끼지 않도록 주의한다!

또한 고나차는 뜨거운 물을 부으면 차의 성분이 한 번에 모두 침출된다.
따라서 고나차는 우릴 때마다 새로운 차를 사용해 우리는 것이 기본이다.

 ## 차의 종류별로 일본차를 우리는 방법 실전
냉차 (冷茶)

여름철 수분 보충에 활용하는 냉차(冷茶).
아름다운 수색으로 손님 접대용으로도 추천한다.

1인분 기준 재료 및 레시피	필요한 다기
• 뜨거운 물 ········ 10mL • 차 ············· 3g • 얼음 ············ 2개 • 물 ············· 90mL 💧 80도 ⏱ 1분	• 유리잔 • 큐스(急須) [일본식 티팟]

1 뜨거운 물 붓기

찻잎을 계량하여 큐스(일본식 티팟)에 넣는다. 찻잎의 양을 1인분 기준 3g으로 평소보다 조금 넉넉하게 준비한다. 찻잎이 잠길 정도로 **1인분당 약 10mL**의 뜨거운 물을 붓고, 찻잎이 우러날 때까지 잠시 기다린다.

2 얼음 넣기

큰 얼음 2개 정도를 큐스(일본식 티팟)에 넣고 뜨거운 물의 온도를 낮춘다.
이로 인해 차의 향과 맛이 훨씬 더 깊어진다.

3 물 붓기

90mL의 물을 붓고 약 1분간 기다린다.
맑은 녹색으로 우러나면 완성된다. 큐스(일본식 티팟)를 살짝 흔들어 차의 농도를 고르게 한 뒤 유리잔에 따른다.

 ## 보기에도 시원한 냉차는 손님 접대용으로 제격

녹차의 우마미(감칠맛)를 제대로 즐기기에 안성맞춤인 냉차.
낮은 온도로 우리기 때문에 떫은맛 성분은 억제하면서 단맛과 우마미(감칠맛)를 내는 아미노산 성분은 충분히 침출된다. 찻잎의 양은 평소보다 약간 넉넉하게 넣어서 진하게 우리면 더욱 맛있다.
사용하는 차의 종류에 따라 다양한 냉차를 즐길 수 있다.
특히 증기로 깊이 찐 후카무시 센차(深蒸し煎茶)는 수색도 고르게 잘 우러나와 냉차로 즐기면 좋다.

 또한 냉차는 만드는 방법에 따라 맛이 달라진다. **시간이 없을 때나 갑작스럽게 손님이 왔을 때는 뜨거운 물을 붓고 얼음과 찬물을 더해 재빨리 식히는 방식이 적합하다.** 얼음과 물로 급속히 차를 식히면 뒷맛이 깔끔해지면서 녹차 특유의 상쾌한 향과 맛을 느낄 수 있다.

 좀 더 간편한 방법으로는 빙침(氷浸)이 있다.
특히 고급 찻잎을 우릴 경우에는 얼음으로만 천천히 우려내는 방식으로 즐겨도 좋다. 얼음이 녹으면서 서서히 우러나는 것이다. 상황에 맞게 다양한 방법으로 시도해 보자!

냉침 (冷浸) 방식

필요한 다기
- 큐스(急須) [일본식 티팟]
- 유리잔

1인분 기준 재료 및 레시피
- 차가운 물 ········ 60mL
- 차 ················· 3g

⏱ 3~5분

1 차가운 물 붓기

찻잎을 찻주전자인 큐스(일본식 티팟)에 넣고 차가운 물을 붓는다.
찻잎이 충분히 물에 잠기도록 찻잎과 물의 비율을 고려한다.

2 잠시 기다리기

차의 성분이 침출되기까지 3~5분 정도 기다린 뒤 유리잔에 따른다.

아이스 락 (Ice Rock) 방식

필요한 다기
- 큐스(急須) [일본식 티팟]
- 내열 유리잔

1인분 기준 재료 및 레시피
- 뜨거운 물 ········ 60mL
- 차 ················· 3g
- 얼음 ············· 적정량

🌡 80~85도
⏱ 1분

1 뜨거운 물 붓기

찻잎을 큐스(일본식 티팟)에 넉넉히 넣고 진하게 우린다.
평소보다 약간 높은 온도인 80도의 뜨거운 물을 부어 떫은맛이 살짝 우러나도록 한다.

2 얼음이 든 유리잔에 따르기

POINT 닿도록 차가 얼음에 따르기!

200mL 유리잔에 큰 얼음을 미리 넣어 둔다.
큐스(일본식 티팟)의 차를 얼음 위로 부어서 빠르게 식히면서 따른다.

빙침 (氷浸) 방식

필요한 다기
- 큐스(急須) [일본식 티팟] 또는 유자마시 [일본식 숙우]
- 유리잔

1인분 기준 재료 및 레시피
- 차 ················· 3g
- 얼음 ············· 적정량

⏱ 얼음이 녹으면 마실 타이밍

큐스(일본식 티팟)나 유자마시(일본식 숙우) 바닥에 찻잎을 얇게 펼쳐 놓고, 그 위에 큼직한 얼음을 올린다. 녹아내린 얼음물로 서서히 우러나오는 차의 맛을 즐긴다.

# 차의 종류별로 일본차를 우리는 방법 `실전`

티백 (Tea Bag)

간편한 티백도 정성껏 우리면 맛있는 차가 된다.
몇 가지의 요령만 익히면 사무실 등의 일상에서도 유용하게 즐길 수 있다.

1인분 기준 재료 및 레시피
- 뜨거운 물 ……………… 120mL
- 티백 …………………………… 1개

🌡 70~80도
⏱ 30초~1분

필요한 다기
- 찻잔
- 작은 접시

1 티백을 적정 온도의 물에 넣기

POINT
작은 접시로 덮기!

뜨거운 물을 찻잔에 붓고, 온도가 70~80도 정도로 내려갈 때까지 기다린다. 손으로 간신히 잡고 있을 정도가 되면 적정 온도이다. 티백을 물에 넣고, 작은 접시로 덮어서 잠시 우린다.

2 마지막 한 방울까지 따르기

 뜨거운 물을 식히는 과정이 핵심 포인트

최근에는 고급 찻잎으로 만든 고품질 티백도 시장에 등장하여 찻주전자 없이도 일본차를 맛있게 즐길 수 있다. **맛있게 우리는 요령은 끓인 물을 그대로 사용하지 않는 것이다. 일반적인 차와 마찬가지로 약간 식힌 물을 사용하면 맛이 한층 더 부드러워진다.** 큐스(일본식 티팟)가 있다면 인원수에 맞춰 티백을 넣고 한꺼번에 뜨거운 물을 부어도 괜찮다.

기호에 따라 약 30초에서 1분 정도 기다린 뒤 작은 접시를 열고 티백을 꺼낸다. 티백을 꺼낸 뒤에는 잠시 찻잔 위로 들어 올려서 마지막 한 방울까지 찻물이 떨어지도록 한다. 1회째 우릴 때 차의 성분이 대부분 우러나기 때문에 매번 우릴 때마다 새 티백을 사용한다.

녹차는 신선식품처럼 다루자! **실전**
일본차의 보관 방법

아껴 두었던 차를 오랜만에 마셔 보았더니 맛이 변해 있었다.
이런 경험이 있다면, 차의 올바른 보관 방법을 꼭 알아 두자!

 10일간 마실 분량만 차통에 담아 놓기!

차는 여름철에는 약 2주간, 겨울철에는 한 달간 마실 수 있는 양만 구입하는 것이 좋다. 개봉한 뒤에는 약 10일간 마실 분량만 차통과 같은 밀폐 용기에 덜어 보관한다. 차는 냄새와 습기를 쉽게 흡수하기 때문에 반드시 밀폐해서 서늘하고 어두운 곳에 보관해야 한다. 햇빛에도 약하기 때문에 유리병 등은 피하자.

 남은 차는 밀봉해서 철저히 보관하자!

남은 분량의 차는 밀봉해서 철저히 보관해야 한다.
지퍼백을 사용하면 냄새와 습기로부터 차를 보호할 수 있어 추천한다.

* 주의할 점 1 : 녹차를 냉장 보관할 때는 가급적 1개월~3개월 이상을 넘기지 않는다.
* 주의할 점 2 : 음식 냄새가 나는 냉장고는 피한다.

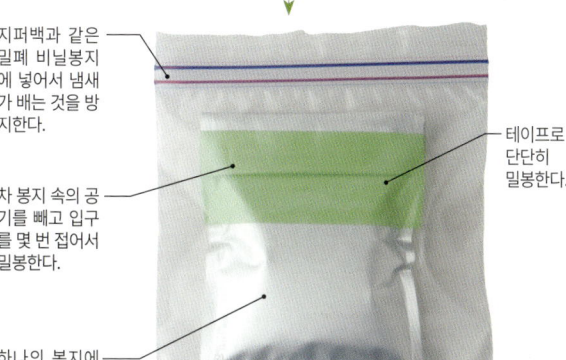

지퍼백과 같은 밀폐 비닐봉지에 넣어서 냄새가 배는 것을 방지한다.

테이프로 단단히 밀봉한다.

차 봉지 속의 공기를 빼고 입구를 몇 번 접어서 밀봉한다.

하나의 봉지에는 같은 종류의 차만 보관한다.

 냉장 보관
가정에서는 차를 밀봉 용기에 넣은 뒤 5~10도의 냉장고에서 보관한다.

 차를 보관할 때는 습도와 냄새를 주의해야!

차는 건조식품이어서 오래 보관할 수 있다고 생각하는 사람이 많다.
그런데 실은 녹차는 신선도도 매우 중요하다. 차는 습기나 온도, 햇빛 등의 영향을 받기 쉽고, 주변의 냄새도 잘 흡수하여 그대로 두면 맛과 향이 약해진다.
보관 방법에 충분히 신경을 써야 한다.

차를 많이 구입하게 되었을 때는 10일분씩 소분해 두는 것이 좋다. 각 소분한 것을 밀봉한 뒤 다시 지퍼백에 넣어 보관해야 한다. **차에 가장 적합한 환경은 서늘한 응달이다.** 가정에서는 단기간에 한해서 냉장고에 보관하는 것을 추천한다
단 냉장고에서 꺼낼 때는 온도 차이로 봉지에 결로가 생기기 때문에 그 상태로 곧바로 봉지를 열면 차가 습기를 머금을 수 있어 주의해야 한다.
냉장고에서 꺼낸 뒤 조금 시간을 두고 상온에서 보관한 뒤 봉지를 여는 것이 좋다.
그런데 차는 밀봉하였더라도 시간이 지나면 조금씩 신선도가 떨어지기 마련이다.
따라서 차는 개봉 후에 가능하면 빨리 마시는 것이 좋다.
차를 구입할 때는 적정량으로 나누어 사는 것이 기본이다.

 ## 자신만의 다기를 찾아보자!
일본식 티팟, 큐스 (急須)를 선택하는 방법

일본차를 즐기기 위하여 꼭 필요한 다기인 찻주전자(큐스).
손에 잘 맞고 사용하기 편리하며 관리하기도 쉬운 것을 선택하는 것이 좋다.

 ### 재질이나 거름망을 살펴보고 신중하게 선택하기

큐스(일본식 티팟)와 같은 찻주전자를 고를 때는 재질, 형태, 거름망의 세 가지를 살펴보아야 한다.
재질은 각각의 장단점이 있다.
차의 맛을 부드럽게 하는 석기(炻器)나 냄새가 배지 않는 자기(瓷器)를 추천한다.
차의 종류에 따라 다르지만, 형태는 사람이 직접 손으로 들어 보고 손에 잘 맞는 것을 선택해야
한다. 또한 찻잎 찌꺼기를 빼기 쉬운 형태인지도 살펴본다.
마지막으로 가장 중요한 사항은 내장된 거름망의 종류이다.
막힘이 적고, 손질이 쉬운 것을 선택하는 것이 좋다.

 ### 다양한 재질(도자기의 종류)

도자기는 주로 도기와 자기로 나뉘지만, 일본식 티팟인 큐스는 석기(炻器) 재질인 것이 많다.
석기에는 미세한 구멍이 많이 나 있는데, 불필요한 성분을 흡착하여 차의 맛을 더 좋게 만든
다고 알려져 있다. 또한 디자인이 뛰어난 자기 제품도 인기가 많다.

도코나메야키 (常滑焼) **/ 석기** (炻器)
주니(朱泥) (적색토) 큐스(일본식 티팟)로 잘 알려져 있다. 철분을 많
이 함유한 점토로 만들어지며, '산화소성(酸化焼成)'을 통해 구워
서 붉은색을 띤다. 산화철 함량이 많아 찻잎 성분인 타닌과 반
응하여 차의 맛을 부드럽게 만드는 것으로 알려져 있다.
아이치현의 도코나메시(常滑市)를 중심으로 일부 지역에서 생산
된다.

반코야키 (萬古焼) **/ 석기** (炻器)
자니(紫泥) (자색토) 큐스(일본식 티팟)로 잘 알려져 있다. 철분이 많
이 함유한 점토로 빚어지며, '환원소성(還元焼成)'으로 구워내
자줏빛이 도는 갈색을 띤다. 철분이 타닌과 반응하여 떫은맛
을 부드럽게 하고, 차의 우마미(감칠맛)를 더욱 북돋워 준다고
알려져 있다.
미에현 욧카이치시에서 생산된다.

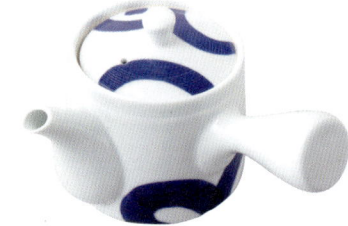

자기 (磁器)
유리질로 되어 있어서 투명도가 높은 흰색 자기이다.
자기는 흡수성이 없고 냄새가 배기 어려워서 다양한
종류의 차를 우리는 데 사용된다.
아리타야키(有田焼)와 구타니야키(九谷焼)가 유명하다.

다기의 크기 기준 (크기 선택 시 참조)

센차(煎茶)를 2~3잔 우려내기에 적합한 찻주전자, 즉 큐스(急須)의 적당한 용량은 약 250mL 정도이다. 크기 기준으로는 손잡이를 제외한 부분의 지름이 약 10cm 정도가 적당하다. 오른쪽 표를 참조하여, 우릴 차의 찻잔 수나 차의 종류에 맞춰 찻주전자를 선택해 보자. 이때 주의해야 할 점은 '큰 것이 작은 것을 대신하지 못한다'는 사실이다.

소량의 찻잎과 이에 적당량의 물을 큰 큐스에 넣고 우리면 물의 온도가 빨리 떨어지거나, 물의 높이가 낮아 찻잎이 물에 충분히 잠기지 않는 경우가 있기 때문이다.

차의 종류별로 적합한 용량의 기준(참고용)

비고	찻주전자 (큐스)	찻잔의 크기 (가득 채운 용량)
교쿠로(玉露)	90mL	40mL
상급 센차 (上級煎茶)	250mL	100mL
중급 센차 (中級煎茶)	600mL	150mL
반차(番茶)· 호우지차(焙じ茶)	800mL	240mL

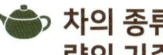 **다양한 형태의 큐스**(일본식 티팟)

일본식 티팟인 큐스(急須)는 손잡이의 위치에 따라 종류가 나뉜다.
각각 사용하기에 편리한 특징이 있다는 사실을 알아 두자!

횡수형 (橫手型)
일본 고유 디자인의 찻주전자. 옆쪽에 막대 모양의 손잡이가 있어 엄지손가락으로 뚜껑을 누르고 한 손으로도 찻물을 따를 수 있다.

후수형 (後手型)
중국에서 유래된 디자인의 찻주전자. 주둥이 반대쪽에 둥근 손잡이가 달린 찻주전자이다. 중국차나 홍차용으로 주로 쓰인다.

상수형 (上手型)
윗부분에 손잡이가 달린 찻주전자. 손잡이는 대나무 등 본체와는 다른 재질로 만들어진 것이 많아 뜨거운 물을 넣어도 잡기 쉽다. 호우지차나 반차처럼 뜨거운 물을 넉넉하게 부어 우리는 차에 적합하다.

호빈 (寶甁) / 일본식 개완
손잡이가 없는 찻주전자. 크기는 한 손에 들 수 있을 정도이다. 저온의 물로 소량으로 우려내 마시는 교쿠로(玉露)나 가부세차(かぶせ茶) 등의 상급 센차에 사용된다.
뜨거운 물을 넣으면 들 수 없기에 다른 차를 우리는 데는 자주 사용되지 않는다.

큐스(일본식 티팟)의 거름망 종류

큐스(일본식 티팟)의 사용에서 편리성을 크게 좌우하는 거름망.
거름망에는 다양한 종류가 있는데, 각기 장단점을 알고 선택하는 것이 좋다.

사사메 (ささめ)
찻주전자 내부에 본체와 같은 재질로 만들어진 차 거름망. 망이 세밀하지만, 쉽게 막혀 관리가 필요하다. 주로 보통의 '무시 센차(蒸し煎茶)'를 우리는 데 사용한다.

오비아미 (帯網) [띠망]
눈이 가는 스테인리스 망이 찻주전자 내벽을 띠 모양으로 360도로 둘러싸고 있는 형태이다. 막힘이 잘 생기지 않고 찻물을 따르기도 쉬운 것이 특징이다.

히라아미 (平網) [평망]
주둥이로 찻물이 나가는 부분에 크고 가늘면서 편평한 스테리인스 망이 장착된 형태. 막힘이 적고 찻물을 따르기도 쉬운 것이 특징이다.

포코아미 (ポコ網)
주둥이로 찻물이 나가는 부분에 둥글게 돌출된 형태의 망이 장착된 형태.
망을 부풀려 표면적을 넓힌 구조이다.

소코아미 (底網) [저망]
찻주전자 바닥 전체에 스테인리스 망이 깔린 형태. 차를 소량으로 우릴 경우, 물이 골고루 운동하지 않아 찻잎 성분이 충분히 우러나지 않을 수 있다.

가고아미 (かご網) [탈착식 망]
찻주전자에 탈착할 수 있는 바구니 형태의 거름망. 관리하기 쉬워 인기가 높지만, 찻잎이 펼쳐질 공간이 적어 찻잎 성분이 충분히 침출되지 않을 수 있다.
가능하면 큰 거름망을 사용하는 것이 좋다.

 # 일본식 티팟, 큐스 (急須)의 관리

신경을 쓰지 않으면 소홀해지기 쉬운 것이 큐스(일본식 티팟)의 관리이다. 차를 맛있게 즐기려면 평소에 찻주전자를 꼼꼼하게 관리해 두어야 한다.

 ## 차 찌꺼기를 남기지 않고 잘 건조하는 것이 중요!

찻주전자를 깨끗하게 유지하는 일은 차를 맛있게 즐기기 위해 지켜야 할 중요한 사항이다.

찻물의 수색이나 맛이 이상할 때, 그 원인이 큐스(일본식 티팟)의 거름망이나 주둥이 부분에 끼인 찻잎 찌꺼기임을 종종 확인할 수 있다.

차를 즐긴 뒤에 매번 차 찌꺼기를 깨끗이 씻어 내는 일은 물론 큐스 내부를 완전하게 건조시키는 일도 중요하다. 수분이 남아 있으면 습기가 차서 냄새가 배거나 차 찌꺼기에 곰팡이가 필 수 있다. **큐스를 씻고 나서 뜨거운 물로 한 번 헹군 뒤에 뚜껑을 덮지 않고 뒤집어서 내부를 건조시킨다.**

또한 만약 표백제를 사용해 그 냄새가 남았을 때는 탈취 효과가 있는 찻잎 찌꺼기를 넣어 냄새를 제거한다.

큐스의 관리를 위하여 갖춰 두면 좋은 물품이 찻주전자용 솔이다. 솔의 끝부분으로 거름망에 붙은 차 찌꺼기를 문질러서 떨어뜨린다. 또한 아래의 사진처럼 주둥이 속으로 넣어 차 찌꺼기를 제거하거나 닦아 낼 수 있다.

 ## 비닐 캡은 제거 후 사용!

찻주전자 큐스(일본식 티팟)를 처음 구입하면 주둥이에 투명한 비닐 캡이 붙어 있는 경우가 있다. 이는 유통 중에 깨지지 않도록 붙여진 보호용 커버이다. 위생적으로 권장되지 않으므로 제거한 뒤 사용하는 것이 좋다.

 자신만의 다기를 찾아보자!
찻잔을 선택하는 방법

찻잔을 고르는 데 특별한 규정은 없지만, 차의 종류에 맞게 사용하면 더 맛있게 즐길 수 있다.

 차의 종류에 맞춰 재질과 크기를 구분해 사용

찻잔의 종류는 다양하다. 일상적으로는 자신의 마음에 드는 것을 사용하면 좋다. 그런데 찻잔의 재질과 크기에 따라 차의 맛과 향은 느낌이 달라진다. 따라서 차의 종류에 맞춰 찻잔을 구분하여 사용하는 것이 좋다.

일반적으로 교쿠로(玉露)나 가부세차(かぶせ茶), 상급 센차(上級煎茶)에는 얇은 자기(磁器) 재질의 찻잔이 적합하고,

뜨거운 차를 즐기는 호우지차(焙じ茶), 반차(番茶), 겐마이차(玄米茶) 등에는 약간 큰 크기와 두께가 있는 도기(陶器) 찻잔이 적합하다 (크기 기준은 211쪽을 참조).
우선은 이 두 종류의 찻잔을 갖춰 놓는 것이 좋다.

다양한 형태

차를 따르는 찻잔
높이가 낮고 가장자리가 넓은 형태로 향기가 잘 올라온다. 센차(煎茶)에 적합하다.
교쿠로(玉露)에는 이 형태로서 작은 것이 좋다.

통찻잔
세로로 긴 원통형으로서 물이 잘 식지 않아 뜨겁게 차를 즐기는 호우지차(焙じ茶)나 겐마이차(玄米茶) 등에 적합하다.

뚜껑이 있는 찻잔
손님을 접대하는 환대 자리에서 적합하다.
격식이 있는 인상을 손님에게 주고 싶을 때 사용한다.

다양한 재질

자기(瓷器)
입에 닿는 촉감이 얇고 매끄럽다.

도기(陶器)
입에 닿는 촉감이 두꺼우면서 소박하다.

유리 용기
차가운 차에는 시원한 느낌의 유리 용기도 잘 어울린다.

수색이 보이는 방식을 좌우하는 찻잔 내부의 색상

차를 마실 때 찻잔의 색상에도 신경을 써야 한다. 눈으로 볼 때 차의 수색에서 큰 차이가 나기 때문이다. **내부가 흰색인 '중백(中白)'이라 불리는 찻잔이 수색을 잘 보여준다.** 또한 흰색 중에서도 노란색 기운이 있는 것보다 푸른색 기운이 있는 찻잔이 녹색이 잘 비친다.

흰색 찻잔이라도 내부에 무늬가 있으면 수색이 보이는 느낌에 영향을 준다.

특히 내부가 붉은색이면 수색이 붉게 보이는 등 크게 영향을 준다.

상급의 차를 수색도 함께 즐기고 싶다면 찻잔 내부에 무늬가 없는 것을 선택한다.

같은 색상과 형태의 찻잔이라도 내벽에 색이 있으면 차의 수색이 다르게 보인다.
바닥에 빨간 무늬가 있는 오른쪽 찻잔에서는 수색이 붉게 보인다.

다양한 색상

같은 상급 센차를 우려내 따랐을 때 수색 차이

수색이 잘 보이지 않는다	무늬의 색상에 영향을 받은 수색	초록색이 선명하다	예쁘다!
도기 (陶器)	무늬가 있는 자기 (瓷器)	청백색이 감도는 자기 (瓷器)	하얀 백자

똑같은 하얀 찻잔이라도 색상의 미묘한 차이에 따라 수색도 달라 보인다.
도자기나 바닥에 색상이 있는 찻잔에서는 수색을 판단하기 어렵다.

한 번쯤 소장하고 싶은 하얀 찻잔.
수색을 비교해 보는 것도 차를 즐기는 재미 중 하나이다.

 화과자(和菓子)와 최고의 궁합을 자랑하는 일본차!

일본차 + 화과자

차에 곁들이는 화과자의 선택 방법

다양한 종류의 일본차와 함께 먹을 과자의 조합을 고려해 보자!
여기서는 차와 함께 먹는 전통적인 화과자(和菓子) 중 대표적인 것을 엄선해 소개한다.

일본차와 밀접하게 관련된 화과자의 발전 역사

차를 마시면서 잠시 여유를 즐길 때, 차와 함께 곁들이는 과자는 빠질 수 없다.
차와 과자는 조합에 따라 서로의 맛을 돋보이게 하며, 각각을 단독으로 맛볼 때보다 훨씬 더 맛있다고 느껴지는 절묘한 조합이 있다. 차와 함께 곁들일 수 있는 음식은 무궁무진하지만, 역시 일본의 화과자(和菓子)도 배놓을 수 없다.
기본적으로 떫은맛이 있는 일본차는 진한 단맛의 화과자와 궁합이 잘 맞는다.

화과자의 역사는 일본차와 밀접한 관련이 있다. **가마쿠라 시대**(鎌倉時代, 1192~1333)에 차나무의 재배가 널리 보급되면서(222쪽 참조) 일본차와 함께 먹을 간식이 필요하였다.
처음에는 과실 등이 제공되었지만, 점차 양갱의 원형이 되는 음식들도 등장하였다.

그 뒤 **무로마치 시대**(室町時代, 1336~1573)에서 **아즈치모모야마 시대**(安土桃山時代, 1573~1603)에는 사무라이 계층 사이에서 차가 보급됨에 따라 차를 마시는 자리인 '차석(茶席)'에서 화과자를 제공하는 개념이 확립되었다.

에도 시대(江戸時代, 1603~1868)에 들어서면서 섬세하고 아름다운 '**경과자**(京菓子)'(교토부의 과자)가 차석용 과자로 발전하였다. 훗날 에도(江戸)에서는 제과 문화가 꽃을 피우면서 한천을 사용하여 만드는 녹차 양갱 등도 탄생하였다.
현대와 똑같은 방식으로 만드는 화과자들도 차례차례로 등장하였다.

일본차와 밀접하게 관련되어 발전해 온 화과자.
여기서는 대표적인 화과자와 그 조합이 맞는 일본차를 소개한다.
이를 참조하여 다양한 차와 화과자들을 즐겨 보길 바란다.

네리키리 (練りきり)

흰 팥 앙금을 찹쌀 반죽인 규히(求肥)나 일본 참마류인 쓰쿠네이모(Tsukuneimo) 등과 혼합하여 반죽한 생과자. 다양한 형태로 장식하며, 차 모임용이나 선물용으로 사용된다.

 교쿠로 (玉露)
 **맛차** (抹茶)

모습이 아름다운 네리키리. 특별한 느낌이 있는 교쿠로나 맛차 등 고급 녹차와 함께 먹으면 품격 있는 단맛을 선사한다.

와라비모치 (わらびもち)

고사리 전분에 설탕과 물을 넣고 차게 굳힌 생과자. 고사리 전분은 고사리 뿌리에서 얻은 전분이다. 콩가루나 흑설탕 시럽을 뿌려서 먹는다.

 가부세차 (かぶせ茶)
 무시세이 다마료쿠차 (蒸し製玉緑茶)

은은한 단맛과 볶은 콩가루의 고소한 향이 특징인 와라비모치에는 떫은맛이 적은 가부세차나 무시세이 다마료쿠차를 추천한다.

가노코 (鹿の子) ＋ 무시세이 다마료쿠차 (蒸し製玉緑茶)

떡이나 규히를 조청에 절인 콩으로 빈틈없이 뒤덮은 것. 팥이나 풋완두콩 등이 사용된다. 팥을 사용한 것은 '오구라노(小倉野)'라고 한다.

가노코에서 조청의 단맛과 콩의 향을 떫은맛이 적고 부드러운 맛을 지닌 무시세이 다마료쿠차가 절묘하게 살려 준다.

오코시 (おこし) ＋ 겐마이차 (玄米茶) / 후카무시 센차 (深蒸し煎茶)(냉차)

증기에 찌고 말려서 덖은 쌀에 설탕과 조청을 섞어서 굳힌 것. 간사이(關西) 지방에서는 쌀을 쪄서 말린 뒤에 설탕을 뿌린 뒤 건조시켜 만든다.

쌀의 고소한 향과 부드러운 단맛에 잘 어울리는 것은 마찬가지로 쌀이 들어간 겐마이차(玄米茶)나 뒷맛이 깔끔한 후카무시 센차(深蒸し煎茶)이다.

구즈만주 (くず饅頭) ＋ 쿠키차 (茎茶) / 후카무시 센차 (深蒸し煎茶)(냉차)

구즈, 즉 갈분 가루로 만든 투명한 반죽에 팥을 소로 넣은 것. 일본에서 차게 해서 먹는 여름용 전통 과자로서 '수만주(水饅頭)'라고 한다.

식감이 시원하고 상쾌한 구즈만주에는 깔끔한 맛의 쿠키차를 추천한다. 증기에 깊이 찐 후카무시 센차를 냉차로 하여 상쾌하게 즐기는 것도 좋다.

스아마 (すあま) ＋ 센차 (煎茶)

쌀을 갈아서 만든 가루인 상신분(上新粉)을 찐 뒤 설탕을 더해 반죽하여 타원형이나 어묵 모양으로 만든다. 주로 홍백색으로 색상을 입혀서 길복을 기원하는 의미로 사용한다.

쫄깃한 식감과 부드러운 단맛을 지닌 스아마에는 대중적인 센차가 가장 잘 어울린다. 센차의 떫은맛이 서로의 맛을 훨씬 더 돋보이게 만든다.

가린토 (かりんとう) ＋ 호우지차 (焙じ茶) / 가마이리차 (釜炒り茶)

밀가루와 설탕 등으로 만든 반죽을 기름에 튀긴 뒤에 설탕을 뿌리고 건조시킨 것이다. 흑설탕이나 조청 등을 뿌리기도 한다.

진한 단맛이 매력적인 가린토에는 깔끔하고 산뜻한 맛의 호우지차나 가마이리차가 잘 어울린다. 기름진 맛을 줄이는 효과도 있다.

TEA BREAK

찻잎 찌꺼기의 활용법

차를 마신 뒤에 나오는 찻잎 찌꺼기는 사실 다양한 용도로 쓰이고 있다. 친환경적이어서 버리지 말고 적극적으로 활용해 보자.

찻잎 찌꺼기를 말려서 사용할 때의 준비

찻잎 찌꺼기를 사용하려면 먼저 건조시켜야 한다. 햇볕에 말리는 방법도 있지만, 전자레인지에 돌리는 것도 간편하게 추천된다. 완전히 말린 찻잎 찌꺼기는 티백 등에 넣어서 사용한다.

음식

찻잎 찌꺼기를 그대로 무침 등으로
찻잎 찌꺼기에 남아 있는 영양분을 통째로 섭취할 수 있다. 간장을 뿌려 무침으로 먹어도 간편하지만, 두부무침 등으로 만들어도 맛있게 즐길 수 있다. 찻잎이 부드러운 교쿠로나 고급 센차를 사용하는 것이 좋다.

청소

쓸기 청소
물기를 잘 짠 찻잎 가루를 바닥에 뿌리고 빗자루로 쓸어 낸다. 먼지를 흡착하여 구석에 낀 쓰레기를 제거할 수 있다.

닦기 청소
찻잎 가루를 절반쯤 말린 뒤, 행주 등에 싸서 바닥이나 기둥을 닦으면 윤기가 나고 광택이 생긴다.

녹 방지
항산화 작용이 있어 녹슬기 쉬운 철제 냄비나 철제 주전자에 찻잎 가루를 넣어 관리하면 좋다.

탈취

주방 소독
찻잎은 소독과 탈취 효과가 있어 도마, 냄비, 칼 등을 닦는 데 좋다. 또한 건조시킨 찻잎 찌꺼기를 냉장고에 넣어 두면 탈취제로 사용하기에 좋다.

탈취제
건조시킨 찻잎 찌꺼기를 천 주머니 등에 넣어 냄새가 잘 배는 신발장이나 옷장에 탈취제로 넣어 둔다. 신발 속에 직접 넣어 두어도 좋다.

비린내 제거
생선을 구운 뒤에 그릴에 찻잎 찌꺼기를 뿌리면 냄새를 제거할 수 있다. 또한 생선과 함께 끓이면 비린내가 사라진다.

기타

입욕제
티백 등에 넣어 입욕제를 대신하여 사용할 수 있다. 미용에 효과가 있다고 알려져 있다. 찻잎의 떫은맛 성분인 타닌이 욕조에 배면 제거하기 어려워서, 사용한 뒤에는 즉시 청소하는 것이 좋다.

비료
화초나 나무의 뿌리 근처에 뿌리면 좋은 비료가 된다.

Knowledge of Japanese Tea
일본 녹차

PART 4

차를 더욱 맛있게 즐기기 위하여!
일본차(日本茶) 배우기

일본차의 성분에서부터 역사, 제다 과정에
이르기까지 일본차의 지식을
깊이 있게 소개한다.
알아 갈수록 훨씬 더 즐거운 일본차!

기대할 수 있는 건강 효과의 고찰!
일본차의 성분과 효능

떫은맛, 쓴맛, 감칠맛, 단맛 등의 독특한 맛을 지닌 일본차에는 다양한 성분이 포함되어 있다. 이러한 차를 마시면 우리 몸에 어떤 작용이 있을까?

 녹차(綠茶)의 효능

 다이어트 효과
카테킨 Catechin과 카페인 Caffeine의 시너지효과로 인해 체지방과 내장지방을 줄이는 작용이 있다. 기름진 음식을 먹을 때는 식사 중이나 식후에 마시는 것이 좋다.

 식중독 예방
콜레라균을 비롯해 식중독을 일으키는 세균에 대하여 항균·살균 작용이 있다. 초밥 등 날음식과 함께 녹차를 마시는 것은 건강상 매우 이치에 맞는 일이다.

 항암 작용
암의 요인은 복잡하지만, 녹차의 카테킨 성분은 암 진행의 각 단계에서 암세포의 발생을 억제하는 것으로 알려져 있다.

 미용 효과
녹차에 든 비타민 C는 비교적 열에 강하여 피부 트러블이나 노화 방지에 도움이 된다. 찻잎 찌꺼기에는 피부를 건강하게 뉴시켜는 수용성 베디기코틴 β Carotene 등이 포함되어 있다.

 피로 해소
녹차를 마시면 머리가 맑아지고 집중력이 높아지는 동시에, 우마미(감칠맛) 성분인 테아닌이 알파파를 발생시키면서 긴장감를 픽킹히 유지하여 몸과 마음을 이완시킬 수 있다.

감기 예방
녹차에 든 카테킨은 항바이러스 작용이 있어 독감 예방에 도움이 된다. 또한 녹차를 마시면 면역력을 높여 감기 예방에도 효과적이다.

 매일 꾸준히 마시면 건강 유지에 좋은 녹차!

옛날에는 사람들이 전통적으로 녹차를 약으로 마셨다. 최근에는 녹차 성분에 대한 과학적인 해명이 진행되면서 이제는 다양한 건강 효능이 밝혀졌다.

 녹차의 주성분인 카테킨은 특히 건강에 좋은 성분이다.
체내에서 다양한 질병을 유발하는 활성산소를 억제하고, 나쁜 콜레스테롤이나 체지방을 줄이는 작용이 있어 생활 습관성 질환의 예방에 도움이 된다.
또한 바이러스나 세균의 감염, 알레르기 예방에도 도움이 된다.

쓴맛의 성분인 카페인은 졸음을 깨우고 피로 해소에도 큰 도움이 된다. 또한 우마미(감칠맛)를 가져오는 테아닌 Theanine과 같은 아미노산은 잠시 휴식을 취할 때 몸과 마음을 진정시킨다. 건강 유지를 위하여 필수적인 비타민과 미네랄도 풍부하다.

그런데 녹차의 성분은 물에 20~30% 정도만 침출된다. 교쿠로(玉露)와 같은 부드러운 상급 녹차를 우려낸 뒤에는 반드시 우려낸 찻잎까지도 즐겨 보자. 그대로 먹거나 요리에 활용해도 좋을 정도로 귀한 영양분을 온전히 섭취할 수 있다.

녹차(綠茶)의 주요 성분

 카페인 (Caffeine)
약한 쓴맛이 특징이며, 깔끔한 뒷맛을 제공한다. 각성 효과가 있는 것으로도 알려져 있다.

 카테킨 (Catechin)
폴리페놀Polyphenol의 일종으로서 녹차의 맛을 떠올리게 하는 떫은맛과 쓴맛의 요인이 되는 성분이다. 항산화 작용과 항균 작용 등의 건강 효과가 기대된다. 차가운 물에는 잘 녹지 않는다.

 미네랄류
몸의 다양한 기능을 조절하는데 도움이 되는 미네랄 성분. 특히 노폐물의 배출을 촉진하는 칼륨이 풍부하며, 이외에도 철분, 아연, 플루오린Fluorine 등이 포함되어 있다.

 아미노산 (Amino Acid)
테아닌Theanine과 글루타민산Glutamic Acid을 비롯해 6종류의 성분이 포함되어 있다. 이는 차의 감칠맛과 단맛에 영향을 준다. 특히 교쿠로(玉露)나 고급 녹차에 많이 포함되어 있다. 낮은 온도에서도 쉽게 우러나는 것이 특징이다.

 일본차의 추천 활용법

일본차에는 매우 다양한 종류가 있는데,
차는 마실 시간대나 몸의 건강 상태에 맞춰 선택해야 한다.

** 잠을 깨우는 차로는**

상급 센차
(上級煎茶)

고급 녹차에는 비교적 카페인이 많이 들어 있어, 상쾌하게 잠을 깨우고 싶다면 아침에 한 잔을 추천한다. 뜨거운 물로 우려낸 센차를 마시면 의식이 부드럽게 깨어날 것이다.

 잠자기 전에는

겐마이차
(玄米茶)

각성 작용이 있는 카페인 함량이 비교적 적고, 위장에 자극이 적은 겐마이차 등을 추천한다. 센차의 경우는 연하게 우리는 것이 좋다. 반대로 교쿠로나 맛차는 수면을 방해할 수도 있어 삼간다.

** 숙취 해소에는**

상급 센차

(上級煎茶)(약간 진하게)

카페인의 각성 작용으로 머리를 맑게 하려면, 뜨거운 물로 진하게 우려낸 상급 센차를 마시는 것이 좋다. 다만 위장이 약한 사람은 공복에 마시지 말고 약간의 음식을 먹은 뒤에 마시는 것이 좋다.

** 식후에는**

센차　호우지차
(煎茶)　(焙じ茶)

센차를 약간 뜨거운 물로 우려내 마시면 입안이 산뜻해질 뿐 아니라 카테킨의 효과로 충치나 식중독 예방에도 도움이 된다. 또한 기름진 음식을 먹은 뒤에는 고소한 향의 호우지차도 추천된다.

** 운동하기 전에는**

교쿠로　상급 센차
(玉露)　(上級煎茶)

카페인에는 근육을 자극하는 작용이 있어 교쿠로(玉露)나 상급 센차(煎茶)와 같이 카페인이 많이 포함된 차를 약간 뜨거운 물로 진하게 우려내 마시는 것이 좋다. 운동을 시작하기 약 20~30분 전부터 30분마다 꾸준히 마시면 효과적이다.

중국에서 전래부터 현재의 유통까지!
일본차의 역사

고대 중국에서 시작된 차의 문화가 어떻게 일본에까지 전해져 널리 퍼졌는지 그 역사를 살펴보자.

일본차의 기원 ~ 가마쿠라 시대 (鎌倉時代)

🌿 일본차의 뿌리는 중국차이다.

일본의 차 문화는 **나라 시대**(奈良時代, 710~794)에 당나라 사신이 중국에서 전한 것으로 알려져 있다. 헤이안 시대(平安時代, 794~1192)의 문헌 『**일본후기**(日本後紀)』에는 **사가 천황**(嵯峨天皇)에게 차를 바친 기록도 있다. **가마쿠라 시대**(鎌倉時代)에는 **에이사이**(榮西, 1141~1215) 선사가 유학 중인 송나라에서 차의 씨앗을 가져와 각지에서 차나무의 재배가 확산되었다. 이 에이사이 선사는 차의 효능을 『**끽차양생기**(喫茶養生記)』라는 책에 정리하여 일본차의 보급에 크게 이바지하였다. 또한 에이사이 선사로부터 **교토**(京都) **도가오산**(栂尾山) **고잔사**(高山寺)의 **묘에 상인**(明惠上人, 1173~1232)에게 전달된 씨앗에서 자란 차나무들이 훗날 유서 깊은 차, '**혼차**(本茶)'로 여겨졌다.

무로마치(室町) ~ 아즈치모모야마 시대 (安土桃山時代)

🌿 당시의 권력자가 차의 생산을 장려하다!

귀족과 사무라이 사이에서 차를 마시는 관습이 퍼지면서 점차 자신이 마신 차의 산지를 알아맞히는 '**투차**(鬪茶)'라는 놀이도 등장하였다. **아시카가 막부**(足利幕府)의 3대 쇼군(將軍)인 **아시카가 요시미쓰**(足利義滿, 1358~1408)는 차나무의 재배를 위하여 '**우지 7명원**(宇治七名園)'을 조성하여 우지차 발전에 초석을 다졌다.
15세기 중반에는 **무라타 주코**(村田珠光, 1423~1502)가 **선**(禪)의 사상을 도입해 '**와비차**(佗び茶)'를 고안하였다. 그 전까지의 **차회**(茶會)는 다기를 감상하는 일이 중심이었지만, 이제는 마음의 치유와 정신의 수행이 중요시되기 시작했다. 그 뒤 **센노리큐**(千利休, 1522~1591)는 와비차를 바탕으로 '**차노유**(茶の湯)'를 완성하였고, 이것이 전국시대에 무사들 사이에서 인기를 끌었다.

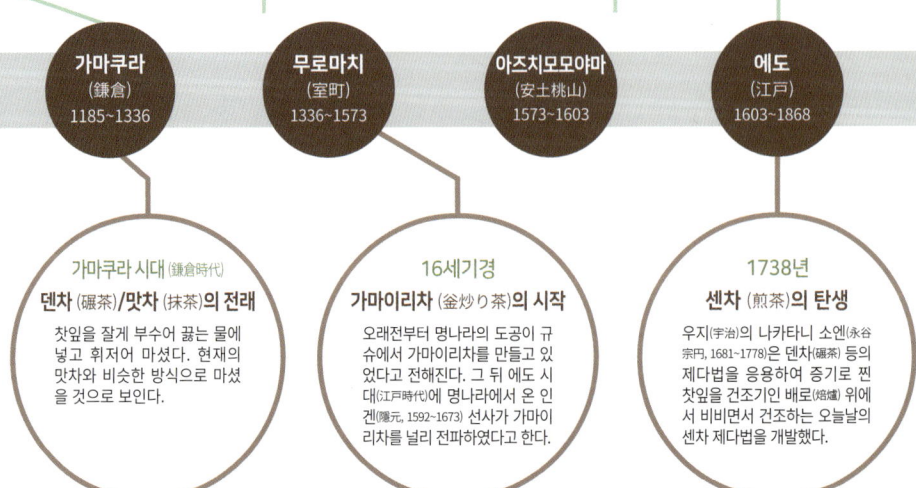

가마쿠라 (鎌倉) 1185~1336	무로마치 (室町) 1336~1573	아즈치모모야마 (安土桃山) 1573~1603	에도 (江戶) 1603~1868
가마쿠라 시대(鎌倉時代) **덴차**(碾茶)/**맛차**(抹茶)의 전래 — 찻잎을 잘게 부수어 끓는 물에 넣고 휘저어 마셨다. 현재의 맛차와 비슷한 방식으로 마셨을 것으로 보인다.	**16세기경** **가마이리차**(釜炒り茶)의 시작 — 오래전부터 명나라의 도공이 규슈에서 가마이리차를 만들고 있었다고 전해진다. 그 뒤 에도 시대(江戶時代)에 명나라에서 온 인겐(隱元, 1592~1673) 선사가 가마이리차를 널리 전파하였다고 한다.		**1738년** **센차**(煎茶)의 탄생 — 우지(宇治)의 나카타니 소엔(永谷宗円, 1681~1778)은 덴차(碾茶) 등의 제다법을 응용하여 증기로 찐 찻잎을 건조기인 배로(焙爐) 위에서 비비면서 건조하는 오늘날의 센차 제다법을 개발했다.

에도 시대 (江戸時代)

🌱 오늘날의 다양한 제다법이 개발되다!

다도(茶道)는 도쿠가와 막부(德川幕府) 시대에 예의를 갖추는 의식 중 하나로 받아들여져서 무사 계층에서도 완전히 정착되었다.
16세기에는 중국에서 솥뚜껑에 찻잎을 덖는 제다법이 전해졌고, 그 뒤에 찻잎을 증기로 쪄서 만드는 센차(煎茶)나 교쿠로(玉露)의 제다법도 개발되어 오늘날 일본차의 기반을 형성하였다.

다양한 고문서 기록에서도 에도 시대에 차의 생산이 더욱 활발해졌다는 사실을 알 수 있는데, 더욱이 차를 세금으로 바쳤다는 기록도 있다.
특히 **규슈(九州)** 지방의 **우레시노차(嬉野茶), 스루가(駿河)** 지방의 차, **우지차(宇治茶)** 등은 에도 시대부터 이미 고급차로 평가되었다고 한다.

메이지 시대 (明治時代) 이후

🌱 야부키타 (薮北) 품종이 녹차 생산의 주요 품종으로

메이지 시대에 개방을 계기로, 일본차는 비단실과 함께 주요 수출 상품으로 떠올랐다. **생산 효율성의 향상을 목표로 종전의 손으로 찻잎을 비비는 제다법이 기계식 제다법으로 전환되었다.**
또한 1908년에는 튼튼하여 재배하기 쉬운 '야부키타' 품종을 선택, 육성하면서 각지에서 차를 안정적으로 생산할 수 있었다.

1960년대부터 국내 수요도 증가하기 시작하였는데, **1990년에는 간편하게 걸어 다니면서 마실 수 있는 페트병 차도 출시되었다.** 차가 건강에 좋다는 인식이 증가하면서 녹차 음료의 인기도 점점 더 높아지고 있다.

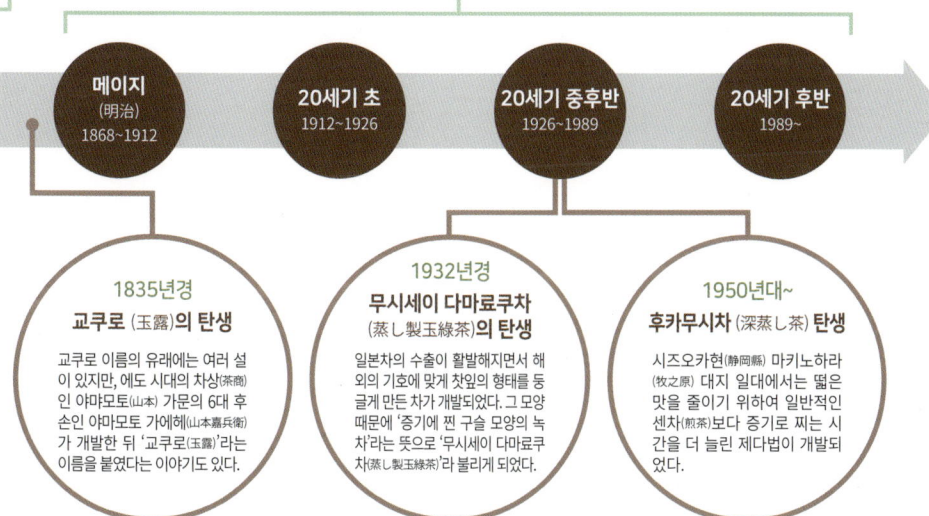

메이지 (明治) 1868~1912

20세기 초 1912~1926

20세기 중후반 1926~1989

20세기 후반 1989~

1835년경
교쿠로(玉露)의 탄생
교쿠로 이름의 유래에는 여러 설이 있지만, 에도 시대의 차상(茶商)인 야마모토 가문의 6대 후손인 야마모토 가에헤(山本嘉兵衛)가 개발한 뒤 '교쿠로(玉露)'라는 이름을 붙였다는 이야기도 있다.

1932년경
무시세이 다마료쿠차
(蒸し製玉緑茶)의 탄생
일본차의 수출이 활발해지면서 해외의 기호에 맞게 찻잎의 형태를 둥글게 만든 차가 개발되었다. 그 모양 때문에 '증기에 찐 구슬 모양의 녹차'라는 뜻으로 '무시세이 다마료쿠차(蒸し製玉緑茶)'라 불리게 되었다.

1950년대~
후카무시차(深蒸し茶) 탄생
시즈오카현(静岡縣) 마키노하라(牧之原) 대지 일대에서는 떫은 맛을 줄이기 위하여 일반적인 센차(煎茶)보다 증기로 찌는 시간을 더 늘린 제다법이 개발되었다.

이것만은 꼭 알아 두자!
일본차의 예절

사적인 자리나 비즈니스에서는 차를 대접하거나 반대로 대접을 받는 기회가 많다. 일본차를 마시는 자리에서 세련되게 행동할 수 있는 예절을 알아 두자.

 상대방에 대한 배려가 최고의 예절!

차는 상대방과의 대화를 원활히 해주는 매개체이다. 손님을 맞이할 때나 비즈니스 상황 등에서 차를 대접할 때는 하나하나의 동작을 정성스럽게 신경을 써서 해야 한다. 예를 들면, 다른 방에서 우려낸 차를 테이블에 놓을 때는 멀리서 손을 뻗지 말고, 각 사람과 가까운 곳에서 차를 내어 드리는 것이 예의이다.

방문한 장소에서 차나 과자로 대접을 받을 때 지나치게 사양하지 않는 것이 중요하다. 정성껏 준비한 차를 식기 전에 맛있게 마셔야 상대방도 기뻐할 것이다. 그 외에는 몇 가지의 기본적인 예의만 익혀 두면 된다.

 센차(煎茶)를 대접할 때의 예절

 차의 정확한 운반 방법

찻잔과 차탁(茶托)은 따로 운반
운반하는 동안 차가 찻잔을 받치는 접시인 **차탁(茶托)**에 쏟아지는 것을 막기 위하여 찻잔과 차탁은 별도로 쟁반에 위에 놓고 운반하는 것이 좋다.

몸의 정면에서 찻잔을 들어서 낸다
쟁반은 몸의 정면에서 약간 벗어나서 들면 편하다. 정면에서 들면 운반하는 사람의 숨결이 와닿는 것처럼 보여 불쾌감을 느끼는 사람도 있을 수 있다.

 차탁의 세팅 방법

 차와 과자의 배치

쟁반 위에서 세팅
쟁반 위에서 하나씩 차탁과 찻잔을 세팅한 뒤에 손님에게 내놓는다. 사람이 많을 경우, 사이드 테이블에서 인원수만큼 세팅한 뒤에 운반해도 된다. 내놓을 때는 반대 손으로 받쳐 주는 것이 좋다.

차는 오른쪽, 과자는 왼쪽에 세팅
찻잔은 손님이 편하게 들 수 있도록 오른쪽에 둔다. 과자는 왼쪽에 놓는데, 약간 앞쪽에 내놓으면 먹기 쉽다.

예절 4 차탁의 방향

차탁 나이테 결의 방향에 주의!

차탁은 나무의 나이테 결이 손님 기준에서 보았을 때 가로 방향이 되도록 놓는다. 세로 방향은 불길하게 여기는 풍속이 있어서이다. 또한 나이테 간격이 넓은 쪽이 차탁의 정면이므로, 넓은 쪽이 손님을 향하도록 내놓는다.

예절 5 찻잔의 방향

찻잔의 문양은 손님을 향하도록!

찻잔에 문양이 있을 경우, 그 문양이 손님을 정면으로 향하도록 놓는다. 문양이 없는 경우에도 색상의 농담이나 미묘한 차이가 있다면 더 어울리는 부분을 정면으로 정하여 손님을 향하도록 놓는다.

센차(煎茶)를 마실 때의 예절

예절 1 찻잔의 방향

마실 때는 찻잔을 돌려서 마신다!

대접하는 쪽에서 찻잔의 정면을 손님 쪽으로 향하게 내놓는데, 마실 때는 찻잔의 정면을 피해 약간 방향을 돌려서 마시는 것이 바람직하다.

예절 2 뚜껑이 있는 찻잔은?

뚜껑을 뒤집어 놓는다!

뚜껑을 살짝 열어 기울인 뒤 주변이 젖지 않게 안쪽에 맺힌 물방울을 찻잔 속으로 떨어뜨린다. 뚜껑은 양손으로 쥐고 찻잔의 오른편 뒤쪽에 뒤집은 상태로 놓는다. 차탁의 오른편에 끼워 놓아도 좋다.

예절 3 찻잔을 드는 방법

양손으로 받쳐 들기

찻잔을 떨어뜨리지 않도록 한 손바닥 위로 찻잔을 올리고, 다른 손으로는 가볍게 쥐고 입으로 가져간다. 양손을 사용하면 보기에도 단정하고 세련되어 보인다. 양손으로 찻잔을 감싸듯이 들고 입 가까이 가져간다.

예절 4 차를 마시는 방법

소리 내지 않도록 하기

뜨거운 차를 후루룩 소리를 내면서 마시는 것이 맛있게 먹는 방법으로 생각하는 사람도 있지만, 방문한 자리에서는 조용히 마시는 것이 예의이다. 한 번에 다 마시지 말고, 차를 정성스럽게 음미하면서 마시는 것이 좋다.

 # '맛차(抹茶)' 마실 때의 예절

 기본 예의만 알고 있으면 다과회에서도 안심!

'맛차(抹茶)'라고 하면, 다도(茶道)의 이미지가 떠올라 부담스럽게 느끼는 사람도 많다. 그러나 최근에는 일본차 카페가 인기를 끄는 등 맛차를 간편하게 즐길 수 있는 기회가 늘어나고 있다. 이러한 상황에서는 형식에 구애를 받지 말고 가볍게 즐기는 것이 최선이다. 간단한 차회(茶會)나 이벤트 모임에 참석할 때는 성인 지식의 소양으로서 최소한의 예의만 알아 두면 충분하다.

 우선 차회에서는 먼저 과자가 등장하는데, 맛차의 경우에는 차를 마시면서 과자를 먹는 일은 예의에 어긋나는 일로 여겨진다.
따라서 맛차가 나오기 전에 과자를 먹는 것이 예의이다.
그리고 하나 정도는 준비해 두면 좋은 것이 바로 간이식 접는 종이인 '회지(懷紙)'이다. 과자가 나오면 회지 위에 올려놓고 작은 포크 등으로 한입씩 잘라 먹으면 동작이 우아하게 보인다. **만약 다 먹지 못한 경우에는 회지에 싸서 가져갈 수도 있다.**

예절 1 찻잔의 정면은 피하여 마신다!

찻잔(차완)은 정면을 향해 놓인다는 점을 염두에 두자! 오른손으로 찻잔을 들어 왼손바닥 위에 살며시 놓은 다음에 정면을 피해서 마시고, 다 마신 뒤에는 정면으로 되돌려 놓는다.

예절 2 과자는 먼저 먹는다!

맛차(抹茶)는 찻잎을 통째로 마시는 형태이기 때문에 센차(煎茶)보다 자극성이 강하다. 먼저 과자를 먹으면 그 단맛으로 차의 쓴맛이 완화되어 훨씬 더 부드러운 맛을 느낄 수 있다.

꿀팁 1 시계나 반지는 착용하지 않기!

공식적인 차회 등의 모임에서는 귀한 찻잔을 손상시키지 않도록 시계나 반지, 팔찌, 긴 목걸이 등 장식품은 정장을 입고 있을 때도 착용하지 않는 것이 바람직하다.

 몇 모금으로 마셔야 할까?

1인분씩 만드는 '우스차(薄茶)'는 가볍게 마실 수 있는 맛차로서 몇 모금으로 다 마셔도 상관없다. 양이나 온도에 따라서 다 마시는 속도는 달라질 수 있다. 다만 눈앞에 놓인 차를 정성스럽게 맛보는 것이 중요하다.

 훌쩍훌쩍 마셔도 괜찮을까?

정식으로 대접하는 맛차에는 차완(茶碗)을 감상하는 즐거움도 포함되어 있다. 다 마신 뒤에 차완을 뒤집어 문양을 감상하는데, 이때 찻물을 남기지 않는 것이 중요하다.
오히려 마지막 한 방울까지 차를 다 마셔야 한다.

꼭 알아야 할 다도의 기초 상식

다도 모임인 차회(茶會)에 초대를 받을 기회가 없더라도 기본적인 사항은 알아 두는 것이 좋다. 여기서는 성인이라면 알아 두어야 할 다도의 기본 정보를 소개한다.

'고차(濃茶)'와 '우스차(薄茶)'의 차이

농도가 진한 '고차(濃茶)'는 소규모의 차 모임인 '차사(茶事)'에서 하나의 차완에 여러 사람 분량의 차를 진하게 개어서 중요 손님부터 차례로 돌려 가며 마시는 방식이다.

반면 농도가 연한 '우스차(薄茶)'는 대규모의 차 모임인 '차회(茶會)' 등에서 한 사람당 하나씩 각각 차완에 차를 담아 마시는 방식이다.

일반적으로 맛차(抹茶)라고 하면 우스차를 가리키는 경우가 많다.

차를 만드는 방식은 같지만, 고차에서는 고급 찻잎을 듬뿍 사용하고, 소량의 뜨거운 물로 찻잎을 개기 때문에 맛이 상당히 진하다.

'산센케(三千家)'란?

일본 다도(茶道) 유파 중에서도 '오모테센케(表千家)', '우라센케(裏千家)', '무샤코지센케(武者小路千家)'의 세 유파를 총칭하는 말이다.

다도의 대가인 **센노리큐**(千利休, 1522~1591)의 3대손인 **센소탄**(千宗旦, 1578~1658)의 세 아들이 각각 독자적으로 세 유파를 세웠다.

이 세 유파는 오늘날에 이르기까지 일본 다도의 전통을 계승하고 있다.

고차(濃茶) / 우스차(薄茶)

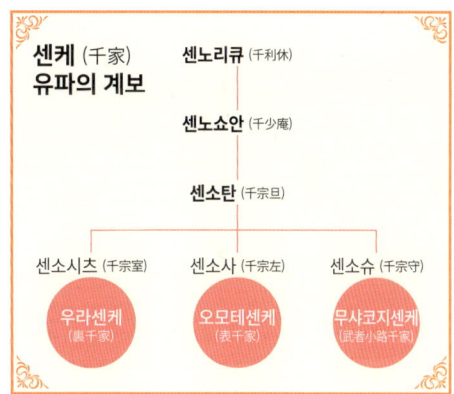
센케(千家) 유파의 계보

이럴 때는 어떻게 해야 할까?
매너의 Q & A

Q 싫어하는 음식이 나왔을 때는?
A 대접을 받은 음식은 가능하면 감사하는 마음으로 받는 것이 세련된 태도이다. 그러나 음식에 알레르기가 있거나 몸의 상태가 좋지 않을 때는 "마음만 받겠습니다"라고 정중하게 말하면서 사양해도 좋다. 그러함에도 또 권유를 받는다면 그 이유를 설명한다.

Q 실수로 차나 음식을 쏟았다면?
A 실수로 차나 음식을 쏟았을 때는 당황하지 말고 "죄송합니다"라고 정중하게 말하면서 사과한다. 주최자가 정리할 수 있도록 조용히 도움을 요청하고, 자신이 닦을 수 있는 상황이라면 신속하게 정리하는 것이 예의이다. 실수는 누구나 할 수 있으므로 침착하게 대응하는 태도가 중요하다.

Q 찻잔의 디자인을 모두 같게 맞춰야 하는가?
A 반드시 똑같은 찻잔을 사용할 필요는 없다. 다양한 디자인이나 다른 모양의 찻잔을 사용하는 것은 오히려 일본 다도의 멋으로 여겨진다. 각각 다른 찻잔을 통해 계절감이나 주최자의 세심한 배려를 느낄 수 있다. 정해진 형식보다는 조화와 마음의 씀씀이가 더 중요하다.

Q 차를 추가로 낼 때는 어떻게 해야 하는가?
A 두 번째 잔 이후의 차를 낼 때는 일본식 티팟인 큐스(急須)에서 곧바로 찻잔에 붓지 말고, 먼저 있던 찻잔을 치운 뒤 새로 우린 차를 내는 것이 좋다.

일본차의 제다 과정

일본차는 상품화되기까지 여러 과정을 거친다.
여기서는 주요 제다 과정을 살펴본다.

 원료인 아라차(荒茶)의 제다 과정 : 센차(煎茶)

 수예차(手揉茶) 제다법

증열(蒸熱)
찜통 안에서 찻잎을 증기로 찌기
수확한 찻잎을 찜통 속에 넣고 30~40초간 찌는 작업을 진행한다. 이렇게 증기로 찌는 과정을 '증열(蒸熱)'이라고 한다. 그 뒤 곧바로 꺼내 부채 등으로 부치면서 식힌다.

찻잎 흔들기
가열된 작업대 위의 찻잎을 들어서 흔든 뒤 떨어뜨려 말리기
찻잎을 뜨겁게 가열한 작업대인 '조탄(助炭)' 위에 올려놓고, 양손으로 찻잎을 들어 올렸다가 흔들어서 다시 떨어뜨리는 작업이다. 무게가 약 30%까지 줄어들 때까지 말린다.

찻잎 유념
찻잎을 손으로 굴리고 휘말아 수분 짜내기
작업대 위에서 손으로 찻잎을 좌우로 굴리고 휘말아 찻잎의 조직을 파괴하여 수분이 고르게 분포하도록 한다.

뭉친 찻잎 풀기 · 중간에 들어 올리기
찻잎을 풀어주기
찻잎의 덩어리를 풀어 헤쳐서 넓은 바구니에 옮긴 뒤 편평하게 펼쳐서 고르게 한다

중예(中揉)
찻잎을 바늘 모양의 형태로 정돈하기
찻잎을 가열된 작업대인 조탄(助炭)의 중심부에 모아 놓고 양손으로 찻잎을 비비듯이 원을 그리면서 문지른다. 좌우 번갈아 가면서 문지르면 찻잎이 바늘 형태가 된다.

마무리 유념
찻잎의 모양과 향을 좋게 만들기
마지막으로 손으로 찻잎을 강하게 움켜쥐듯이 유념하여 모양과 향미를 좋게 만든다. 마찰에 의하여 찻잎에 윤기가 나는 효과도 있다.

건조(乾燥)
더 건조시키면 원료 차인 아라차(荒茶)가 완성!
가열한 작업대인 조탄 위로 찻잎을 얇게 펴서 건조시킨다. 고르게 건조되도록 찻잎을 여러 회에 걸쳐 뒤집어 준다.

 섬세한 손기술이 필요한 수예차(手揉茶)의 제다법

센차(煎茶)의 수예차(手揉茶)를 만드는 방법은 위와 같다.

 먼저 신선한 찻잎을 증기로 쪄서 찻잎에서 산화효소의 작용을 중단시킨 뒤에 손으로 찻잎을 비비면서 건조시킨다. 이로써 편평한 모양의 찻잎이 막대 모양으로 정돈된다.

에도 시대(江戸時代, 1603~1867)에 탄생한 센차의 제다 방법은 한때는 손으로 비비는 수예(手揉) 방식이 일반적이었다. 그런데 메이지 시대(明治時代, 1867~1912)에 제다 기계가 발명되면서 점차 발전을 거듭하였고, 오늘에는 기계식 제다 방식이 주를 이루고 있다.

그럼에도 불구하고 수예차의 예술적이고도 세련된 손기술을 남기기 위하여 일부 지역에서는 보존회가 결성되어 기술의 습득과 계승에 힘쓰고 있다.

 증기로 깊게 찐 후카무시 센차(深蒸し煎茶), 가부세차(かぶせ茶), 교쿠로(玉露)의 제다 과정은 센차와 거의 동일하다. 후카무시 센차는 이름 그대로 일반적인 보통의 무시 센차(蒸し煎茶)보다 더 오랫동안 증기로 찐 것이다.

증기로 찔 때, 보통의 무시 센차(蒸し煎茶)는 30~40초 정도 찌지만, 후카무시 센차는 그보다 2~3배 더 길게 증기로 찐다.
교쿠로와 가부세차는 차나무의 재배 방식이 차광 재배로서 다른 차들과 다르지만, 제다 방식은 센차와 동일한 과정으로 만들어진다.

기계 제다법

생엽 (生葉)

갓 수확한 상태의 생엽. 이 상태로 그대로 두면 산화효소가 작용하여 산화가 진행된다. 따라서 최대한 신속히 증열 과정에 들어가야 한다.

급엽 (給葉)·증열 (蒸熱)

생엽을 증기로 찌기
급엽(給葉)이란 생엽을 모아서 증기 찜통으로 자동으로 공급하는 과정이다. 그 뒤 생엽의 산화를 중단시키기 위하여 뜨거운 증기로 찐다.

조예 (粗揉)
열풍으로 찻잎을 비비면서 건조하기
'**조유기**(粗揉機)'라고 불리는 기계 안에서 찻잎을 비비며 건조한다. 기계 안에는 마치 손으로 찻잎을 비비는 것과 같이 압력을 가하는 회전축이 있고, 열풍을 쐬어 찻잎을 유념한다.

유념 (揉捻)
찻잎을 비비면서 수분을 균일하게 만들기
제다 과정에서 유일하게 열을 가하지 않고 비비는 과정이다. **조유**(粗揉) 과정에서 부족했던 부분을 보완하는 과정이다. 줄기 등 건조되기 어려운 부분을 비벼서 수분을 빼내 전체적으로 수분 함량을 균일하게 만든다.

중예 (中揉)

또다시 열풍 속에서 찻잎 비비기
열을 가하여 찻잎을 한 번 더 비비는 과정이다. 회전식 중유기(中揉機) 속에서 찻잎이 가늘고 기다란 형태가 된다. 찻잎을 쥐었다 놓으면 자연스럽게 뭉친 것이 풀어질 정도까지 건조한다.

정유 (精揉)

모양을 정돈하면서 건조하기
오목조목한 빨래판처럼 생긴 판 위에서 찻잎을 다시 한 번 더 비비면서 말린다. 찻잎을 건조시키면서 일정한 방향으로 힘을 가하는데, 이로써 찻잎이 가늘고 긴 바늘 모양으로 정돈된다.

건조 (乾燥)
찻잎을 건조하면 아라차(荒茶) **완성!**
모양이 잘 정돈된 찻잎은 건조기로 운송된다. 마지막으로 열풍을 쐬어 한층 더 건조한다. 수분 함량이 약 5%가 되면 원료 차인 아라차(荒茶)가 완성된다.

다양한 사람들의 손길로 완성되는 하나의 차

일본차의 제다는 분업으로 진행된다. 찻잎을 따서 제다 공장에서 1차 가공 차인 아라차(荒茶)(원료 차)를 만드는 과정과 그 아라차를 최종 상품 차로 완성하는 과정의 두 단계로 크게 나뉜다.

다원에서 찻잎을 딴 뒤에는 먼저 이것을 원료 차인 아라차로 가공해야 한다. 갓 딴 생엽을 그냥 두면 품질이 떨어지기 때문이다. 이로 인해 아라차는 대부분 다원에 인접한 공장에서 제조되는데, 주로 차나무를 재배하는 차 농가에서 이 작업을 진행하는 경우가 많다.

아라차 (荒茶)

여러 제다 과정을 거쳐 완성된 아라차. 이 상태로는 아직도 수분 함량이 많아 향후 추가로 정제 과정을 거친다.

# 아라차 (荒茶)를 최종 완성차로 만드는 제다 과정 : 센차 (煎茶)

덖기 과정
다시 한 번 더 건조시켜 풍미를 향상!
아라차(荒茶)를 한 번 더 건조시켜 풍미를 높이는 과정이다. 신선한 향을 남기고 싶은 신차나 고급차는 저온에서, 반차(番茶)와 같은 일반차는 구수한 향을 내기 위하여 고온으로 덖는 경우가 많다.

선별 및 절단
형태를 정돈하기!
아라차(荒茶)는 찻잎의 크기가 들쭉날쭉하여 선별이나 절단을 통해 형태를 가지런히 정돈한다.

찻잎을 블렌딩 기계에 넣기 전에 먼저 사람이 직접 블렌딩 비율을 결정한다. 찻잎의 색상과 모양, 침출된 차의 맛과 향 등 다양한 요소들을 검토한다(위쪽). 찻잎의 혼합 비가 결정되면 블렌딩 기계에 넣고 혼합한다(아래쪽).

선별 및 줄기 분리
더욱 세밀하게 분류하기!
나뭇가지나 가느다란 줄기를 제거한다. 여기서 선별된 부분은 '출물(出物)'이라고 하여, 쿠키차(茎茶)나 고차(粉茶) 등으로 판매되기도 한다.

 덖는 방법에는 순서에 따라 두 방식이 있다!
차의 맛을 높이는 덖기 작업에는 그 순서에 따라 '선화(先火)'와 '후화(後火)'가 있다. 선화는 선별 작업 이전에 진행한다. 후화는 선별 작업을 진행한 뒤 블렌딩하기 직전에 진행한다.

합조 (合組) /블렌딩 (Blending)
다양한 차를 블렌딩하기!
차를 블렌딩하여 수요에 맞는 차로 완성해 나간다. 블렌딩 기술과 개성이 요구되는 과정이다. 그중에는 블렌딩하지 않는 차도 있다. 최종적으로 완성된 차는 봉지나 캔에 포장하여 출하한다.

 ## 장인의 기술이 필요한 마무리 작업

차의 가공업자가 주로 수행하는 마무리 작업은 원료 차인 **아라차**(荒茶)를 상품으로 만드는 과정이다. **아라차는 모양이 고르지 않고, 상대적으로 수분의 함량이 많아 장기 보관이 어렵다.** 따라서 마무리 과정에서 차의 저장성을 높이고 차의 풍미를 높여 주는 작업을 진행한다. **가열이나 블렌딩과 같은 작업은 주로 기계로 진행한다.**

그러나 각 과정에 시간을 얼마나 할애할지, 아라차들을 어떻게 블렌딩할지, 어떤 아라차를 구입할지 등을 결정하는 것은 장인의 역할이다.
더 나은 차를 만들기 위하여 감각을 예리하고 세우고 작업을 진행해야 한다.

참고로 쿠키차나 고차 등은 아라차를 마무리 손질할 때 체를 치거나 절단 등으로 선택하여 가공한 것이다. 이들을 '출물(出物)'이라고 한다. 또한 호우지차(焙じ茶)나 겐마이차(玄米茶) 등은 위의 과정을 거친 차에 추가로 손질을 가한 것이다.

 센차 (煎茶) 이외의 제다 과정

덴차 (碾茶) / 맛차 (抹茶)

 증열 (蒸熱)

 냉각 확산

 사전 건조·본건조

 선별

맛차(抹茶)는 원료 차인 덴차(碾茶)를 맷돌이나 차 절구 등으로 곱게 간 것이다. 덴차는 교쿠로(玉露)와 마찬가지로 차광 재배를 통해 키운 찻잎으로 만든다. 차광 재배한 찻잎은 센차(煎茶)와 마찬가지로 먼저 증기로 찌는 과정을 거치는데, 시간은 약 20초간으로 짧다.

그 뒤 산차기(散茶機)를 통해 뭉쳐진 찻잎을 식히면서 낱낱으로 풀어 헤친다. 이때 증기로 찐 뒤에 절대로 찻잎을 비비지 않는 것이 덴차 제다의 특징이다.

덴차로(碾茶爐) 속에서 찻잎이 겹치지 않도록 펼친 뒤 건조시키고, 줄기 등을 제거한 뒤에 마무리 건조 과정을 거친다.

그 뒤 덴차를 맷돌 등으로 갈면 고운 가루 형태의 맛차가 완성된다.

연건조 (煉乾燥)

찻잎이 막대 모양이 아니라 편평한 모양인 덴차(碾茶)

맷돌 1대로 1시간에 갈아서 만들 수 있는 맛차(抹茶)의 양은 약 40g 정도

무시세이 다마료쿠차 (蒸し製玉綠茶) 가마이리차 (釜炒り茶)

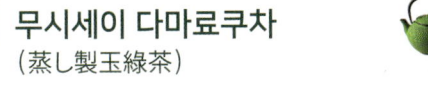

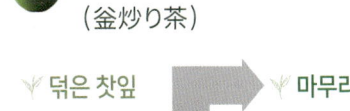

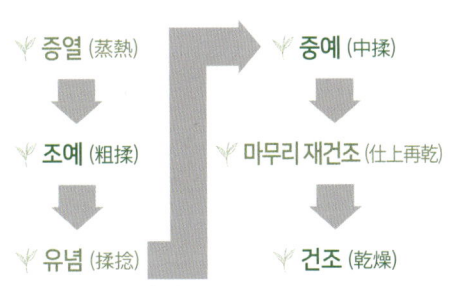

센차(煎茶)의 전체 제다 과정에서 정유(精揉) 과정 대신에 '마무리 재건조' 과정이 들어간 것으로 보면 된다. 마무리 재건조 과정은 회전식 기계 속에서 찻잎을 휘저으면서 건조하는 방식으로 진행된다. 찻잎을 약하게 비벼서 떫은맛이 부드러워지고, 곡옥(曲玉)과 같이 휘어진 독특한 반달 모양이 된다.

가마이리차(釜炒り茶)는 증기에 찌는 대신 가마솥 뚜껑에 덖어서 만든다. 이 과정에서 풋내가 사라지고, '가마카(釜香)'라는 독특한 향이 난다. 또한 정유(精揉) 과정이 없어서 찻잎이 곧게 펴지지 않고 휘어진 컬 형태가 된다. 드럼식 건조기로 말리는 수건(水乾)과 마찰로 찻잎을 조이듯 단단하게 만드는 마무리 덖기가 가마이리차 특유의 제다 과정이다.

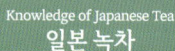
Knowledge of Japanese Tea
일본 녹차

일본차(日本茶)의 이해를 위한 용어 해설집

일본차를 우리거나 마실 때 알아 두면 좋은 용어 해설집. 이 내용만 잘 익혀 두면 일본차를 즐기는 데 이해의 폭이 한층 더 넓어질 것이다.

가

가리가네 (雁が音)
교쿠로(玉露)나 고급 센차(煎茶)를 마무리 가공할 때 선별한 줄기로 만든 차를 부르는 이름. 철새인 기러기(雁)가 물고 오는 작은 가지가 쿠키차(茎茶)처럼 보인 데서 유래된 뒤, 쿠키차를 대표하는 이름이 되었다는 이야기가 있다.

가마카 (釜香)
가마이리차(釜炒り茶) 고유의 향. 찻잎을 덖는 과정에서 고소한 향이 더해져 생긴다.

가부세카 (かぶせ香)
'오이향(覆い香)'이라고도 하며, 교쿠로(玉露)나 가부세차(かぶせ茶) 특유의 향을 말한다.

경수 (硬水)
칼슘과 마그네슘의 함량이 많은 물. 차를 우릴 때는 일반적으로 연수(軟水)가 좋다고 여겨진다. 이때 연수는 칼슘과 마그네슘의 함량이 적은 물이다.

고차 (濃茶)
농도가 진한 맛차(抹茶)로서 우스차(薄茶)에 비하여 맛이 진하고 강하다. 사용하는 물의 양에 비하여 맛차의 양이 많아 걸쭉한데, 차선(茶筅)으로 휘저어 푼다. 다도(茶道) 유파에 따라 다르지만, 우스차와 달리 하나의 차완으로 여러 사람이 돌려 마시는 것이 일반적이다.

고쿠 (こく)
맛을 나타내는 용어. 차의 경우, 우린 찻물에 감칠맛 성분 등이 많이 포함되어 있어 맛이 진하고 부드러운 느낌을 말한다.

관능심사 (官能審査)
사람의 감각을 바탕으로 이루어지는 차의 품질 평가 방법. 심사위원들이 찻잎의 외관(모양과 색상), 향, 수색, 맛 등을 평가하여 점수를 매긴다.

금색투명 (金色透明)
찻잎을 우린 수색을 표현하는 용어. 센차(煎茶)의 이상적인 수색으로 평가된다.

기계 채적 (機械摘み)
찻잎을 수확하는 방법 중 하나. 동력을 통해 가동되는 채적기(採摘機)를 사용해 찻잎을 효율적으로 수확한다.

다

덴차 (碾茶)
차광 재배한 찻잎을 증기로 찐 뒤 손으로 비비는 유념을 하지 않고 건조시킨 차. 이 찻잎을 맷돌로 곱게 갈면 고운 가루 형태의 맛차(抹茶)가 된다.

두물차 (二番茶)
한 해에 첫 번째 수확한 첫물차 다음의 두 번째로 따는 찻잎. 첫물차 수확 약 50일 후에 찻잎을 딴다. 싯물차보다 카테킨이 더 많이 포함되어 있어 쓴맛이 더 강하다.

마

만생 품종 (晩生品種)
찻잎을 따는 시기가 늦은 품종. 주로 오쿠히카리(おくひかり)나 도쿠미도리(おくみどり) 등의 품종이 있다.

명차 (銘茶)
품질이 우수하여 특별히 이름이 붙여진 차. 품평회에서 상을 받은 차나, 유명한 차 산지의 차를 가리키는 수도 있다. 넓은 의미로는 '좋은 차'를 뜻할 때가 많다.

묘에 (明恵)
고산사(高山寺)를 창건한 승려. 1173년 지금의 와카야마현(和歌山縣)에서 출생하였다. 에이사이(栄西)로부터 전해 받은 차 씨앗을 교토(京都)의 도가노산(栂尾山)에서 재배하였는데, 이것이 우지차(宇治茶)의 시초라고 전해진다.

바

방상 (防霜) 팬
차나무를 서리 피해로부터 보호하기 위하여 설치하는 송풍기 팬이다.

배로 (焙炉)
수예 제다법에서 사용되는 건조기이다. 상자 형태로 되어 있고, 내부에 숯 등의 열원을 넣는다. 그 위로 종이를 바른 틀인 조탄(助炭)을 얹고, 그 조탄 위에서 찻잎을 손으로 비벼서 가공한다.

배전 (焙煎)
호우지차에 사용되는 덖기 방법. 고온에서 덖어서 매우 독특하면서 구수한 향이 생성된다.

사

산화 (酸化)
차의 경우 찻잎에 든 산화효소가 작용하여 찻잎 속의 카테킨류가 산화되는 것을 말한다. 홍차는 완전히 산화시켜 만들지만, 일본차는 대부분 산화를 억제하여 만든 녹차이다. 참고로 유기물이 미생물에 의해 분해 및 변화되는 발효(酸酵)와는 다르다.

살청 (殺青)
신선한 찻잎에 열을 가하여 잎 속에 든 산화효소의 작용을 중단시키는 작업. 중국에서 유래된 제다 용어이다.

세물차 (三番茶)
한 해의 두 번째 수확한 뒤, 세 번째로 따낸 찻잎을 말한다. 세물차의 수확기는 산지에 따라 다르지만, 보통 7월 초~8월 초이다.

수색 (水色)
차를 우렸을 때 침출액의 색상을 뜻한다. 품질 평가 항목 중 하나로 투명도나 색상을 관찰하여 평가한다.

수예 제다법 (手揉茶製法)
증기에 찐 찻잎을 사람이 손으로 비벼서 마무리하는 제다법. 현재는 수예법을 본뜬 기계 제다법이 주류가 되었다.

시아게차 (仕上げ茶)
아라차(荒茶)를 가공하여 크기나 향미를 정돈하는 마무리 가공을 마친 차. 원료 차인 아라차와 상대되는 개념으로서 최종 가공된 마무리 차이다.

시즈쿠차 (しずくちゃ)
교쿠로(玉露)나 고급 센차(煎茶) 등을 즐기는 방법 중 하나. 규슈의 야메시(八女市) 지역 등에 전해진다. 찻잎에 아주 적은 양의 물을 추가하고, 찻잎에서 스며 나온 찻물 방울을 빨아 마시는 방식이다. 2회째, 3회째로 침출할 때마다 맛의 변화를 즐길 수 있는 매력이 있다. 지역에 따라서 '빨대로 후루룩거리면서 빨아 마시는 차'라는 뜻으로 '스스리차(すすり茶)'라고도 한다.

아

아라차 (荒茶)
갓 수확한 찻잎을 산지의 제다 공장에서 1차로 가공한 원료 차. 모양이 균일하지 않고 수분 함량도 아직은 높다. 이를 원료 차로 하여 마무리 과정을 거쳐 상품차로 완성된다.

아미노산 (Amino Acid)
차에서 감칠맛이나 단맛을 내는 성분. 차에 특유하게 포함된 테아닌(Theanin)이나, 감칠맛이 강한 글루타민산(Glutamic Acid) 등이 있다. 일본에서는 아미노산이 많이 포함될수록 고급차로 여긴다.

아삼종 (Cammellia sinensis var. assamica)
차나무 품종의 일종. 내한성이 약하며, 홍차의 생산에 적합한 품종이다.

아키반차 (秋番茶)
가을에 차밭을 정돈하면서 차나무에서 잘라낸 줄기와 찻잎으로 만든 반차(番茶)이다.

야마차 (山茶)
야생 혹은 반야생의 차나무이다. 주로 규슈(九州), 시코쿠(四國), 긴키(近畿) 지방의 산속에서 볼 수 있다.

야부키타 (薮北)
서리에 강하고 센차로 만들면 품질이 뛰어나고 생산량도 안정적이어서 전국적으로 재배되고 있는 차나무의 품종. 1908년에 시즈오카현(静岡縣) 아베군(安倍郡) 유도촌(有度村), 즉 오늘날의 시즈오카시(静岡市) 나카요시다(中吉田)에서 스기야마 히코사부로(杉山彦三郎, 1857~1941)가 발견하였다.

에이사이 (栄西, 1141~1215)
일본의 불교 종파인 임제종(臨濟宗)의 창시자. 1141년에 지금의 오카야마현(岡山縣)에서 태어나, 1168년, 1187년 두 차례에 걸쳐 송나라에 다녀왔다. 1191년에 귀국하여 송나라의 다도 문화와 차나무의 재배법을 일본에 전파하였다. 저서로는 『끽차양생기(喫茶養生記)』(다도를 통한 건강 유지법)가 있다.

연수 (軟水)
일본에서는 경도가 100 이하인 물을 가리킨다. 일본의 수돗물은 연수(軟水)이고, 일반적으로 차를 우릴 때는 연수가 좋다고 보고 있다.

오이향 (覆い香)
차나무를 차광 재배, 즉 '피복 재배(被覆栽培)'하여 생기는 독특한 차의 향. 해초류인 파래의 냄새와 비슷하다. 교쿠로(玉露), 덴차(碾茶), 가부세차(かぶせ茶) 등의 차에서 맡을 수 있는 향이다.

우스차 (薄茶)
농도가 묽은 맛차(抹茶)로서 고차(濃茶)에 비해 맛이 담백하다.

일아이엽 (一芽二葉)/일심이엽 (一芯二葉)
찻잎을 따는 방식이나 따낸 찻잎의 상태를 가리키는 용어. 아직 잎이 펼쳐지지 않은 어린 새싹을 '아(芽)/심(芯)'이라고 한다. 이 새싹 하나와 그 아래에 새잎 두 장이 붙은 상태로 따낸 것이다. 새싹 하나와 그 아래에 새잎 세 장이 붙은 상태로 따는 것을 '일아삼엽(一芽三葉)/일심삼엽(一芯三葉)'이라고 한다.

잇센 (一煎)
차를 우릴 때에 첫 번째 우린 찻물을 말한다.

자

자미 (滋味)
일반적으로는 '맛있는 맛'을 뜻하지만, 차의 경우에는 '전체적인 맛'으로서 품질 심사 항목 중 하나이다. 감칠맛의 많고 적음, 떫은맛과 쓴맛의 조화, 진한 맛이나 뒷맛 등에 따라서 종합적으로 평가된다.

자연 재배
차나무를 자연스러운 형태로 재배하는 방식. 교쿠로(玉露)나 덴차(碾茶) 등의 생산을 위하여 차광 재배하고 손으로 찻잎을 수확하는 차밭에서 볼 수 있다.

재래종 (在来種)
예로부터 각 지역에서 재배되었지만, 품종 개량이 전혀 이루어지지 않은 차나무의 품종을 가리킨다. 이와 반대로 인위적으로 품종 개량을 통해 재배되는 차나무는 '육성 품종(育成品種)'이라고 한다.

정지 (整枝)
찻잎을 딴 뒤 다음 수확을 위해 차나무를 가지런히 자르고 정돈하는 작업.

제다 (製茶)
차밭에서 갓 딴 찻잎을 가공하여 차를 만드는 작업. 제조(製造)와 같은 의미로 사용된다.

중국종 (中國種)
차나무의 종류 중 하나이다. 내한성이 강하고, 녹차에 적합하다고 여겨진다. 학명은 카멜리아 시넨시스 시넨시스 변종(Camellia sinensis var. Sinensis)이다.

차

차 품평회 (茶品評会)
차업(茶業) 종사자들이 출품한 차를 품평하여 품질을 겨루는 대회. 전국 차 품평회를 비롯해 간토(關東), 간사이(關西), 규슈(九州)의 지역별 및 주요 산지에서 각기 개최된다.

차과자 (茶菓子)
차와 함께 내는 과자를 뜻한다. 고급 일본식 과자 외에도 가볍게 먹을 수 있는 서민적인 과자도 자주 포함된다. 맛도 반드시 단맛만 있는 것이 아니다. 다도에서는 주요 과자인 생과자와 건과자가 등장하는데, 차를 마시는 자리, 즉 차석(茶席)의 성격에 따라 달리 사용된다.

차수 (茶樹)
차나뭇과 동백나무속 차나무로서 다년생 상록수이다. 조엽수림대(照葉樹林帶)의 식물 중 하나이다. 학명은 카멜리아 시넨시스(Camellia sinensis (L.) O.Kuntze.)이다. 찻잎이 작고 내한성이 강한 중국종과 찻잎이 크고 내한성이 약한 아삼종으로 크게 두 종류로 나눌 수 있다.

차탁 (茶托)
손님에게 차를 내줄 때, 찻잔을 받치기 위하여 사용하는 편평한 접시.

차회 (茶会)
차를 마시는 일을 중심으로 하는 모임. 계절이나 시간대에 따라 다양한 차회가 열린다.

첫물차 (一番茶)
봄철에 가장 먼저 수확한 새싹으로 만든 차. 수확기는 산지에 따라 다르지만, 주로 3월 하순부터 5월 초순 사이에 이루어지며, '신차(新茶)', '초차(初茶)' 등으로 불린다.

침출 (浸出)
차에 뜨거운 물을 부어 찻잎의 성분을 우려내는 작업. 찻잎에서 우러나온 액체를 '침출액(浸出液)'이라고 한다.

타

타닌 (Tannin)
식물에 포함된 떫은맛 성분의 총칭. 녹차의 유효 성분으로 알려진 카테킨(Catechin)과 거의 같은 의미이다.

투차 (鬪茶)
가마쿠라 시대(鎌倉時代, 1192~1333) 말기에 송나라에서 전해졌다고 여겨지는 차의 경연 대회. 차의 산지나 종류 등을 맞추는 경기이다. 난보쿠초 시대(南北朝時代, 1336~1392)부터 무로마치(室町時代, 1336~1573) 시대 중기까지 무사, 귀족, 승려들 사이에서 유행했다.

파

피복재배(被覆栽培)/**차광재배**(遮光栽培)
차밭에 다양한 자재로 덮개를 씌워 햇빛을 차단한 상태로 차나무를 재배하는 방식. 흔히 '차광 재배(遮光栽培)'라고도 한다.

하

한랭사 (寒冷紗)
차광 재배에서 덮개로 사용하는 자재. 화학 섬유의 실로 거칠게 짠 망사 형태의 천이다.

합조 (合組)/**블렌딩** (Blending)
산지나 생산 시기가 다른 찻잎을 조합하는 작업. 마시는 사람의 취향에 맞는 맛을 균일하게 내거나 판매 가격대에 맞춰 차를 만들기 위해 작업이 진행된다. 또한 '블렌딩'이라고도 한다.

향미 (香味)
차를 입안에 한 모금 마셨을 때 느껴지는 향기와 맛. '풍미(風味)'와 거의 같은 뜻으로 사용된다.

화향 (火香)
찻잎을 가열 건조하는 과정에서 온도가 너무 높았을 때 발생하는 특유의 불 향기.

후발효차 (後發酵茶)
찻잎을 가열 처리한 뒤 미생물의 작용으로 발효시킨 차. 중국의 보이차(普洱茶)가 유명하지만, 일본에도 도야마현(富山縣)의 바타바타차(バタバタ茶), 고치현(高知縣)의 고시차(碁石茶) 등이 있다.

후숙 (後熟)
제다 과정을 통해 완성 차를 보관하거나 저장하는 동안에 일어나는 향미의 변화 중 유익한 현상을 말한다. 흔히 '숙성(熟成)'이라고도 한다.

흑차 (黑茶)
후발효(後發酵) 과정을 통해 만드는 차를 가리킨다. 대표적인 차로는 보이차(普洱茶), 도야마현(富山縣)의 바타바타차(バタバタ茶), 고치현(高知縣)의 고시차(碁石茶) 등이 있다. 흔히 '후발효차(後發酵茶)'라고도 한다.

히레 (火入れ)
원료 차인 아라차(荒茶)를 상품으로 완성하기 위한 마지막 가열 건조 과정이다. 찻잎을 가열 및 건조시켜 향미를 끌어올리는 작업을 말한다.

차 (TEA) 색인
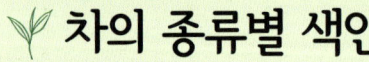 차의 종류별 색인

후카무시 센차 (深蒸し煎茶)

상품명	도도부현(행정구역)	산지 브랜드	페이지
곤푸(薰風)	이바라키현(茨城縣)	사시마차(猿島茶)	45
고쿠리(こくり)	이바라키현(茨城縣)	사시마차(猿島茶)	46
하나노사토(花の里)	이바라키현(茨城縣)	오쿠쿠지차(奧久慈茶)	47
미야마노히토시즈쿠 (深山のひとしずく)	사이타마현(埼玉縣)	치치부차(秩父茶)	48
유메와카바(夢わかば)	사이타마현(埼玉縣)	사야마차(狹山茶)	50
고급 명차(高級銘茶) 야부키타노보루 (やぶきたのぼる)	도쿄(東京)	도쿄 사야마차(東京狹山茶)	53
후카무시 야부키타고운(深蒸し薮北光雲)	미에현(三重縣)	이세차(伊勢茶)	74
다이세쓰(大雪)	시즈오카현(靜岡縣)	가케가와차(掛川茶)	87
가고요세(かごよせ)	시즈오카현(靜岡縣)	가케가와차(掛川茶)	88
모리노스이(森の粋)	시즈오카현(靜岡縣)	엔슈모리차(遠州森の茶)	94
아사기리(朝霧)	구마모토현(熊本縣)	다케마차(岳間茶)	159
유타카미도리 센료(ゆたかみどり 千両)	가고시마현(鹿兒島縣)	가고시마차(鹿兒島茶)	166
유키후카 콘(雪ふか 獻)	가고시마현(鹿兒島縣)	가고시마차(鹿兒島茶)	167
가이몬미도리(かいもんみどり)	가고시마현(鹿兒島縣)	에이차(えい茶)	170

교쿠로 (玉露)

상품명	도도부현(행정구역)	산지 브랜드	페이지
아사히나교쿠로(朝比奈玉露)	시즈오카현(靜岡縣)	아사히나교쿠로(朝比奈玉露)	93
시운(紫雲)	교토부(京都府)	우지차(宇治茶)	99
우지교쿠로 간로(宇治玉露 甘露)	교토부(京都府)	우지차(宇治茶)	101
배로식 교쿠로 고노미히사키 (焙炉式玉露 許斐久吉)	시즈오카현(靜岡縣)	야메차(八女茶)	145
전통본 교쿠로(傳統本 玉露)	시즈오카현(靜岡縣)	호시노차(星野茶)	147
호시노교쿠로 호시노비원 (星の玉露 ほしの秘園)	시즈오카현(靜岡縣)	호시노차(星野茶)	150
King of Green HIRO (프리미엄 나무상자 포함)	—	야메차(八女茶)	177
HIRO 프리미엄 병입 차 (보틀링 티)			

센차 (煎茶)

상품명	도도부현(행정구역)	산지 브랜드	페이지
하치주하치야(八十八夜)	도치기현(栃木縣)	구로바네차(黑羽茶)	44
사야마(狹山) 50	사이타마현(埼玉縣)	사야마차(狹山茶)	51
아시가라차 시라우메(足柄茶 白梅)	가나가와현(神奈川縣)	아시가라차(足柄茶)	54
야치요(八千代)	니가타현(新潟縣)	무라카미차(村上茶)	58

236

가이지(かいじ)	야마나시현(山梨縣)	난부차(南部茶)	60
나고미(なごみ)	야마나시현(山梨縣)	난부차(南部茶)	61
덴류노히비키(天龍の響)	나가노현(長野縣)	나가노·덴류차(長野·天龍茶)	62
미노이비차 긴인(美濃いび茶 金印)	기후현(岐阜縣)	이비차(揖斐茶)	67
후쿠센(福泉)	아이치현(愛知縣)	신시로차(新城茶)	71
덴카이치(天下一)	미에현(三重縣)	이세차(伊勢茶)	75
특상품 센차 하루가스미(特上煎茶 春がすみ)	미에현(三重縣)	와타라이차(度会茶)	77
와카바(若葉)	시즈오카현(静岡縣)	시즈오카차(静岡茶)	82
헤이조신(平常心)	시즈오카현(静岡縣)	시즈오카차(静岡茶)	83
와라카케 덴메이(わらかけ 天明)	시즈오카현(静岡縣)	시즈오카차(静岡茶)	84
극상품 덴쿠노카제(極上 天空の風)	시즈오카현(静岡縣)	가와네차(川根茶)	85
특상품 가와네차(特上川根茶)	시즈오카현(静岡縣)	가와네차(川根茶)	86
야마소다노오차(山育ちのお茶)	시즈오카현(静岡縣)	덴류차(天竜茶)	89
아베카와미도리(安倍川綠)	시즈오카현(静岡縣)	모토야마차(本山茶)	90
시아와세노오차 마치코(幸せのお茶 まちこ)	시즈오카현(静岡縣)	시미즈오차(清水のお茶)	92
엔슈노센(園主の選)	교토부(京都府)	우지차(宇治茶)	104
아사미야차(朝宮茶)	시가현(滋賀縣)	아사미야차(朝宮茶)	106
아사미야노스이(朝宮の粋)	시가현(滋賀縣)	아사미야차(朝宮茶)	107
쓰치야마차(土山茶)	시가현(滋賀縣)	쓰치야마차(土山茶)	108
기리노세이(霧の精)	와카야마현(和歌山縣)	가와조에차(川添茶)	112
스와미도리(すわみどり)	효고현(兵庫縣)	단바차(丹波茶)	113
센차 미도리 라벨(煎茶 綠ラベル)	효고현(兵庫縣)	모시차(母子茶)	114
센다이미도리(千代みどり)	돗토리시(鳥取市)	모치가세차(用瀬茶)	124
이즈모차 극상품(出雲茶 極)	시마네현(島根縣)	이즈모차(出雲茶)	125
스이센(翠泉)	야마구치현(山口縣)	오노차(小野茶)	126
다카세(高瀬)	가가와현(香川縣)	다카세차(高瀬茶)	131
도미사토차(富郷茶)	에히메현(愛媛縣)	도미사토차(富郷茶)	132
쓰키노시즈쿠(月の雫)	에히메현(愛媛縣)	신구차(新宮茶)	133
미야마노쓰키(深山の月)	에히메현(愛媛縣)	신구차(新宮茶)	134
이케가와 이치반차 기리노제이(池川一番茶 霧の贄)	고치현(高知縣)	도사차(土佐茶)	135
야메시라차(八女白茶)	후쿠오카현(福岡縣)	야메차(八女茶)	146
극상품 센차 미도리(極煎茶 翠)	후쿠오카현(福岡縣)	야메차(八女茶)	146
가리노센차 요카니세(香りの煎茶 よかにせ)	미야자키현(宮崎縣)	미야코노조차(都城茶)	162
오쿠기리시마차(奥霧島茶)	가고시마현(鹿児島縣)	가고시마차(鹿児島茶)	165
지란차 사쓰마야부키타 하나(知覧茶 さつまやぶきた華)	가고시마현(鹿児島縣)	지란차(知覧茶)	168
지란산 아사쓰유(知覧産 あさつゆ)	가고시마현(鹿児島縣)	지란차(知覧茶)	169
오쿠미도리 인자쓰(奥みどり いんざつ)	오키나와현(沖縄縣)	얀바루차(やんばる茶)	171
고미나미(こみなみ)	-	시즈오카차(静岡茶)	173
천연 아라즈쿠리차(天然 荒づくり茶)	-	시즈오카차(静岡茶)	173
차사(茶師)의 극치, 미야비노카가야키	-	-	175
일엽(一葉)에 혼을 담은 미도리노시즈쿠	-	-	175
호시노사쓰키(星野さつき)	-	야메차(八女茶)	177
야메 특급 센차 S 인증(八女特煎 S印)	-	야메차(八女茶)	177
일본에서 최고가의 차	-	-	179
창고 숙성으로 진득한 맛의 야메 교쿠로 블렌드(八女玉露ブレンド)	-	-	181
야마시나의 부드러운 야마시나 오리지널 블렌드(山科とろり 山科オリジナルブレンド)	-	-	181
규슈 세븐 티(九州 Seven Tea)	-	-	181

가부세차 (かぶせ茶)

상품명	도도부현(행정구역)	산지 브랜드	페이지
이세모토 가부세차(伊勢本かぶせ茶)	미에현(三重縣)	이세차(伊勢茶)	72
이세모토 가부세차(伊勢本かぶせ茶) 상품(上品)	미에현(三重縣)	미즈사와차(水沢茶)	76
특상품 가부세차(特上 かぶせ茶)	나라현(奈良縣)	쓰키가세차(月ヶ瀬茶)	109
가부세차(かぶせ茶)	나라현(奈良縣)	야마토차(大和茶)	110
자연농법 간가부세차(冠かぶせ茶)	나라현(奈良縣)	야마토차(大和茶)	111
야바케이차(耶馬溪茶)	오이타현(大分縣)	야바케이차(耶馬溪茶)	160

무시세이 다마료쿠차 (蒸し製玉綠茶)

상품명	도도부현(행정구역)	산지 브랜드	페이지
우레시노 명차 유다케(嬉野銘茶 湯岳)	사가현(佐賀縣)	우레시노차(嬉野茶)	152
미네노쓰유(峰の露)	나가사키현(長崎縣)	세치바루차(世知原茶)	155
유기녹차 이부키(有機綠茶 息吹)	나가사키현(長崎縣)	고토차(五島茶)	156
유가노고코치(湧雅のここち) /(숙성 창고에서 출시)	구마모토현(熊本縣)	구마모토차(熊本茶)	157

가마이리차 (釜炒り茶)

상품명	도도부현(행정구역)	산지 브랜드	페이지
특상품 가마이리차(特上 釜いり茶)	시가현(佐賀縣)	우레시노차(嬉野茶)	151
나가사키 가마이리차 특상품(長崎釜いり茶 特上)	나가사키현(長崎縣)	소노기차(彼杵茶)	154
가마이리야베차 마로미(釜炒り矢部茶 まろみ)	구마모토현(熊本縣)	야베차(矢部茶)	158
인비차(因尾茶) 상등품	오이타현(大分縣)	인비차(因尾茶)	161
특상품 미야마노쓰유(特上 深山の露)	미야자키현(宮崎縣)	고카세가마이리차(五ヶ瀬釜炒茶)	163
규슈 세븐 티(九州 Seven Tea)	-	-	181

맛차 (抹茶)

상품명	도도부현(행정구역)	산지 브랜드	페이지
마쓰카제노무카시(松風の昔)	아이치현(愛知縣)	니시오맛차(西尾抹茶)	68
오우스차 아오이노호마레(御薄茶 葵の誉)	아이치현(愛知縣)	니시오맛차(西尾抹茶)	69
아사히노히카리(朝日の光)	아이치현(愛知縣)	니시오맛차(西尾抹茶)	70
스이엔(瑞緣)	교토부(京都府)	우지차(宇治茶)	98
나리노(成里乃)	교토부(京都府)	우지차(宇治茶)	100
미야비노시로(雅の白)	교토부(京都府)	우지차(宇治茶)	102
만요노무카시(萬葉の昔)	교토부(京都府)	우지차(宇治茶)	103
호시노맛차 세이주(星の抹茶 星授)	후쿠오카현(福岡縣)	호시노차(星野茶)	149

쿠키차 (莖茶)

상품명	도도부현(행정구역)	산지 브랜드	페이지
오쿠미노시라카와차 쿠키차(奧美濃白川茶 莖茶)	기후현(岐阜縣)	시라카와차(白川茶)	66
다이센미도리 맛차입시라오레(大山みどり 抹茶入白折)	돗토리시(鳥取市)	다이센차(大山茶)	122
별제, 가리가네 쿠키차(別製かりがねくき茶)	고치현(高知縣)	도사차(土佐茶)	136

호우지차 (ほうじ茶)

상품명	도도부현(행정구역)	산지 브랜드	페이지
치치부 호우지차 (秩父ほうじ茶)	사이타마현 (埼玉縣)	치치부차 (秩父茶)	49
겐조 가가보차 (献上加賀棒茶)	이시카와현 (石川縣)	가가보차 (加賀棒茶)	65
이케가와 이찌반차 도사아부리차 (池川 一番茶 土佐炙茶)	고치현 (高知縣)	도사차 (土佐茶)	137
고하쿠 (琥珀)	고치현 (高知縣)	도사차 (土佐茶)	138
쿠키호우지차 (茎ほうじ茶)	사가현 (佐賀縣)	우레시노차 (嬉野茶)	153
쿠키호우지차 (茎ほうじ茶)	-	시즈오카차 (静岡茶)	173

겐마이차 (玄米茶)

상품명	도도부현(행정구역)	산지 브랜드	페이지
고시히카리 겐마이차 (こしひかり玄米茶)	니가타현 (新潟縣)	무라카미차 (村上茶)	59

반차 (番茶)

상품명	도도부현(행정구역)	산지 브랜드	페이지
고에몬반차 (五右衛門番茶)	사이타마현 (埼玉縣)	사야마차 (狭山茶)	52
교반차 (京番茶)	교토부 (京都府)	교반차 (京番茶)	105
천일건조의 미마사카반차 (天日干し 美作番茶)	오카야마현 (岡山縣)	가이타차 (海田茶)	121
다이센 진가마에반차 (大山陣構番茶)	돗토리시 (鳥取市)	다이센차 (大山茶)	123
간차 (寒茶)	도쿠시마현 (德島縣)	간차 (寒茶)	130

후발효차 (後發酵茶)

상품명	도도부현(행정구역)	산지 브랜드	페이지
바타바타차 (バタバタ茶)	도야마현 (富山縣)	바타바타차 (バタバタ茶)	64
아와반차, 만차 (阿波番茶, 晚茶)	도쿠시마현 (德島縣)	아와반차 (阿波番茶)	127
고시차 (碁石茶)	고치현 (高知縣)	고시차 (碁石茶)	140

경미산화차 (輕微酸化茶)

상품명	도도부현(행정구역)	산지 브랜드	페이지
세이카코 (清花香)	-	사야마차 (狭山茶)	179

Knowledge of Japanese Tea

일본 녹차

일본 녹차를 즐기는 기초 지식!

2025년 8월 25일 초판 1쇄 발행

| 감　　　수 | 공익사단법인 일본차업중앙회/NPO법인 일본차인스트럭터협회
| 감　　　수 | 정승호
| 펴 낸 곳 | 한국티소믈리에연구원
| 출판신고 | 2012년 8월 8일 제2012-000270호
| 주　　　소 | 서울시 성동구 아차산로 17 서울숲 L타워 1204호
| 전　　　화 | 02)3446-7676
| 팩　　　스 | 02)3446-7686
| 이 메 일 | info@teasommelier.kr
| 웹사이트 | www.teasommelier.kr
| 펴 낸 이 | 정승호
| 편집기획 | 이주현(홍차언니)
| 출판팀장 | 구성엽
| 인　　　쇄 | (주)현대문예

한국어 출판권 ⓒ한국티소믈리에연구원(저작권자와 맺은 특약에 따라 검인을 생략합니다)
ISBN 979-11-85926-91-9

값 35,000원

이 책은 저작권법에 따라 보호를 받는 저작물이므로 무단 전재와 복제를 금지하며, 이 책 내용의 전부 또는 일부를 이용하려면 반드시 저작권자와 한국티소믈리에연구원의 서면 동의를 받아야 합니다.

* 추가 이미지 출처 / 219페이지 : https://unsplash.com/ko